NAL
宁波学术文库

2015年度宁波市
社会科学优秀成果集

王海娟　主编

ZHEJIANG UNIVERSITY PRESS
浙江大学出版社

图书在版编目(CIP)数据

2015 年度宁波市社会科学优秀成果集 / 王海娟主编.—
杭州：浙江大学出版社，2017.4
ISBN 978-7-308-16738-3

Ⅰ.①2…　Ⅱ.①王…　Ⅲ.①社会科学－研究成果－
宁波市－2015　Ⅳ.①C125.53

中国版本图书馆 CIP 数据核字(2017)第 046223 号

2015 年度宁波市社会科学优秀成果集

王海娟　主编

责任编辑	杨利军
文字编辑	孙　鹏
责任校对	沈巧华　夏湘娣
封面设计	十木米
出版发行	浙江大学出版社
	（杭州市天目山路 148 号　邮政编码 310007）
	（网址：http://www.zjupress.com）
排　　版	浙江时代出版服务有限公司
印　　刷	杭州日报报业集团盛元印务有限公司
开　　本	710mm×1000mm　1/16
印　　张	17.75
字　　数	300 千
版印次	2017 年 4 月第 1 版　2017 年 4 月第 1 次印刷
书　　号	ISBN 978-7-308-16738-3
定　　价	58.00 元

目　　录

推进宁波重大公共决策后评估制度
构建的若干建议

朱锡明

摘　要：政府公共决策是一种复杂的社会政治现象,既有政府的政治过程,又有政治民主的重要表现;既需要国家的介入,也需要公民的积极参与。公共政策后评估是政策过程中的一个重要环节,它有助于完善政策系统,提高政策质量,提升政策绩效。当前,建立宁波服务型政府的理念深入人心,重大行政决策实施情况后评估制度已经形成,决策科学化、民主化和法制化稳步推进,决策体系不断完善,但是从参与面、社会参与度、评价指标设置选取角度来看,宁波重大行政决策后评估制度尚有不足之处。为此,建议宁波从强化评估制度保障、规范评估模式、改善评估实施路径三方面入手,进一步推进重大公共决策后评估制度的建设。

关键词：宁波　重大公共决策　评估制度

2014年10月,中国共产党第十八届中央委员会第四次全体会议通过的《中共中央关于全面推进依法治国若干重大问题的决定》,对全面依法治国、建设中国特色社会主义法治国家做出了全面部署,也为重大公共决策依法、依规操作指明了方向。科学完整的公共政策过程理应包含政策制定、政策执行、政策评价三个部分。公共政策评价关系到公共政策的制定、调整、修改和终止,贯穿于整个公共政策过程之中。从实践来看,当前完善具有可操作性的后评估制度有利于健全宁波重大公共政策的制度化、程序化和科学化程度;有利于提升重大公共政策的政策效果和绩效;有利于改善重大公共政策的透明度和公众支持率;有利于提高重大公共政策的利益相关者的参与度。

一、宁波重大公共决策后评估制度的现状评价

2011 年,宁波制定了《宁波市人民政府重大行政决策程序规定》(甬政发〔2011〕117 号),对重大行政决策实施情况后评估制度进行了规范,要求通过抽样检查、跟踪调查、听取意见、综合评估等方式,及时发现决策执行中的问题和偏差,并根据实际情况,经集体研究审议后适时调整和完善决策,或者做出暂缓执行、停止执行决策等决定。因此,从法律规定的层面来看,宁波已经建立并实施了重大行政决策实施情况后评估制度。

从全面依法治国、依法行政的角度来看,宁波在实施重大行政决策实施情况后评估制度方面仍存在一些不足。比如,从对杭州湾新区、象山大桥、地铁 2 号线、宁波新材料科技城等 4 个已实施的项目开展的重大决策后评估情况的调研来看,宁波重大公共决策后评估制度存在的不足主要表现为:第一,专家学者、媒体、公众在公共决策中的参与程度越来越高,但社会参与的组织化程度仍然较低,缺少统一的组织机构,重大决策后评估制度的建设需要一个专业的组织委员会和牵头单位将各方意见与智慧充分整合到公共决策评估过程中;第二,缺少中立层面组织参与决策,宁波各专家委员会设置在各个部门,缺少整合,遇到重大决策需要临时召集相关专家;第三,重大公共决策前期民间参与度仍然较低,公民参与决策的渠道不通畅;第四,相关的利益参与者的诉求得不到有效反馈;第五,缺少相关标准,同时缺少相关指标体系和指标选取原则。因此,宁波仍亟待完善具有可操作性的后评估制度。

二、构建宁波重大公共决策后评估制度的标准

布坎南(公共选择理论奠基人、诺贝尔经济学奖获得者)认为,决策的好坏取决于决策规则,不同的制度安排会带来不同的经济效率。重大公共决策后评估制度也是如此,标准科学与否决定评估结果精确与否。为此,应综合文献资料和调研分析,将重大公共决策后评估制度的目标标准、效率标准和公平公正标准作为衡量的主要标准。

(一)目标标准

公共政策评估首先需要确立公共政策的最初标准,同时,分阶段记录公共政策执行时所完成的目标。在此过程中,把最初标准与完成的阶段目标进行比较,若这两者一致,我们则可以断定,此项公共政策是成功的,达到了预期的目标。

(二)效率标准

从经济学的角度看,重大公共政策需要实现经济效率,政策的产出必须大于政策的投入。政策的产出和投入的比率就是用政策的效率标准来衡量的,政策的效率高,则说明政策的资源耗费少;反之,则说明政策的资源耗费多。效率标准可以用来判断政策的优劣程度。

(三)公平公正标准

从实践来看,经济水平的高低和参与收支比是公民参与公共决策广泛度的主要影响因素。制定的公共政策在保护大部分人的利益的同时,可能会损害其他少数人的利益,重大公共决策后评估制度可以采取相应的措施通过利益再分配或者对利益受损的人进行合理的补偿,实现政策的公平性。

三、宁波重大公共决策后多元化评估指标体系设计

多元化评估主要是对重大公共决策进行定量化和定性化研究,通过对相关指数的测量来判断决策后的质量是良好还是处于危机状态。政策评估指标的分类实际上就是评估指标体系的构建,即通过建立公共利益评价指标、利益相关者评价指标、第三方评价机构评价指标、公众评价指标等多层次、多元化的综合评价体系,在公平、公正等原则下研究构建宁波重大公共政策后评估制度。

根据指标设计的原则,应用经济学、管理学、统计学等学科原理,结合实际,建立宁波市重大公共决策后评估指标体系(见表1),其中一级指标有8个,二级指标有27个,三级指标有63个。三级指标中定量指标有42个,占66.7%;二级指标中定量指标有19个,占70.4%。此外,为了解决指标之间的相关性问题,对指标做了相应的相关性检验,并采用指标体系分层的方法来构建指标体系。该套指标体系使整个重大公共决策后的评价建立在可以量化的原始数据基础之上,具有较高的可信度。

表 1 宁波市重大公共决策后评估指标体系

一级指标		二级指标		三级指标	
指标	权重	指标	权重	指 标	权重
制度规则	0.05	制度健全	0.20	门类齐全,内容翔实	0.50
				颁布的规则条文数量	0.50
		决策过程民主化	0.40	公众决策影响力	1.00
		决策科学化	0.40	专家决策影响力	1.00
实施组织机构	0.08	机构设置合理性	0.35	机构健全	0.40
				权利分配适当	0.30
				管理宽度合适	0.30
		机构规模合适度	0.35	管理人员占比	0.50
				人均经费下降率	0.50
		团队和谐度	0.30	内部价值体系的建立	0.40
				机构间有效运作	0.30
				内部机构凝聚力	0.30
人力资源	0.08	工作效率	0.40	全员劳动生产率	0.50
				项目管理者人数	0.50
		人员知识结构	0.30	大学以上文化人数占从业人数比率	0.60
				人均信息设备配置率	0.40
		人员年龄结构	0.30	管理人员平均年龄	0.50
				本职岗位年限	0.50
运行效率	0.02	程序执行刚度	0.50	项目决策失误率	0.50
				处罚失职人员人数	0.30
				程序运行平均周期	0.20
		自适应能力	0.25	各决策主体之间相互协调合作情况	0.35
				各决策主体的主动性和创造性发挥情况	0.35
				风险预警、风险防范制度建立、执行情况	0.30
		自反馈能力	0.25	后评估制度执行情况	0.35
				决策管理模式的竞争力	0.35
				信息流动的畅通性和灵敏度	0.30

续表

一级指标		二级指标		三级指标	
指标	权重	指标	权重	指　　　标	权重
管理效益	0.20	融资能力	0.25	融资渠道多样性	0.30
				融资成本	0.35
				融资结构	0.35
		项目工期	0.25	项目延误率	1.00
		项目质量	0.25	项目建成合格率	1.00
		资金运作	0.25	资金到位率	0.25
				资金利用率	0.25
				资金有效率	0.25
				投资"三超"率	0.25
经济效益	0.20	市场需求	0.30	政府投资项目投资增长率	0.35
				城镇基础设施投资占 GDP 比例	0.35
				政府投资项目中地方项目与中央项目之比	0.30
		财务可持续性	0.30	资产负债率	0.50
				资产利润率	0.50
		公共服务产出水平	0.40	人均道路面积	0.15
				人均广场面积	0.14
				城市每万人拥有公共厕所	0.14
				自来水覆盖率	0.15
				燃气覆盖率	0.14
				人均医院床位数	0.14
				中小学密度	0.14
社会效益	0.25	利益分配	0.30	最低(1/4)收入户的受益和受损情况	0.40
				地区分配效益情况	0.30
				国内外分配效果	0.30
		就业效益	0.10	新增就业人数比率	0.50
				单位投资就业人数	0.50

续表

一级指标		二级指标		三级指标	
指标	权重	指标	权重	指　　　标	权重
社会效益	0.25	生活质量提高	0.40	人均 GDP	1.00
		生活稳定	0.10	非自愿移民(拆迁)率	1.00
		人口素质提高	0.10	文盲、半文盲率	1.00
环境效益	0.12	节约自然资源	0.40	单位投资综合能耗	0.40
				单位投资占用耕地	0.30
				单位投资耗水量	0.30
		生态环境	0.40	人均公共绿地面积	0.50
				自然保护区面积与辖区面积之比	0.50
		景观环境	0.20	人工环境与自然环境的协调性	0.50
				人工建筑与城市风貌的相容性	0.50

需要指出的是,由于重大公共决策后评估指标复杂、多样,大部分指标尺度不同,有的指标可以直接定量得出,有的指标只能定性地做出评估。因此,结合评估数据获取的实际情况,考虑公共决策项目的特点,可采用满意度评分法、标准离差法和模糊综合评估法等三种方法作为评估工具。

四、进一步推进重大公共决策后评估制度的实施途径与建议

从根本上看,进一步推进重大公共决策后评估制度仍需政府来主导推动,要强化评估制度保障,规范评估模式,完善评估的实施路径。

(一)强化评估制度保障

1.建立政府与公众在公共决策中的合作互动机制

要从公众政策参与制度化和政府公共决策回应制度化入手,以建立和完善公共决策的公开制度、咨询制度、听证制度、评估制度和责任制度等相关决策机制为制度保障,在公共决策过程中充分实现政府与公众的互动合作,实施公共政策后需要进行评价,并将评估结果叠加到输入中,达到影响输出之目的。

2. 完善公共政策后评估制度

成立宁波重大公共决策评估委员会，实现评估的组织机构保证，使其在重大公共决策前和公共决策后评估实施中有效运作；建立由学术、专业机构等组成的民间智库，充分利用宁波现有人才库，切实发挥民间智库的作用；建立健全政府组织、民间智库、利益相关者参与的多元化的评估制度；在建立健全多元化的评估制度的基础上，建立后评估制度的规范化运作机构和监督机制。

3. 加大对公共政策评估的投入

要加快公共政策评估的人才队伍建设，培养一批能够熟练掌握并运用评估方法、评估技术的人才；要提供必要的评估经费；要设立相关的评估机构作为政策评估执行的载体。

4. 拓宽公共政策评估的信息渠道

建立长效的信息沟通机制，将传统媒体与互联网平台等多手段相结合，使评估主体能够与公众进行有效的沟通，建立政策评估的信息披露制度。提高公民的参与意识，建立民意表达和纠错机制。可在公共政策评估的制度构建的信息沟通中加入相应的听证会制度。

(二)规范评估模式

1. 规范政府内部自我评价

在政府内部建立正式、独立的政策评价机构，保持制度和评价行为的独立性。同时，及时报告评价进程，以增强评价过程的透明度，并能够接受各方面的监督，打破政策自评价的封闭性。

2. 大力发展公众参与式评估

在重大公共决策后评估中不忽视社会力量的作用，要积极推动公民个人、公民组织、社会团体、企业、政府成为公共决策评估的参与主体。

3. 积极倡导第三方独立评价

第三方机构具有非营利性、非强制性、民间性、独立性和组织性的特点，这使第三方机构在政策评价的过程中具有超然地位，评价结论较为客观、公正。因此，要积极倡导第三方独立评价，政府要为其评价工作的开展提供便利，使其成为政府部门组织评价的有益补充。

(三)完善评估的实施路径

1.明确重大公共政策绩效评估的权威性和严肃性

要保证评价落到实处,评价过程信息不失真,政策法律应首先对政策评价活动的权威性与严肃性予以明文规定。要强化重大公共政策决策后评估结果的使用,针对评估产生的结果采取相应的措施。

2.确定重大公共政策评估主体

不同的政策适用的政策评价模式不尽一致,评价主体更不一样,中小政策多适用于政府部门进行的自评价,重大政策则更应由政府部门与第三方机构联合来评价,透明度较高的政策可由第三方机构实施独立评价。政策法律中对评价主体的规定应倡导这种多元化,同时,保证各方参与政策评价的渠道通畅。

3.规范重大公共政策绩效评估的程序

评价启动、评价主体参与、评价前调查论证、评价进程及时公布、评价结果提交等阶段,都应该由政策法律予以规范化,同时,政策的后续追踪、复评也应该给予足够重视。政府要突出对政策绩效评价活动的监控和督促,将评价和相关人员的奖惩直接联系起来,真正实现评价中的权、责、利相统一。

4.保障公共政策绩效评估实施所需的政策资源

政策绩效评价的顺利实施,需要大量的政府人力、财力以及信息支撑,评价涉及部门应无条件地支持和服从政策评价活动,同时,政府每年都应划出一笔政策绩效评价专项资金予以资助,以保障政策绩效评价工作的顺利开展。

5.明确重大公共决策后评估结果的应用

当前"政策绩效评估是否有效"往往被曲解为"是否进行了政策绩效评估",忽视了政策绩效评价结果的应用。评价完结后,只有评价结果与意见被相关部门采纳,才能体现评价的功能。

作者单位:宁波工程学院

促进宁波高职院校中青年教师
二次成长的对策建议

陈淑维

　　摘　要:宁波要进一步推进高等职业教育综合改革试点工作,必须有一支高素质的中青年教师队伍;而中青年教师二次成长,是中青年教师在经历一段时间的职业适应期即第一次成长期,相对熟悉并适应工作要求后,消除职业倦怠、实现专业成长的第二阶段,也是成长的关键阶段。从对省内宁波、杭州、温州的高职院校中青年教师的调研与访谈来看,中青年教师在二次成长中面临较多的困惑与障碍,要解决这些问题,不仅需要中青年教师发挥主观能动性,更需要政府协助和推动高职院校按照职业教育的特点去深化改革,创新模式,加大对中青年教师二次成长的政策扶持,探索建立按需发展的人才培养机制和考核体系,创新教学科研基层组织,加强政校行企合作。

　　关键词:宁波　高职院校　中青年教师　二次成长

一、高职院校中青年教师二次成长的现实需求分析

　　为了更全面、更充分地调研高职院校中青年教师二次成长的现实需求,我们选取了宁波、杭州、温州的国家示范高职、省示范高职、普通高职等三类高职院校的 100 名中青年教师进行了问卷调查。从调查对象来看,国家示

范、省示范、普通高职教师分别为 25 人、35 人、40 人；男教师为 41 人，女教师 59 人；30～35 岁、36～40 岁、41～50 岁年龄段的教师分别占 41%、47%、12%。此外，本次调查还从调查对象中选取了 15 位教师进行了访谈。本次调研的基本情况如下：

（一）中青年教师专业发展的动力主要来自于岗位、职务等外在的压力

据问卷调查，在中青年教师中，希望提高教育教学技能的占 72%，其中出于职务晋升需要和满足岗位聘任要求的分别占 66.7% 和 53.3%；希望增强个人竞争能力的占 52%；认为无所谓、听从学校安排的占 1.3%。这表明绝大多数中青年教师希望通过提高教育教学技能等手段来增强自身在职称评审、岗位聘任中的竞争力。

（二）中青年教师最希望提升科研能力、教育教学技能和技巧

据问卷调查，在中青年教师中，希望提升的能力占比由高到低依次为科研能力（占 82.7%）、教育教学技能和技巧（占 50.7%）、本学科前沿知识（占 34.7%）、学历学位层次（占 20%）、其他（占 1.3%）；从培训形式看，短期进修和研讨班，本学科专业知识、教学技能和方法的培训，高层次的学术交流与研讨，学术休假是主要选择，而非学历教育。

（三）中青年教师专业发展困难的原因是多方面的

从问卷调查来看，中青年教师认为科研和实践能力不足的占 65.3%，教学工作量过多的占 41.3%，缺乏知名专家引领的占 36%，对本校激励制度不熟悉、缺乏工作目标的占 33.3%，缺乏教学技能培训的占 28%，本学科专业知识不够的占 26.7%，管理层没有给予一定的支持措施影响成长与发展的占 21.3%，科研任务过重难以完成目标任务、科研经费少及缺乏教育理论知识的均占 10.7%。

总体来看，工作任务重、没有时间进修或定岗实践等是影响中青年教师专业发展的主要因素，而这实质上也反映出了当前高职院校促进中青年教师二次成长的激励机制的实际效果并不理想，激励运作模式存在缺陷。

二、高职院校中青年教师二次成长激励机制存在的不足

从问卷调查和访谈的结果来看，宁波的高职院校与杭州、温州的高职院校类似，在中青年教师二次成长的激励机制上存在一定的不足。

(一)高职院校对中青年教师的评价方式方法偏简单

表现如下：(1)评估主要是基于学历、职称、科研成果、教学业绩等硬性指标，基本没有根据不同学科类别、岗位类别、职称类别、职教特点而做的分类分层评价，从而也就缺乏对特长型中青年教师的个性化评价和对中青年教师二次成长的评价等内容，评价反馈、反向调整、指导提升机制自然难以建立，也难以从激励机制的层面及时发现中青年教师的真正需求。(2)评价方式简单。包括宁波在内的高职院校往往是根据教学科研工作、民主评议进行评价，缺乏教师面谈、同行评议、专家评价等方式。(3)缺少容忍失败的评价环境。各高职院校虽大多建立了各类人才培养工程，但评价往往是重产出成果，而忽视教学科研的过程，没有建立允许失败的激励机制和资助制度。

(二)高职院校在竞争退出机制上存在一定问题

专业技术职务聘任能上不能下，岗位设置能高不能低，人才流动能进不能出，难以实现由人事管理向人力资源开发的转变，导致了一部分中青年教师因缺乏有效的竞争激励而降低甚至丧失二次成长的积极性。

(三)现行高职院校基层教学科研组织的设置不利于中青年教师的二次成长

基层教学科研组织一般为教研室或专业群，在高职院校多学科交叉的背景下，依附于课程或专业的基层教学科研组织缺乏学科综合的学术背景和学术环境，不利于教学创新和学术创新。

(四)现行高职院校专业技术职务评聘制度与中青年教师二次成长的需求不相符

浙江高职院校专业技术职务评聘权已下放给学校，但学校在自主评聘过程中，基本还是遵循以往的评审政策和评审程序，评价标准以科研为主，且对各个方面做出全面要求，无法激励高职院校的中青年教师根据自身的特长与兴趣走向二次成长。

三、促进宁波高职院校中青年教师二次成长的若干建议

(一)探索高职院校校级职能下放试点改革

建议选择宁波一所高职院校进行试点改革,校级职能部门由审批把控转向决策服务和事后监管,可探索把经费投入、人事聘任、人才培养、专业建设等自主权下放至二级学院或专业群,由其把握人才培养和专业建设方向。需要指出的是,在人事聘任上,学校应探索构建跨校企、跨学院、跨专业的师资团队,根据团队岗位设置及聘任实施办法,建议采取两级聘任,团队岗位聘任和绩效考核由学校组织进行,团队内部的教师个人岗位聘任和考核则由团队组织进行。此外,要推动教师凭贡献和业绩竞争上岗,签订聘约,在岗位职责考核的过程中,既关注其岗位目标完成情况,又关注过程管理和动态激励。要以聘期目标达成情况作为晋职、续聘、低聘、解聘的依据,力求实现"能进能出、能上能下"。

(二)推动高职院校建立有利于激励中青年教师二次成长的培养与考核体系

要推动高职院校建立有利于特长型教师成长的培育体系,可建立教学型、技术型、社会服务型等类型的培养计划,根据中青年教师的个体差异按需培养。要对中青年教师的教学工作量做一定的调整,为中青年教师致力于自身的专业成长提供时间和精力保障,在此基础上对专业成长情况进行相应考核。要推动高职院校探索中青年教师的教学、科研、社会服务等业绩互通评价考核机制,应允许中青年教师用某一方面的特长抵消其他方面的不足。

(三)以专业建设为引领创新教学科研基层组织

新型的教学科研基层组织,应打破学科壁垒,聚焦产业链,借助专业和专业模块自主建设的平台,促进不同学科背景的教师交流协作,通过多学科的交叉融合、与行业企业的深度合作、与企业互换人员等方式开发出适应市场和相应职业岗位需求的课程体系。此外,应推动高职院校建立中青年教师学习共同体,如教师发展中心、教学发展中心、院所合作培养基地等校本培训体系,以微格教学、慕课在线、精品课程资源库共享、专业嵌入融通、合作研发、导师结对、专业讲座、经验交流等为路径,促使中青年教师对自身的

知识结构、能力结构、课堂教学、实践指导等进行反思与完善。

(四)要进一步推进政校行企合作

建议由政府牵线,推动学校与行业、企业加强合作,进而推动中青年教师以访问工程师、科技特派员、年度定期顶岗研修等方式,参与企业项目研发与应用技术研发等实践;推动中青年教师参与行业发展研讨与交流,跟踪行业发展前沿,参与行业发展规划的制定。

(五)推动引导高职院校加大对中青年教师二次成长的政策扶持

鼓励高职院校设立教学、科研、社会服务单项奖励或利用企业访工、企业实践、国外访学、专业发展项目资助等方式,支持中青年教师积极开展有利于个性化成长的教学科研、技术支持、素质提升活动。要根据中青年教师的特长培养计划,选派中青年教师参加不同类型、不同内容、不同形式的国培、省培项目,提升其职业发展空间。探索尝试以项目合作、校际合作等形式引进外部师资培训资源,或以目标任务为导向定期选送中青年教师出国访学,让中青年教师在学习借鉴、吸取扬弃中实现成长。适度对当前的绩效薪酬制度进行改革,在体现保障性的同时突出绩效,可依据激励导向设计多样化的激励支付形式,如以专题项目、合作攻关等形式设置科技项目经费;对成果显著的团队予以教科研成果奖励和技术转让奖励;可探索设置特殊津贴和荣誉津贴;对取得省部级及以上高层次人才项目的中青年教师,可在协商基础上实行年薪制或协议工资制。

作者单位:浙江工商职业技术学院

课题来源:2014 年度宁波市哲学社会科学规划课题(G14JY-01)

宁波网络评论员队伍建设与
作用发挥的对策研究

刘　玲

摘　要:中国的互联网已进入社会化媒体聚合时代,新闻网站、论坛、博客、贴吧等网络舆论场的影响力减小,新浪微博和微信成为互联网的主舆论场。相对于微信朋友圈的私密性,新浪微博具备公开传播的特点,从爆料到舆论形成,速度快,易成为网络舆情中心。因此,客观上需要打造一支关键时刻拉得出、用得上、能战斗的强大网络评论员队伍。当前,宁波已经组建了网络评论员队伍,但是从组建机制和作用发挥机制来看,不少工作仍处于探索阶段。因此,建议宁波从机制入手,加快队伍建设,通过建立完善舆情监控机制、网络舆论引导机制、网络舆情应急机制、网络传播机制等,充分发挥网络评论员队伍的作用。

关键词:宁波　网络评论员　队伍建设　作用发挥

一、社会化媒体时代对网络评论员队伍建设的要求

社交化媒体时代,需要网络评论员去引导微博这个舆论场,去弘扬"正能量"。但是从实践来看,网络评论员要做好这项工作,也必须要具备与之相适应的能力,在队伍建设上要有相适应的管理方法。

(一)网络评论员要由"业务型"转变为"综合型"

一方面,微博用户身份多样。既有个人微博,也有媒体、企业、政府等相对严谨的官方微博,还有为提高影响力而刻意炒作舆论的营销账号。另一方面,微博舆情热点多元。既有意识形态的,也有经济、社会、法律领域的。这就需要网络评论员在引导的过程中既要有坚定的政治立场,掌握一定的语言技巧,也要具备较强的分析能力、逻辑思考能力,还要掌握截图、长微博制作、网络信息挖掘等能力。

(二)网络评论员职责要由"守门员"转变为"清道夫"

当前,宁波很多单位部门已经参与到网评工作中,有具体的人员负责,有工作要求,有相应的评价标准。但是从实践来看,这些标准还是以"量"为主,缺乏"质""量"并重的考核评价标准。这使得网络评论员积极性不高,参与感不强。往往是舆情产生了,网络评论员来发个帖"守下门",而不是力求成为"清道夫",在有效整合网评资源的基础上,通过大家努力,去积极、主动引导舆情发展,清理网络空间。

(三)网络评论员队伍管理要由"垂直"转变为"纵横交错"

微博、微信和手机的捆绑,使突发事件的信息传递实现了零时间差,其时效性、现场感和快捷性具有裂变式传播的特点。短短几十分钟,一些地域话题就可能引爆成全国性的舆论事件。显然,传统的层层上报、级级布置任务的"垂直"型管理,难以跟上舆情发酵传播的步伐,必须建立可以一纵到底、横向互联的网络评论员队伍管理模式。

二、加快培养与建设网络评论员队伍

网络评论员队伍是在坚持正确的舆论导向下开展网络舆情引导工作。要做好这项工作并不容易,好的网络评论员不会自然而然地产生,除了靠自身努力,更要靠组织培养。这就需要形成一套与社会化媒体时代相适应的网络评论员队伍培育机制。

(一)严把网络评论员的选拔关

网络评论员自身的素养,是做好网评工作的基础,必须要建立网络评论员的选拔标准。建议选择具有较高的政治纪律意识,有一定的文字功底,对本部门基本情况较了解,能熟练使用微博、微信,能较熟练地在网络论坛、博客等平台发帖、跟帖、留言,能在网络舆论中坚持主流价值导向,敢于与传谣大"V"交锋的人。在选拔方式上,应遵循自愿与组织推荐相结合的方式,不能以下达任务的形式进行,必须真正征求本人的意见。

(二)强化网络评论员的培训

1.开展基础理论培训

网络评论员应掌握政治理论、法律法规,以及民主,人权,自由,宪政,世界各国的政治制度、经济制度,东西方文化,宗教等有关常识。

2.开展业务培训

培训内容应包括网络媒介特点、舆情分析方法、网络意见领袖情况、网络语言表达技巧、网络运用技能、网络统战工作方法等。

3.尽可能采用理论学习和案例研讨相结合的培训方式

由于网络评论是实战性工作,在基层和普通网络评论员的培训中,案例研讨学习应放在第一位。网络评论员之间小范围的交流研讨,应成为网络评论员培训的常用方式。

(三)加强网络评论员队伍的梯队建设

1.构建三级网络评论员队伍

构建核心网络评论员、骨干网络评论员和基层网络评论员三级网络评论员队伍,三级网络评论员都应以体制内人员为主。

2.吸收、培养浙江范围内的红色大"V"

吸收,是指把已成为网上意见领袖、符合网络评论员条件的体制内人员查找、筛选出来,做通思想工作,引导他们做旗帜鲜明的红色大"V"。培养,是指从核心网络评论员中选择政治素养高、才华较突出、敢于发言的网络评论员,创造条件,扩大他们的影响力,使他们迅速成长为红色大"V"。

3.组建特色网络评论员团队

比如,鼓励骨干网络评论员按照个人专业、兴趣爱好组建各种个性化团队,当团队作战时,统一口径,力求形成强大的声势和战斗力。

（四）加强网络评论员队伍的保障

一是要从制度上要求各相关单位把网络评论纳入到日常工作中去，提供相应设备，明确由具体的人员负责，有工作要求，有考核标准。二是要将网络评论工作计入网络评论员的日常工作量中去。各相关部门要支持网络评论员工作，保证网络评论员的工作时间，支持网络评论员在网上的合理发言，在现实中要保护好网络评论员。三是要对网络评论工作表现突出、网上舆论引导绩效明显的单位和个人进行表彰奖励，发放一定的网络评论稿费，并在晋升中作为参考依据。

三、进一步发挥网络评论员队伍的作用

网络评论员应当在维护国家形象和政府形象、维护人民群众的利益上，在为网民解读政策法规上，在引导网民正确认识舆论事件上，在评判舆论事件形成正确的舆论氛围上，在网络舆论监督上，发挥积极作用。但是作用的发挥需要有好的机制与之相匹配。

（一）完善舆情监控机制

核心团队要有重点地选择本地新闻网站、论坛、贴吧和微博意见领袖，给予重点关注，及时了解舆情动态。在此基础上，建立信息流转制度。建立各级别的微信群，确定与上、下级联络的人员，形成一环套一环的信息交流圈。网络评论员发现问题，第一时间通过微信上报本级负责人，然后按不同级别转告至责任单位。通过守望相助，以最少的人力，把网络评论员的触角延伸到互联网的各个角落，掌握网络舆论的主动权。

（二）完善网络舆论引导机制

网络评论员在网络正面宣传上的作用极大，既是发起者，也是参与者、推动者。因此，要鼓励网络评论员提供新闻线索，尽量了解清楚相关情况，并保留好有关图片、视频。要始终坚持草根先发原则。在正面宣传中，网络评论员一般以草根身份先发为妥。当然，草根先发，不等于内容不策划，必须要特别注重眼球效应。要组织团队参与。对于正能量的宣传，每个网络评论员都应尽可能积极参与，要互动放大。网络宣传要产生影响，不能表达一个观点，公众也不可能只接受一个观点。这就需要网络评论员在坚持正确的舆论导向下扮演不同的角色，起到推波助澜的作用。

(三)完善网络舆情应急机制

1. 建立分级响应制

按照突发公共事件和热点问题的响应级别,本级别内的网络评论员必须全体动员,上网工作,不能有非当事单位"事不关己"的想法。

2. 建立"1+3+X"的舆情研判机制

"1"是指各级核心网络评论员,"3"是指宣传、维稳、公安三个部门的相关负责人,"X"是指舆情发生的主体单位,这三者共同组成研判小组,提出处置建议。

3. 建立分工负责制

要给网络评论员安排不同的网络角色定位,千万不能是千篇一律的发言腔调,要有个性化的发言。一般来说,角色可分为旁观型、理性型、激愤型、调侃型、无厘头型等。要按事件属性酌情安排。

(四)完善网络传播机制

1. 培养和吸引红色大"V",让他们成为议题发起者、舆论主导者

有关部门应根据需要及时给红色大"V"提供相关信息,让他们掌握最新情况,能够第一时间发出声音。尤其是在突发事件中,应让红色大"V"协助官媒发布权威性的信息,传递出主流声音。

2. 组建红色大"V"粉丝团

只要是红色大"V"设置的议题,粉丝团都要大力转发扩散,提高议题的影响力。

3. 组建议题策划团队

对议题的设置,既要有长期规划,也要有阶段性打算,更要有运作前的具体安排,这都需要人进行考虑。一个好的创意,往往是团队合作的成果。为此,有必要从核心网络评论员中,选出一部分富有突破性思维的人,组成团队,专门从事议题策划,等议题策划完毕后,再交给具体执行的红色大"V"实施。

作者单位:宁波城市职业技术学院
课题来源:2014 年度宁波市哲学社会科学规划课题(G14-ZX32)

完善海归高层次人才创业创新环境的对策建议

江　维

摘　要：在国家积极推动"大众创业、万众创新"的宏观背景下，高层次人才作为一支特殊的人才队伍越来越受到高度重视，愈加成为各地人才争夺的焦点。近些年来，宁波高度重视营造海外人才发展的宏观环境，通过实施"海外工程师"计划、海外高层次人才引进"3315"计划，建立海外引才育才工作站，设立国际化人才智力集聚区等举措，构建起高起点、高标准的引才育才政策环境体系，集聚高层次海外回国人才 5000 余人。但是从连续两年对海归高层次人才的调研来看，要发挥好海归人才的智力优势，宁波需要从强化金融支持体系、完善孵化载体与公共平台、发挥企业主体作用、优化个体发展环境等方面入手，继续优化和完善海归人才创新创业环境，从而进一步激发高层次人才的创业创新热情。

关键词：海归　高层次人才创新环境

一、对于海归人才类型、创业领域与创业现状的调研

宁波创新创业型人才大致可分为领军型创业人才、中青年创业人才两类，而从调研结果来看，海归人才主要集中在领军型创业人才。本次调研的领军型创业人才主要来自"3315"计划人才，并补充了部分高新技术企业的

科研工作者作为调研对象,收集到的样本量为 336 个;调研的中青年创业人才是通过微信平台面向全市进行不记名问卷调查,主要包括有创业经验及有创业设想的人才,合格样本量为 216 个。调研基本情况如下:

(一)海归高层次人才主要集中于领军型创业人才

根据调研,领军型创业人才的年龄普遍在 31～50 岁之间(占比 70%),以博士研究生及以上学历为主(占比 80%),且具有高级职称(占比 76.7%),有海外留学经历(占比 83.3%)。中青年创业人才更加年轻,80 后占 45.7%,70 后、90 后分别占 27.6%、25.9%,大学本科及以上学历的占 37.9%,但是仅 1 人有海外留学经历。基于此,我们将领军型创业人才作为海归高层次人才的研究重点。

(二)领军型创业人才选择新一代电子信息和新材料作为主要的发展领域

从调研结果来看,领军型创业人才选择的创业领域为自己感兴趣的领域,或与自身专业相关的领域(选择这两类的人才占比分别为 28.5%、14.7%);但是出于可行性的考虑,有 32.8% 倾向于选择启动资金少、风险相对较低的新兴产业。从具体领域来看,分别有 36.7% 和 30% 的领军型创业人才选择新一代电子信息和新材料作为主要的发展领域。

(三)领军型创业人才创办的企业尚处于起步阶段,但展现出较好的增长潜力

从调研结果来看,63.3% 的领军型创业人才创办的企业成立不超过 2 年,但企业普遍走过了前期研发阶段,其中有 36.7% 的企业发展到小试、中试阶段,46.7% 的企业已经发展到量产阶段。在调研的 30 多家领军型创业人才创办的企业中,2013 年企业营业收入在 100 万元以内的占 43.3%,同时有 16.7% 的相对成熟的企业的规模已经超过 2000 万元。企业盈利情况相对较好,年利润率达到 10% 以上的有 12 家,其中有 4 家企业的利润率已经超过 30%。

二、领军型创业人才对宁波创业创新环境认知的调研

通过问卷调查统计、满意度与重要度的交叉分析以及访谈等方式,我们分析了领军型创业人才对宁波创业创新环境的认知与评判情况。

（一）领军型创业人才普遍将创业氛围、产业配套等作为创业选址的决定因素

调研结果显示，领军型创业人才在落户之前普遍考察过北京、上海、深圳、杭州等大型城市及无锡、苏州等二线城市，而最终选择宁波主要是由于政府政策优越、创业氛围良好、产业配套完善、商业成本相对较低等因素（选择这四项的人才占比分别为 56.7％、56.7％、43.3％、40％）。

（二）领军型创业人才普遍将市场意识和创新精神作为选择创业的两大主观因素

调研显示，在影响创业的各类主观因素中，受访者的选择依次是市场意识、创新精神、责任感、个人性格、合作意识、兴趣爱好、知行统一等，其中市场洞察力是受访者认为决定创业成败的第一因素。

（三）领军型创业人才普遍认为资金和市场环境是影响创业的两大客观因素

调研显示，在影响创业的各类客观因素选择中，受访者的选择依次是资金、市场环境、人脉关系、政策、社会阅历、就业压力等。其中，在创业启动资金的筹资方面，受访者表示主要依靠银行贷款、合作伙伴资助、申请政府创业基金三种渠道。

（四）领军型创业人才普遍关注教育资源和城市环境等因素

海归人才在创业选址时对个人生活条件的考虑相对次要，相比大城市，大多数人表示喜欢宁波安静的生活氛围，但是宁波生活条件欠缺的地方主要表现在教育资源有限、城市综合环境欠优这两个方面（选择这两个因素的人才占比分别为 61.1％、44.4％）。并且，从调研结果来看，海归创业人才在生活中急需解决的主要问题也集中在继续深造机会少、配偶子女安置有障碍上（选择这两个因素的人才占比分别为 63.8％、24.5％）。相对来说，较年轻的科技人员更注重配偶子女的安置问题，较年长的科技人员更关注成果转化、学术交流等问题。

（五）领军型创业人才认为创业投融资服务是当前最需要政府支持的

调研结果显示，有 81.5％的领军型创业人才认为需要政府在创业资金方面提供支持，有 49.3％的人才认为需要政府提供行政审批便捷通道，有 46.6％的人才认为需要政府提供场地租金支持，有 29.4％的人才认为需要政府在科技信息的获取和交流上提供支持。领军型创业人才表示，未来 3

到 5 年需要支持的创业服务环节主要集中在创业投融资、专业孵化、创业交流、创业展示等方面。

(六)领军型创业人才对各类创业要素的平均满意度仍偏低

他们认为最重要的三类要素为政府政策措施、城市基础设施、创业公共服务。从统计结果来看,当前各类创业要素均在完全匹配线右下方,平均满意程度得分为 6.21 分(总分为 10 分),发展远没有满足创业需要,特别是融资担保渠道、人才、科研技术平台三类要素的满意度得分均在 6 分以下(见图 1)。除此之外,63.2%的人才认为当前影响宁波科技创新的最主要制约因素是科研激励机制不完善。

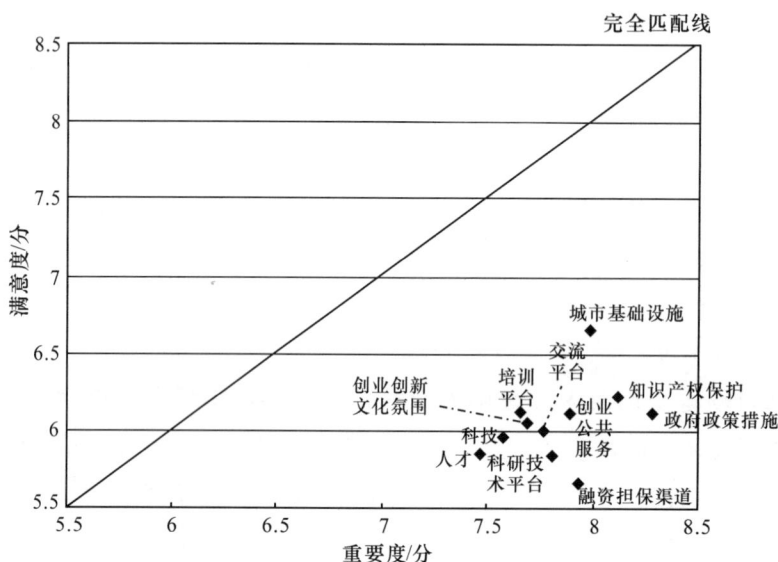

图 1　创业发展要素的满意度、重要度分析

三、优化和完善海归人才创新创业环境的几点建议

宁波要准确把握城市由人口红利向人才红利转变的趋势,聚焦海归创新创业人才的需求,大力营造出适合人才创新创业的外部环境。

(一)完善创新创业的金融支持体系

1.建议更多地采取政府扶持资金变投资引导基金的扶持方式

可成立宁波创业投资基金,对经评审和认定的海归人才创新创业项目,以国资股权投资方式给予股权投资,并建立"成本＋利息"的退出机制。该基金应主要为产值1亿元以下的中小企业提供引导资金、天使基金、风投基金等初创期金融服务。

2.积极引进市场资金

要引进国内外专业孵化机构、天使风投基金,建立与海归项目对接的渠道,并在办公用房及装修、网络使用等费用上给予优惠。要鼓励民间资金设立创业基金,对投向本地的优秀海归创业创新项目,政府引导基金可随之进行跟投。

3.为创新企业提供多种投融资解决方案

根据创新企业不同发展阶段的资金需求,力求为企业提供银政合作、小额贷款、政策性担保、知识产权质押、贴息贷款、融资租赁、保理融资、技术交易、OTC挂牌交易、"新三板"和境内外交易所等多种方式的投融资解决方案。

(二)完善创新创业的孵化载体与公共平台

1.加强平台的整合与资源共享

充分利用市区和各县(市、区)现有的开发区、高新区的载体平台资源,整合国内外各类高等院校、科研院所、重点企业的技术与项目资源,积极探索科学研究、科技开发的创新机制,提升自主创新能力,形成一批高水平的科研成果。

2.加快平台载体的创业创新配套设施建设

加快建立匹配新兴产业尤其是信息技术产业需求的不间断、稳定的电力供给,高质量宽带互联网,大容量有灾难备份能力的数据中心等基础设施,以适应海归人才的创业需求。依托载体平台,引入社会资金,建设能够满足大规模知识人群 7×24 小时工作、生活的"舒适的办公场所＋宜居的生活社区",形成有利于人才发挥作用的良好环境和条件。

(三)优化创新创业的个体发展环境

1. 鼓励社会资本和企业参与建设创客空间

要引入更多如 3W 咖啡、车库咖啡、柴火空间等国内专业创客空间,为创业创新人士提供一个开放、专业、休闲的交流场所和创业资源整合平台,构建新型创业生态系统。

2. 进一步提升人才生活条件

创新人才公寓的配置办法,采取租金补贴和安家货币补贴等可选择的方式;根据创新人才的需求,探索政府通过收租或收购市场存量商品房代替建设集中人才公寓的安置办法。

3. 解决高端人才的后顾之忧

强化落实针对引进高层次人才的子女就学和配偶安置等相关政策,对其子女在学前教育、义务教育阶段入园入学安排上予以优先照顾,为高层次人才的配偶安置提供积极协助和服务。

(四)高度重视引才用才中的企业主体作用

1. 优化现有人才培训经费的使用办法

支持重点企业与高校和教育培训机构的合作,培养适应企业需求的紧缺型实用人才,弥补宁波市实用性人才培养不足的劣势。

2. 继续鼓励龙头企业建立公共服务平台

鼓励行业龙头企业成立行业公共技术研发、公共检测等服务平台。

3. 政府采购向中小企业倾斜

在财政资金投资的市政设施、技术改造、医疗卫生、教育文化、节能环保和公共事业信息化项目中,鼓励和引导"3315"计划、海归高层次人才的企业来参与竞争,在同等条件下优先采购。

作者单位:慈溪市社会科学院

电商时代发展宁波电商物流
的对策建议

郑　建

摘　要:随着互联网技术的进步、智能手机的普遍使用、电子支付成为消费习惯,移动电商时代已经到来。这不仅刺激了电商经济的进一步繁荣,而且也彻底改变了人们的购物消费方式,随之也产生了对现代物流的爆发式需求。当前,宁波市传统物流企业在运输、仓储、配送等服务能力上与现实需求存在较大差距,加之建设物流基础设施、规范物流市场需要一个长期过程,物流已经成为宁波市电商经济发展的瓶颈。为此,宁波应抓住建设国家电子商务示范城市的契机,以构建物流"地网""企网""天网"三大网络为载体,以搭建物流运输、仓储、配送等网络联盟平台为重点,以模式创新和技术创新为支撑,推进电商物流精细化管理,降低社会物流成本。

关键词:发展　宁波　电商物流

2014 年,宁波网络零售额达 489.7 亿元,居民网络消费额达 488.32 亿元,电子商务呈现快速发展的良好势头。从趋势来看,在宁波网商的顾客中,二线城市以及城乡、农村地区顾客量增长加快,省外增长主要来自于江苏、上海、广东等地;未来电商业务量将翻倍增长,2014 年宁波快递日均业务量达 57 万件,预计 2017 年将达 214 万件,2020 年将达 300 万件;电商呈现"国际化"趋势,宁波是首批跨境电商试点城市之一,2014 年跨境购消费者累计下单量达到 144 万余单;电商物流"准时化"要求越来越高,电商仓储物流周期在 7 天左右,配送物流时间在 4 天以内,江浙沪地区为 1~2 天。因此,为了顺应电商的发展趋势,宁波应进一步推进电商物流发展。

一、宁波电商对物流发展的现实要求

(一)要求电商物流供给网络化

电商"碎片化"需求特征要求物流服务要建立跨区域联盟,实现物流供给能力网络化,实现物流网络渠道下沉,渗透到三、四线城市,全面提升物流可达性,满足广大乡镇地区巨大的电商消费需求。

(二)要求电商物流服务精细化

电商物流必须适应电子商务小批量、多频次发货的特点,能够以最快的速度完成货物的拣选、包装、装卸搬运等活动,避免出现货差、货异。同时,电商物流能利用现有数据,对未来的业务进行预测性分析,准确地预测用户的需求和规模。

(三)要求电商物流范围全球化

电商平台国际化发展最大的短板是物流服务体系,跨境电商对国际物流体系提出了更高的能力和水平要求。这要求物流服务业具备向全球配送的能力,尤其是要提供跨国全程物流解决方案。

(四)要求电商物流业态多样化

传统运输、仓储、配送等物流模式难以适应电商发展需求,互联网将融入物流产业,带来新的商业模式,例如网络车队、网络仓储、网络物流平台等新的物流业态出现。

二、宁波电商物流发展存在的主要问题

随着电商经济快速发展,宁波市的传统物流企业在运输、仓储、配送各方面的服务能力均难以较好地适应需求,存在着系统性差距,主要表现在以下几个方面。

(一)基础设施难以满足电商发展的需求

市内缺少符合电商需求的专业性物流基础设施,电商城内基础设施主要是通过对旧厂房进行改造,空间布局较为零散,且主要是 B2B(企业间的电子商务)工厂模式,基本上依然采取手工操作的方式,难以满足 B2C(企业到用户的电子商务)电商仓储和配送要求。

(二)传统物流企业缺乏发展电商市场的动力

与港口物流业务相比,电商的物流需求规模相对较小,而对物流能力要求较高,宁波市物流企业大多服务港口物流,在港口物流形势较好的情形下,缺乏拓展电商物流业务的动力。同时,现有物流企业以"小、散、弱"为主,缺少网络化、精细化的物流服务能力。

(三)现代物流体系缺乏整合平台

物流系统比较零散,运输、仓储、配送等环节各成体系,缺少有效整合物流资源的平台以及龙头企业,很少有物流企业能够提供综合性的物流服务,与电子商务要求提供的高效率、低成本的现代物流服务还有较大的差距。

(四)快递市场有待规范

快递市场在快速发展的过程中积累了一些亟须解决的问题,比如快递企业服务标准有待规范,城市配送车辆通行权分配机制有待完善,城乡配送网络体系有待加强。

(五)电商物流扶持政策有待加强

物流环境是吸引电商企业落户的重要条件。由于物流产业对地方财政的税收贡献较小,地方政府对物流用地缺乏积极性,物流用地"落地难"的现象普遍存在,电商物流也不例外。

三、加快宁波电商物流发展思路与对策建议

在"十三五"时期,宁波要以加快推进国家电子商务示范城市建设为契机,以构建物流"地网""企网""天网"三大网络为载体,以搭建物流运输、仓储、配送等网络联盟平台为重点,以模式创新和技术创新为支撑,构建连通国际、覆盖国内、深入城乡的电商物流服务体系。

(一)构建"地网""企网""天网"三大网络

1. 推进物流基础设施建设,构建电商物流"地网"

推动电子商务项目及与电子商务紧密关联的区域物流基地、仓储配送中心、快递分拨中心等项目落地和建设,引导电商物流企业集聚发展。"腾笼换鸟"建设电商仓储中心,将原有的各自为政的小仓库通过引导、鼓励和支持,转变为现代化的自动化大仓库。

2. 推进物流企业联盟发展,构建电商物流"企网"

推进中小物流企业网络联盟建设。推进跨区域整合,鼓励不同区域的物流企业组建联盟,将分离的物流资源整合为高效的物流网络,拓展网络覆盖范围,提升物流服务能力,实现成员企业物流组织网络、功能网络、信息网络的有效融合和设施设备的共建共享。

3. 继续推进物流信息化工作,构建电商物流"天网"

推进物流管理信息系统建设,引进、推广先进的信息技术和物流技术,推进条形码、电子数据交换、射频技术、全球定位系统以及供应链管理等技术在物流企业管理中的应用,全面提高企业信息化管理水平,为传统物流企业拓展电商业务提供保障,为宁波市电商物流提供互联互通标准。

(二)构建连通国际的跨境物流服务体系

1. 加快建设国际快件处理中心,完善跨境电商国际快件进出关通道

依托海曙电商城,积极申报在宁波成立国际邮件互换局和交换站,高标准建设国际邮件处理中心和中国邮政跨境电子商务宁波基地。加强与国内知名跨境物流企业的合作,或依托现有规模货代公司,建设国际快件综合处理中心,探索邮件、快件综合监管的新模式,积极培育、探索邮政之外的快递出关模式。

2. 探索建立海外仓,完善跨境电商出口物流体系

鼓励宁波跨境电商出口企业与国际物流企业在海外联合设立海外仓,实现风险共担,充分利用宁波海运优势,通过海运将商品批量运到海外仓,不仅可以降低跨境电商出口物流成本,而且可以避开外贸旺季带来的物流高峰,提高货物的配送速度,增强顾客的消费体验。

3. 依托梅山保税物流园区,打造跨境电商供应链物流中心

依托梅山保税港区政策优势,在园区内设置跨境电子商务海关监管区,

引导跨境电子商务企业、第三方平台、物流企业入驻,整合跨境电商所涉及的国际采购、物流、清关、配送等环节,引导电商企业提供跨境供应链"一站式"服务,提高电商企业对国际市场的响应能力,加快形成跨境电商采购中心、物流中心。

(三)构建覆盖国内的电商物流服务体系

1.加强国内合作,充分利用国内物流平台资源

结合电商城和电商产业集聚区,招商引资,引进一批国际国内知名电商物流企业,鼓励电商物流企业与阿里巴巴、京东商城等平台合作,力争把宁波打造成为国内电商平台的重要物流枢纽节点。

2.推广快运联盟,完善干线运输服务网络覆盖面

借鉴"卡行天下"(依托优选的线路组合、标准化的运营规范及统一的客服平台构筑覆盖全国的运营网络)、"精准卡航"等先进模式,推广干线运输联盟运作,吸引更多干线运输企业加盟快运联盟,统一加盟企业在上门提货、在途追踪、代办保险、代收货款、代收运费、代理包装、到站配送、信息反馈等方面的服务,积极拓展电商物流业务。

3.利用高铁与航空网络,打造电商物流新方式

加快构建由高铁、航空、水路等多种方式组成的电商物流运输体系,适时开通北京—宁波、广州—宁波、武汉—宁波等线路的直达特快电商班列和电商航班。依托栎社国际机场、宁波高铁南站等枢纽,建设快件转运中心,完善快件运输网络体系。

(四)构建深入城乡的电商物流服务体系

1.完善城市末端配送设施

将快递服务网络建设纳入城市规划和社区配套设施规划,将快递投递纳入社区综合服务平台范畴,将智能快件箱纳入社区、办公区和商业区工程统一规划,统筹设计,以便于消费者灵活收取快件。

2.统一物流配送车辆标准

落实国务院办公厅印发《关于促进内贸流通健康发展的若干意见》,允许符合标准的非机动车从事社区配送服务。开展社区配送试点,明确非机动车配送标准、配送范围以及管理规范。

3.建立完善城乡配送网络

依托全市各地交邮合作村邮站建设,扶持设立一批城乡一体化的电商

物流公共集散点,拓展农村地区的电商物流网络服务范围。

(五)积极创新电商物流商业模式

1. 加快运输与快递融合发展

支持交通物流企业拓展服务功能,提高定制化物流服务水平,以适应电商物流点到点的需求。鼓励交通物流企业深化与电子商务的业务融合,从传统的递送、运输服务延伸至产业链多个环节,提供代收货款、逆向物流等增值服务,推进物流快递化发展。

2. 探索线上线下模式,完善跨境电商国内分销体系

在跨境贸易电子商务体验店设立专柜进行销售,设立跨境贸易 O2O 前店后库(保税仓储),通过在每个区设立保税仓储,搭建电子商务、海关、国税、外管、物流、快递等相连接的信息平台,简化购物流程。

3. 探索推进物流电商化模式

探索将电商交易模式应用到物流市场,搭建不同类型的物流电商平台,例如互联网运输联盟平台、仓储平台、配送平台等,整合社会零散的物流资源,提高电商物流运作效率,降低电商物流运作成本。

作者单位:宁波市现代物流规划研究院

发挥高校学生组织新媒体网络
"正能量"的对策建议

应中元　黄少华　芦美丽　周树红　陈立明

摘　要:通过对宁波大学、浙江万里学院等 6 所在甬本科高校学生组织新媒体平台的调研发现,截至 2014 年 12 月,各校各级各类学生组织拥有的新媒体信息交流与宣传平台达 609 个,类型涵盖微博、微信公众号、APP(客户端软件)和人人网主页。从调研结果来看,虽然这些平台在发展上存在一定的问题,但是通过科学引导与指导促进其发展,将对弘扬网络正气、清除网络戾气具有积极作用。

关键词:高校　学生组织　新媒体　网络"正能量"

一、当前高校学生组织新媒体平台存在的问题

(一)平台影响力、引导力不足

2014 年一项针对近 3000 名浙江省大学生的调查显示,大学生以智能手机为主要工具接触新媒体的比例为 97%,其中每天使用网络社交平台 1～2 小时的学生占 34.31%。可见,使用新媒体平台已成为大学生日常生活的一部分,但是调研的大部分学生组织新媒体平台的活跃度不足,仅有小部分平台具备网络舆情引导功能。从关注量和"粉丝"数量来看,过万的平台仅有

36 个,占总数的 5.9％;关注量和"粉丝"数量在 5000～10000 的平台也仅为 79 个。周发文数在 20 条以上的平台占总量的 13.96％;周发文数在 10 条以下的占 67.16％。具有官方或半官方背景的平台仅有 144 个(共青团组织、学生会组织所属)。高校学生组织新媒体平台虽然具有较大的发展潜力,但是当前实际发挥的作用较小。

(二)平台内容需加强引导

学生组织新媒体平台发布的主要内容是各学生组织的工作通知、新闻报道、数据采集、主题讨论、活动互动等。在 2014 年 11 月,通过对宁波市周发文数在 20 条以上的 85 个高校学生组织新媒体平台的统计发现,发布的 2485 条信息中,传播社会主义核心价值观等"正能量信息"的有 542 条,占 21.81％;传播学生组织活动通知等"中性信息"的有 1669 条,占 67.16％;传播个人负面情绪等"负能量信息"的有 146 条,占 5.88％;其他信息有 128 条,占 5.15％。可见,平台发布了一定的"正能量信息",但是在参与的主动性、积极性、有效性上仍有不小的提升空间。

(三)平台运维管理薄弱

从调研来看,学生干部是平台的日常运维人员,由于缺乏培训与指导,他们的政治辨别力、文字编辑能力、新媒体图文技术能力等相对薄弱;从指导力量来看,高校相关部门及辅导员、社团指导教师等给予了他们一定的"柔性"指导,但缺少专业指导;从规范建设来看,高校在平台队伍管理、政策机制保障、内容建设等方面都缺乏明确指导,平台运作普遍自由松散,存在发生网络舆情事件的隐患。

二、促进高校学生组织新媒体平台发挥作用的几点建议

(一)推动建立长期动态化的三级分类管理体系

1.建议按照平台设立层级、影响力大小等因素将平台分为三个层级

从便于指导的角度考虑,第一层可选择校级共青团、学生会、社团联合会等学生组织;第二层可选择二级院系共青团、学生会、社团联合会等学生组织;第三层可选择学生社团、班级及其他学生自发组织设立的新媒体平台。

2.根据三级分类确定相应的主要功能

着力发挥一级平台的主流引导功能,发挥二级平台与一级平台的同频共振作用,努力促进三级平台的规范、繁荣发展和与一、二级平台的交流互动。

3.建议由政府宣传部门牵头,联合公安、教育、共青团、新闻媒体等单位,推动高校加强新媒体平台的制度建设

尤其要推动高校建立由校内相关部门参与的学生组织新媒体平台常态化、动态化的管理和引导机制,通过政校互动配合,促进新媒体平台的健康发展。

(二)鼓励支持学生组织新媒体平台发展壮大

1.政府相关部门要联合高校鼓励和支持新媒体平台健康发展

重点支持发展一级、二级平台,即共青团、学生会、社团联合会、青年志愿者协会等具有官方或半官方性质的平台;重点鼓励支持发展理论学习、创新创业、公益志愿服务、专业学习等传播网络"正能量"的平台。

2.加强考核激励保障机制建设

推动各高校将学生组织新媒体管理的相关工作纳入学校宣传工作、信息安全工作及其他相关工作的考核体系。推动高校建立针对各学生组织、管理队伍和宣传队伍的考核激励保障机制,把学生组织新媒体平台的管理运行情况纳入学生组织或学生干部年度考核,并为重点关注的平台的发展提供必要的物力支持。

3.加强官方媒体平台与学生组织新媒体平台的互动

可积极利用报纸、电视、政府官网等影响力较大的媒体来推广宣传重点支持的学生组织新媒体平台;可根据宣传工作的需求,加强与学生新媒体平台的互动,开展活动策划,积极弘扬社会主义核心价值观。

(三)做好学生组织新媒体平台内容建设的引导工作

1.坚持以传播社会主义核心价值观为主要内容的发文导向

通过交流、培训、新老媒体合作等方式引导学生组织新媒体平台,以完整的信息代替残缺的信息,用正面的信息代替负面的信息,用建设性的信息代替破坏性的信息。

2.推动新媒体平台的网宣参与度

要选择合适的平台、合适的学生干部,参与网宣工作,让更多的大学生去积极回应"正能量"的言论;要及时发现负面信息的传播者,通过辅导员等与其沟通交流,化解负面情绪;要鼓励重点平台与网络意见领袖建立统一战线,积极参与网评。对于造谣生事、扰乱正常秩序的信息,要迅速通过各种手段切断传播。此外,也要在方向正确的前提下,尊重大学生的思考独立性和意见多样性,鼓励其积极建言,部门对建言要及时反馈。

3.加强对学生组织新媒体的柔性管理

建议高校指定合适的校内牵头部门,选择学生骨干、辅导员、青年教师等参与到重点平台的发展中去,加强与政府宣传部门、新闻媒体等的联系,采用指导与引导相结合、建设与剔除相结合的方式,扩大核心平台的影响力,促进大学生的成长和网络正能量的发挥。

作者单位:浙江大学宁波理工学院

推进宁波医养结合养老服务业
发展的对策建议

宁波卫生职业技术学院课题组

摘　要:医养结合养老服务业,突破了传统医疗服务和养老服务相分离的状态,通过整合养老、医疗和医保三方资源,为老年人提供生活照料、医疗护理、康复保健、健康管理、精神慰藉、临终关怀等综合服务,满足老年人生理、心理及社会等方面的特殊需求,是兼具医养产业和医养事业特性的服务行业。据统计,宁波的老年人口已经超过 120 万人,宁波已进入了中度老龄化社会,加快发展医养结合服务业建设迫在眉睫。为此,宁波应加强政策指导与支持,努力扩大服务的有效供给,着力提升老年群体的医养保障能力,大力发展医养结合养老服务相关产业。在这一过程中,政府不仅要通过制度创新发挥好托底和引导作用,更要通过改革创新积极引入社会力量、引进相关企业来加快产业发展。

关键词:宁波　医养结合　养老服务业　发展

一、宁波市医养结合养老服务业发展现状

从实践来看,医养结合养老服务大致有四种模式:医疗机构开展养老服务、养老机构增设医疗机构、医疗机构与养老机构协作服务以及基层医疗机构签约老年家庭医疗服务(见表 1)。云医院等互联网医疗在医养结合中的

表 1 宁波市医养结合养老服务模式典型案例

序号	服务模式	典型案例			
		机构名称	主办主体	机构性质	床位数/张
1	医疗机构开展养老服务	奉化文芳老人护养园	奉化爱伊美医院	民办	250
2		东钱湖医养融合院	钱湖医院	公办	40
3	养老机构增设医疗机构	海曙广安养怡院医务室	海曙广安养怡院	民办	500
4		宁波颐康医院	宁波颐乐园	民办	40
5		宁波市社会福利中心医院	宁波市社会福利中心	公办	400
6	医疗机构与养老机构协作服务	象山老年病医院 象山老年公寓	象山老年病医院 象山老年公寓	公办	25
7		宁波市康宁医院 江东区怡康院	宁波市康宁医院 江东区怡康院	公办	500

注:还有一种模式是基层医疗机构签约老年家庭医疗服务,到 2013 年,宁波市社区医院老年人家庭签约服务率为 33.1%。

应用尚处于探索阶段。从发展来看,宁波逐步建立了以居家为基础、社区为依托、机构为支撑的医养结合养老服务体系。

(一)社区医养结合的养老服务项目不断涌现

社区老年医疗服务功能不断强化,社区居家养老服务供给方式不断创新,尤其是家院互融服务中心、日间照料中心(站)等建设加快。截至 2013 年年底,全市共有城乡各级各类居家养老服务中心(站)1919 个,城市社区与农村居家养老服务中心(站)覆盖率分别达 71.27% 和 61.33%,比 2010 年增长了 52.98% 和 100.09%。比如,海曙区在全国率先开展政府购买居家养老服务;江东区探索"家院互融"养老服务模式;通过整合社区、居家和机构养老与医疗资源,宁波医疗与养老服务信息平台正加快探索建立。此外,老年人应急求助服务实现属地化管理,81890 应急求助服务信息平台实现全覆盖。

(二)养老机构大力开展医养结合的养老服务

截至 2013 年,全市有养老机构 233 家,床位数 37934 张,比 2010 年增长了 30.36%;每千户籍老人拥有床位数为 32.0 张,比 2010 年增长了 12.68%。近年来,以收养失能、半失能老年人为主的医养结合养老机构正

逐步增多。从已有的统计数据来看,全市共有 21 家养老机构内设医疗机构
(见表 2),占全市养老机构总数的 9.0％;实际开放床位数为 10549 张,占全
市养老机构床位数的 27.8％。这 21 家养老机构共有卫技人员 242 名,总入
住老年人为 6561 人,入住率为 62.20％,其中公办公营入住率为 82.93％、公
办民营入住率为 79.97％、民办民营入住率仅为 35.96％。

表 2　2013 年宁波市内设医疗机构的养老机构相关情况

养老机构性质	养老机构数/家	编制床位数/张	实际开放床位数/张	实际开放床位数占比/％	入住老年人数/人	机构入住率/％
公办公营	8	2770	2595	24.60	2152	82.93
公办民营	7	3614	3519	33.36	2814	79.97
民办民营	6	4942	4435	42.04	1595	35.96
合计	21	11326	10549	100.00	6561	62.20

(三)医疗机构积极发展医养服务

近年来,宁波医疗机构在老年科、区域医疗联合体、城乡一体化社区卫
生服务体系建立建设上进行了大力的探索发展,取得了一定成效。比如,
2014 年 8 月宁波大学医学院附属医院与江北康养医院签约,江北康养医院
成为宁大附属医院分院,是宁波首家以老年病诊治、康复为主的民营综合性
医院;再如,慈溪市七院与宁波康宁医院合作开设了老年科病房。截至 2013
年年底,建成基层医疗机构 152 家,老年人与全科医生签约率达 33.1％以
上,高血压和糖尿病管理率分别为 87.9％和 86.9％。

此外,宁波卫生职业技术学院还成立了全国首所老年护理学院——宁
波老年照护与管理学院,开设了老年护理等专业,并正式开班招生,为医养
服务业的发展提供专业人才。

二、宁波医养结合养老服务业发展面临的问题

从实践来看,医养结合养老服务业发展的最大障碍是供需失衡、体制机
制不健全,主要表现为养老机构医疗设施供给不足、医疗功能较薄弱,基层
医疗供给与老年人医养需求尚难匹配,医养结合的相关配套制度尚待健全。

(一)医疗机构和养老机构分头管理且协同不够

养老机构、医疗机构分别隶属于民政与卫生等不同部门,管理部门的差异导致了政策协同难,形成了养老机构、医疗机构各自发展的局面,养老机构"养老不医护",而医疗机构则是"医护不养老",这在一定程度上制约了医养结合的养老机构的发展。从调研结果来看,不少这样的机构往往处于两难境地,如按养老机构纳入民政部门管理,则老年人住院的床位费与护理费等不能享有医保报销,全部由老年人自行负担;如按医疗机构管理,虽床位费与护理费享受医保,但老年患者的住院费用远远超过了医保规定额度,超过部分要由医疗机构承担,而这又需要有政府兜底保障的补助政策,而现实是补助不足、基层医疗机构业务收支亏损较为严重。

(二)医养结合养老服务机构偏少

医养结合养老服务机构的建设和运营成本远高于一般的养老机构,其不仅需要购置诊、治疗设备,还需配备专业医务人员,照料的多为患病、失能老人。这类机构如果完全市场化运营,其收费是大多数老年人所难以承受的。从现状来看,宁波具有医疗设备、内设医疗机构的养老机构仅 21 家,且"一床难求"现象较为普遍。

(三)医养结合所需专业人才短缺

从现状来看,当前从业人员整体素质仍偏低。截至 2013 年年底,全市养老机构内设的医疗机构中的卫技人员只有 242 名,其中 11.6％为退休人员,62.8％为初级职称人员。此外,约有 1/3 的养老护理员无上岗资格证书。

(四)基层医疗供给与老年人医养需求存在一定错位

一方面,部分老年病人难以在基层医疗机构配到所需药品,因为在实行基本药物制度后,基层医疗机构仅可使用基本药物;另一方面,老年病人对基层医疗机构的诊疗能力存在疑虑。基层医疗条件有限,医疗设备引进和更新缓慢,优秀人才缺少,导致老人更愿去上级医院就诊。从床位使用率来看,宁波基层医疗护理床位空置较为明显,使用率从 2010 年的 51.09％下降到 2013 年的 44.82％。

(五)配套制度政策缺失

由于尚未建立独立的长期护理保险制度,这造成了养老机构的医疗护理、康复服务仍以自费为主。尚未建立全市规范统一的医养结合养老服务标准、工作流程与双向转诊衔接机制，因此难以对老年病人进行分类分级，并以此为标准提供差异化的医养结合养老服务。基于居民电子健康档案的区域医养结合养老服务公共信息平台不健全，使医疗与养老资源不能共享，无法有效引导老年病人合理使用护理床位，难以深度推进医养融合。此外，现行老年医保覆盖面与报销项目有待进一步完善，尤其是对一些外来老年人口。

三、推进医养结合养老服务业发展的几点建议

医养结合的养老服务业不同于一般的服务业，其既是产业，也具有事业属性。推动这一行业发展，并不适用以往的产业发展策略，需要政府、企业、社会等多方共同参与，共同推进。

(一)加强政策指导与支持

组织发改、民政、卫生计生、教育、财政、人社、国土资源、金融及保险监管等部门进行研究，编制出台《宁波市促进医养结合养老服务业发展意见》，回应破解当前在医养结合养老服务业发展上的制度障碍，尤其是要以资源均衡配置为导向，将各级各类养老机构、医疗机构等部门从横向、纵向两个方面对人力、物力与技术信息等资源进行有效整合，构建跨部门、跨行业、全社会共同参与的、与实际需求相匹配的养老服务协同组织架构，建立完善以城市社区、乡镇为基本单位的包括外来老年人口在内的全民养老服务组织体系。此外，要制定出台医养结合项目的政府购买服务目录，支持和发展一批老年护理院、老年康复医院、临终关怀医院等机构；出台基层首诊、分级诊疗、双向转诊的就医诊疗联动管理办法；制定医养结合养老服务双向转诊程序规范。

(二)建立政府、机构、社会共同参与的有效供给体系

1.加快推进医疗服务进社区、进家庭

社区卫生服务中心要积极与社区老年服务中心协作，共建"老年医疗康复护理服务"平台，优先对60岁以上的老年人建立契约医疗服务关系，提供居家医疗护理和康复保健等服务，力求到"十三五"末，60岁以上的老年人与全科医生签约率达到60%以上，电子健康档案建档率达到95%以上，高血压和糖尿病等主要慢性病规范化管理率达到90%。

2.积极引导与鼓励社会资本投资医养结合养老服务业

应坚持"非基本"范围的养老对象由社会和市场为主的原则,通过放宽市场准入,采取公办民营、民办公助、政府补贴、公私合营(PPP 模式)等方式,引入社会资本兴办各类医养结合养老服务设施。经测算,"十三五"期间,以每千老年人拥有养老床位数 55.0 张计算,需新增床位 5 万多张,由此可见设施缺口相当巨大(见表 3)。

表 3　宁波市"十三五"期间新增养老机构床位数分布情况

地区	2020 年预测老年人口数/万人	2013 年床位数/张	2020 年预测床位需求数/张	缺口数/张
海曙区	7.65	891	4977	4086
江东区	8.55	2356	4416	2060
江北区	7.57	2551	3947	1396
北仑区	12.03	2560	6227	3667
镇海区	7.62	1767	4029	2262
鄞州区	25.51	9142	12876	3734
余姚市	25.30	5228	14348	9120
慈溪市	31.25	4178	17444	13266
奉化市	15.43	2073	7906	5833
象山县	13.48	3658	7863	4205
宁海县	14.06	3530	8206	4676
全市合计	168.45	37934	92239	54305

3.进一步鼓励引导医疗机构发展养老服务

探索公立医院分级管理,二级、三级医院要以疾病诊治为主,二级及以上综合性医院应开设老年病科,二级以下医疗机构要以康复护理为主,加大老年健康服务功能,增设老年护理床位;同时,要支持有条件的二级医院、民营医院与基层医疗机构向老年护理医院与专业老年健康服务机构转型。

4.进一步增强养老结构的医疗服务能力

规模较大的养老机构配套设置老年病医疗康复机构,规模中等的养老服务机构单独设置医疗卫生机构,规模较小的养老服务机构与周边医院、社区医疗卫生服务机构合作。部分养老机构也可由医院托管,实现医疗与养老资源共享。

(三)进一步完善老年人的医疗保障体系

1. 探索建立长期护理保险制度

在已有的高龄补贴、护理补贴等基础上,结合养老与医疗保障制度改革,加强人社、民政与保险等部门的沟通协作,探索建立适合宁波市实际的长期护理保险制度。

2. 完善老年人医养相关费用的分担机制

培训和管理费用应由政府出资,上门护理服务费用由个人出钱,将"家庭病床"全护理床位费纳入医保支付;同时,建立完善老年护理分级分类补贴机制,制定、完善长期护理服务项目及其收费标准。

3. 完善医养相关的医保报销制度

增设医疗机构的养老院均可申请医保定点,在此就医的住养参保人员基本医疗保险待遇应按照基层医疗机构标准执行,对养老机构长期卧床老人按规定申请家庭病床并享受相应医保待遇。

(四)支持鼓励医养相关产业发展

要不断培育发展养老服务产业集群,组织高校、科研院所与行业企业的产学研协同科技攻关,重点支持依托杭州湾新区、高新区等服务业集聚区,打造一批医养结合养老服务产业基地;在混合所有制养老机构、社区责任医生签约服务、智慧养老以及养老服务业示范县(市、区)等重点领域,滚动实施一批医养结合养老服务业试点示范;在智慧养老、老年医疗康复服务支撑产品等优势产业领域,壮大一批医养结合养老服务骨干企业。

(五)加强互联网医养结合养老服务体系建设

充分运用互联网技术整合全市老年人口信息、电子健康档案和电子病历等三大数据库,建立全市统一的老年人口医养结合数据交换平台,促进医院、社区卫生服务机构、公共卫生机构、养老机构之间的协同服务,打造真正意义上的"没有围墙的医养结合养老院"。

(六)着力加强人才保障

建立行业、专业、职业三业对接机制,推行双证书制度,将养老护理员列入紧缺人才培训范围。支持宁波大学、宁波卫生职业技术学院等高校开设老年服务与管理、老年护理、康复治疗技术、家政服务与管理、医学营养等相关专业,鼓励中等职业学校开设养老服务与管理相关专业,构建以高职教育为主体,中、高职和应用型本科及研究生层次齐全、相互衔接的养老服务专业人才教育培养体系。要加强在职人员培训,积极组织开展老年人长期照护、舒缓治疗和临终关怀适宜技术等培训。

作者单位:宁波卫生职业技术学院

宁波打造"一带一路"多式联运枢纽的对策建议

戴东生

　　摘　要：加快打造"一带一路"多式联运枢纽,是宁波构建港口经济圈、参与和服务国家"一带一路"及长江经济带战略的重要举措。现阶段,宁波在"一带一路"多式联运枢纽的建设上仍存在港口国际竞争影响力有待进一步加强、对外综合运输大通道尚未形成、多式联运的物流服务体系有待完善、现代航运服务业发展比较薄弱等问题。为此,宁波应以对接丝绸之路国际大通道、提升海上丝绸之路港口地位、建设高效便捷的多式联运体系、完善现代航运服务产业为核心,在港口、交通、航运产业、联运体系、投资贸易便利化等方面下功夫,加强与"一带一路"各主要节点城市的协同联系,进而促进宁波市国际商贸物流中心、国际金融服务中心和国际航运服务中心等建设。

　　关键词：宁波　"一带一路"　多式联运枢纽

一、宁波打造"一带一路"多式联运枢纽的现实基础

(一)区位优势比较突出

宁波地处我国长江经济带与国家南北沿海运输大通道的 T 字形交会

处,紧邻亚太国际主航道要冲,是长三角地区与海峡西岸经济区的联结纽带。对外直接面向东亚、东南亚及整个环太平洋地区,对内沟通京杭大运河、长江,腹地覆盖长江流域、中西部地区。随着杭州湾跨海大桥、甬台温铁路的建成和杭甬运河通航设施的不断完善,宁波由交通末端城市发展成为连接上海、江苏和海峡西岸地区的枢纽城市。同时,宁波港是我国古代海上丝绸之路的重要始发港,是长三角地区开展对外贸易的战略要地,也是当今亚太地区的重要枢纽港。

(二)港口条件得天独厚

宁波港口资源丰富,拥有深水岸线 183 千米,已建成万吨级以上泊位 102 个,10 万吨级以上大型深水泊位 25 个,是全国大型深水泊位最多的港口之一。国际枢纽港地位确立,已与世界 180 多个国家和地区的 600 多个港口开通了 235 条航线。2014 年完成货物吞吐量 5.26 亿吨,稳居大陆港口第 3 位、世界第 4 位;集装箱吞吐量 1870 万标箱,位列全球第 5 位。港口集疏运体系完善,"一环六射"高速公路网已经建成,可以快速连接沿带沿路各节点城市;铁路枢纽地位逐步形成,是国家确定的 6 个集装箱铁水联运示范通道之一;管道已经形成了以甬沪宁进口原油管道、甬杭天然气管道等为主体的管道网络;杭甬运河全线通航,实现宁波港口与京杭大运河、长江水道的沟通;宁波栎社国际机场是国内重要的干线机场之一。

(三)多式联运已具规模

宁波初步构建了公路、水运、铁路、空运和管道等方式协调发展的多式联运体系。海公联运、海铁联运、江海联运、水水中转、海管联运等多式联运业务规模不断扩大,辐射范围延伸至"一带一路"主要节点城市。海公联运方面,宁波至"一带一路"省市已全部开通公路干线运输,运输线路达到 100 余条。海铁联运方面,北仑、镇海均有铁路直达港区,班列线路达 12 条,2014 年海铁联运量达到 13.5 万标箱,规模已跃居我国前列。江海联运方面,2014 年沿海及长江沿线港口内支线、内贸线分别达到 21 条和 32 条,分别完成运输量 83.36 万标箱和 221.3 万标箱。水水中转方面,2014 年集装箱水水中转量达 345.8 万标箱,占比为 18.5%;大宗散货水水中转量达 5108.6 万吨,占比为 20%。

(四)现代航运快速发展

大宗商品市场交易活跃,甬商所全年交易额超 4500 亿元,"跨境购"平台已集聚 117 家电子商务企业,备案商品达 7000 余种,累计成交货值 3.22

亿元,居全国之首。物流产业体系齐全,是全国性物流节点城市和长三角区域三大物流中心之一,拥有 5000 多家物流企业,物流业增加值占 GDP 的比重连年超过 10%。物流信息平台领先,电子口岸平台、四方物流平台、航交所、船货网等物流公共信息平台发展迅速。航运产业链不断延伸,船舶供应、船代货代、船舶管理、船舶修造、船员服务等已具规模。2014 年全市共有国际航运企业 62 家,国际船代企业 54 家,国际货代企业 1500 余家,其中无船承运人企业 367 家。航运金融与保险、咨询评估、信息服务等高端航运服务业基础良好。

二、宁波打造"一带一路"多式联运枢纽面临的形势和要求

(一)参与推进"一带一路"战略,要求宁波充分发挥海陆枢纽港优势,主动承担战略支点城市支撑作用,构建面向环太平洋、衔接亚欧非的互联互通基础设施体系

"一带一路"沿线国家总人口约 44 亿人,经济总量约 21 万亿美元。宁波与"一带一路"沿线国家的对外贸易保持快速增长势头,2014 年宁波与"一带一路"沿线国家的货物贸易额为 1672.3 亿元,同比增长 6.7%,占同期宁波市进出口总值的 26%。进一步融入国家战略,要求宁波主动承担 21 世纪海上丝绸之路支点城市作用,即继续做强做大港口贸易,向外通过海铁联运通道辐射东南亚及全球,向内通过陆路、水路对接中西部广袤内陆区域和中亚、东南亚,进而成为丝绸之路经济带的出海门户。

(二)参与推进"长江经济带"战略,要求宁波充分发挥长江经济带重要出海口优势,积极承担画龙点睛的战略引领作用,构建连接中西部、通江达海的综合立体交通走廊

宁波作为长江经济带的重要组成部分,承担了长江沿线 55% 以上的油品、19% 的铁矿砂中转量,1/3 的国际航线集装箱运输量。2014 年完成铁矿石、油品、煤炭、集装箱海进江运量分别为 4086.4 万吨、473 万吨、549.2 万吨以及 60000 标箱。宁波要融入长江经济带战略并发挥应有的作用,应加快打造江海联运服务中心,加快推进快速大能力铁路通道、高等级广覆盖公路网和航空网络建设,注重发挥水运运量大、成本低、节能节地的优势,加快推进海铁、海公、江海等多式联运工程,构建连接中西部、通江达海、经济高

效、生态良好的综合立体交通走廊,为腹地区域经济发展提供通道支撑。

(三)打造"港口经济圈",要求宁波发挥港口城市开放与合作的优势,积极承担区域经济发展的引擎驱动作用,构建辐射长三角、影响华东片、服务中西部的经济合作平台

"港口经济圈"是习总书记从优化区域战略布局、深化对外开放格局的战略高度对宁波提出的要求和期望,是宁波市委市政府"十三五"时期做出的重大决策部署。为此,宁波要进一步发挥港口城市开放与合作的优势,深化区域经济合作,加强与上海及港口腹地区域衔接,积极推进江海联运服务中心、国际强港、"三位一体"港航物流服务体系建设,构筑跨区域、大容量、高效率的经济要素交流网络,使宁波成为集聚配置国际贸易、港航、物流资源的战略高地,实现港口辐射半径最大化、港口功能最大化、港口经济最大化。

三、宁波打造"一带一路"多式联运枢纽的对策建议

多式联运枢纽的打造涉及港口、交通、航运产业、联运体系、贸易便利化措施等多个方面,需要多措并举,形成合力。

(一)建设国际化综合枢纽港

1. 加快港口基础设施建设

高水平推进港口开发建设,提升岸线利用效率,加快建成梅山港区集装箱码头、滚装及杂货码头、北仑港区多用途码头等一批重点码头航道项目。

2. 加快"无水港"网络布局步伐

重点推进浙赣铁路沿线等地"无水港"建设,推进襄阳、新余、景德镇、长沙、合肥、重庆、成都等省外"无水港"建设及相应的营销网络布点。

3. 加强港口对外投资合作

加快宁波港集团参与沿路港口的投资建设和综合管理,鼓励宁波港集团以控股或参股形式与泰国、印尼等东盟国家开展码头基础设施、经营管理、EDI 信息系统对接、腹地开发等方面的合作;发起设立国际港口合作机构,全面提升宁波港口的地位和影响力。

(二)建设综合立体交通走廊

1.铁路方面

加快谋划宁波市贯通南北、辐射中西的铁路通道,合力推进甬金铁路、跨杭州湾铁路建设,形成"一环线、二枢纽、三支线、三通道"铁路网络。

2.公路方面

重点推进杭甬高速复线宁波段一期等 7 条高速公路建设,构筑"二环十射四连四疏港"高速公路网。实施新一轮国省道提升工程,进一步提升公路网服务水平。

3.水路方面

发挥通江达海优势,以杭甬运河为依托,积极连通长江黄金水道,对接京杭大运河,融入长三角地区高等级航道网络,加快构筑实现东海—长江—京杭大运河—杭甬运河—东海的"江海河环形互通"水运网络。

4.航空方面

重点推进栎社机场三期建设,加快开辟面向"一带一路"和长江经济带地区客货运和全货机新航线,建成区域性枢纽机场。

(三)建设江海陆多式联运体系

要创新综合运输管理体制,推进"一票到底、货畅其流"的多式联运服务。

1.江海联运方面

进一步发挥宁波港口承担长江黄金水道矿石、煤炭、液化品等大宗物资和集装箱江海联运、水水中转的功能。加密宁波港至沿海主要港口的集装箱班轮密度。加强船舶揽货建设,推进船舶双重运输,提升船舶利用效率。加强与沿路沿线城市合作,探索建设"江海联运巴士型"物流运输通道。

2.海铁联运方面

重点打造集装箱海铁联运物联网应用示范工程,培育壮大集装箱海铁联运经营主体,创建国家级海铁联运示范通道样板工程。加强与中东欧、东盟、日韩等有关国家的合作,提升"甬新欧"班列。探索以宁波港和铁路公司共同组建合资公司的模式运营宁波港海铁联运业务。要争取设立国家、省、市三级层面的海铁联运协调机制,推进相关的协调工作。

3.海河联运方面

在杭甬运河 500 吨级试通航的基础上,加快内河港区、锚泊区、通航安全等配套设施建设,推进海河联运船型标准化,促进与京杭大运河、长江水道互联互通,实现内河航运复苏。完善联运服务区,加快推进服务于海铁、海公、江海等多式联运的专业化港口作业区,以及多式联运配套的集散中心的发展。

(四)建设现代航运产业高地

1.大力发展商贸业

要充分整合宁波和舟山交易平台资源,建立"一个交易所＋多个分中心"的大宗商品交易市场体系,不断完善网络交易、融资结算、区域交割、专业配送等功能,增强国家战略物资安全保障能力与国际市场话语权。做大跨境贸易电商试点,实现电商引领贸易发展。进一步发挥宁波商贸优势,提升商贸之都影响力。

2.着力打造高端航运服务业

实现与上海及周边港口合作和错位发展,重点提升船舶交易、船员交易、航运订舱等平台的辐射能级。推进航运金融、航运保险等业务,加快航运资源要素集聚。

3.扶持航运业发展

扶持发展地方航运业,发展壮大国际海运、沿海运输和内河运输的船队规模,改变"大港小航"局面。

(五)推进贸易和投资便利化

推进国际贸易便利化综合改革试点,推进自贸区政策向宁波覆盖。加快推进宁波口岸"单一窗口"建设和"一站式作业",协助推进与其他口岸部门执法信息和数据的共享共用。加强与"一带一路"沿线内陆口岸的合作,拓展"属地申报、口岸验放""属地申报、属地验放",积极加入丝绸之路经济带海关区域通关一体化"一地注册、多地报关",完善口岸服务功能。建设国际海事航运服务基地,统一国际船舶调度指挥,提升口岸通关效率,进一步促进贸易便利化。

作者单位:宁波市现代物流规划研究院

放管结合推动宁波互联网金融站上
"风口"的对策建议

贺　翔

摘　要:在"互联网十"的背景下,互联网金融居于新型业态的"风口"。互联网金融可分为三个产业链:一是核心产业,包括第三方支付机构、P2P 网贷平台、基于电商平台的供应链金融服务机构、金融网销平台、互联网金融门户,以及一系列新金融业态;二是中间产业,包括电子商务平台、电商产业园区、银行、保险、证券等传统金融机构,小额贷款公司、融资担保公司、融资租赁公司等新型金融机构;三是外围产业,包括 IT 设备及软件提供商、评价服务机构、咨询服务机构等。当前,宁波互联网金融发展初具规模,但整体竞争力仍不强,尚处于探索成长的状态,亟须通过政府大力扶持与规范引导,进一步完善产业体系,并以此助推宁波实体经济转型升级。

关键词:放管结合　宁波　互联网金融

一、近年来宁波互联网金融发展取得积极进展

(一)若干互联网金融创新型企业出现

有三类代表性的企业:

1. 中小企业外贸综合服务平台

例如,宁波世贸通国际贸易有限公司成立的"世贸通中小企业外贸综合服务平台",立足"一站式外贸综合服务"理念,提供资讯、在线交易磋商、线上订单管理、物流信息、在线融资、保险、退税等一系列服务。

2. 在线保理平台

例如,宁波大道保理公司依托金融大道网,在国内首创"云保理"融资模式,为金融机构、类金融机构、民间资本等资金供应方和中小微企业搭建投融资桥梁,营造"金融诚信生态圈"。

3. 量化交易公司

例如,宁波宽谷奥立安公司以"量化金融创客总部、财富管理中心、私募基金孵化平台、宁波量化金融研究院"为核心平台,计划在 5 年内形成千亿规模的财富管理中心。

(二)电子商务平台加快金融化步伐

近两年,宁波中小制造业及外贸企业电商化程度迅速提升。受中小电商企业融资需求驱动,并在政策引导下,宁波多家大型电商平台与银行等金融机构合作,开展线上供应链金融服务。此外,电商平台积极与保险公司合作,向入驻平台企业开展保险业务。例如,宁波国际物流发展股份有限公司、宁波航运交易所、世贸通等企业,与国有银行、城市商业银行、保险公司等公司积极开展合作,为入驻平台企业量身定制符合本行业特点的金融解决方案,提供多样化的金融服务。

(三)银行积极布局互联网金融业务

宁波银行业机构切入互联网金融业务的途径主要有两种:一是自建平台模式,通过建立网上银行、直销银行、手机银行、微信银行等;二是合作模式,通过与银联、第三方支付公司、公众服务机构、电子商务公司合作,为商户和个人客户提供快捷支付、网关支付、移动支付等支付选择,或与微信银行、支付宝公众平台、财经门户网、搜索引擎等平台合作,为客户提供在线投融资产品和金融咨询服务。目前宁波银行的互联网化探索已初见成效,鄞州银行尝试开展手机信用卡业务。

(四)P2P 网贷平台探索本土化发展路径

当前,宁波 P2P 网贷平台发展迅速。截至 2014 年 6 月,宁波本土规模以上 P2P 网贷企业有 14 家,占浙江 P2P 网贷企业数量的 17%,占全国总数的 1.1%,注册资本多集中在 500 万元以下。相较人人贷、红岭创投、陆金所等全国知名 P2P 网贷平台,宁波的 P2P 网贷企业规模较小,处于发展的初级阶段,主营线下业务,借款年化利率一般在 18%～25%,个别高达 30%。

二、宁波互联网金融总体竞争力仍有待提升

2013 年,司马钱互联网金融研究中心(国内知名的互联网金融行业研究与咨询服务机构)从政策文件、金融机构数、互联网金融机构数、居民人均可支配收入本外币存款余额、人均电子商务交易额、互联网金融园区数、互联网普及率等指标出发,对我国 21 个主要城市的互联网金融竞争力进行了量化评估。总的来说,我国互联网金融发展整体仍处于起步阶段,而且地区间竞争力极不均衡。

从排名来看,宁波位居全国第 10(前 10 位分别为上海、北京、深圳、广州、南京、杭州、天津、佛山、武汉和宁波),这说明宁波对新经济、新业态发展具备良好的市场嗅觉和创新意识,在本轮互联网金融浪潮中探索较早。

从总得分来看,全国获得 60 分以上的仅有上海、北京和深圳三个城市,宁波得分仅为 39.45 分,低于全国平均分数,这一方面反映了我国互联网金融严重分化的发展格局,另一方面也说明宁波与先进城市相比仍有较大的差距。

从竞争力因素来看,宁波有两大薄弱环节:一是互联网金融园区数量为零,目前尚是空白,缺乏资源要素集聚的良好平台;二是互联网金融机构数量较少。截至 2014 年 7 月底,在央行已发放第三方支付牌照的 269 家企业中,宁波仅占 1 席,即浙江甬易电子支付公司。

三、应正视宁波互联网金融发展面临的三大困境

(一)企业困境

1. 平台数据挖掘工作存在困难

障碍在于基础设施及技术人才匮乏、客户企业不愿让渡数据。例如宁波航运交易所和宁波船货网,若能整合双方资源,建立航运物流大数据公共

平台,将对宁波航运物流产业的发展具有积极意义。但由于两者业务交集不大、行业标准不一、企业数据共享困难等原因,大数据平台难以建立,这就抑制了在大数据基础上开展的金融衍生服务。

2. 市场开发渠道有待拓宽

宁波互联网金融企业多由传统服务型企业转型而来,客户多数来自转型前固有的客户群体,市场开拓渠道狭窄。一些较新的业态,如商业保理,还未真正进入公众视野,在市场推广方面存在一定难度。但是若能建立市级、区级层面的企业信息对接平台,将有助于互联网金融企业拓宽市场渠道。

3. 业务拓展受政策不确定因素限制

企业对国家互联网金融政策创新存在不确定性的顾虑。部分行业监管主体与政策不明确,企业创新或将面临踩红线的风险;监管政策执行不到位,导致行业内畸形竞争的存在,甚至"劣币驱逐良币"。

4. 电商企业融资困难

电商企业属于轻资产企业,缺乏有效抵押和担保,较难取得银行信贷融资,只能利用自有资金发展,而使用支付宝等平台货款回收周期长,导致企业资金缺口进一步加大,亟须政府主管部门及相关金融机构提供更多的政策扶持和金融产品支持。

(二)产业困境

1. 缺乏互联网金融龙头企业

在互联网金融行业,行业领先者往往是游戏规则的制定者和主导者。从司马钱互联网金融研究中心的研究来看,相较北京、上海、深圳等地,宁波在互联网金融龙头企业的引进和培育方面仍有待加强。

2. 互联网金融产业链有待拓展完善

当前,宁波互联网金融产业链发展不均衡。主要表现为:线上供应链金融发展较快,P2P 行业亟待规范,其他业态较为薄弱;中间产业链(电商企业、传统金融机构、新型金融机构)总量较大,基础较好,但须进一步加强与互联网及信息产业的融合;外围产业链(IT 设备及软件提供商、征信机构、咨询服务机构、相关研究机构等)发展较薄弱。

3. 综合创新能力有待加强

具体表现为:高校、科技型企业数量相对较少,高新产业及创意产业园区数量相对较少,金融、IT 领域高级人才不足;高新产业园区的建设发展动力有待增强;人才引进机制和服务体系不够完善;数据存储及备份、云计算共享、大数据挖掘、信息系统及数据中心外包、信息安全维护等基础服务提供商相对匮乏。

(三)监管困境

1. P2P 行业亟待规范

与全国类似,宁波 P2P 市场也正处于野蛮生长期,企业良莠不齐,合法经营者与非法套利者并存。截至 2014 年上半年,宁波已出现两家问题 P2P 网贷企业,主要问题是自融资金盲目投资房地产等风险行业,或运营不善出现资金链断裂。行业乱象阻碍了 P2P 行业的健康发展,也累及合规经营的 P2P 网贷平台。

2. 政府扶持及监管欠缺

目前宁波仍未建立市级层面的促进互联网金融产业发展的工作机制,导致对产业发展的整体状况缺乏动态跟踪与分析,难以针对发展中的问题提出解决方案,也缺乏相应的风险防控和应急处置机制。

四、宁波加快互联网金融健康发展的对策建议

(一)加大政策扶持力度

宁波应加大统筹力度,改变当前互联网金融发展政策碎片化的态势,由市政府部署、市金融办牵头、相关部门参与,借鉴深圳、上海、杭州、北京、天津等地经验,聚焦互联网金融的优惠政策、基础建设、风险防控等方面的内容,抓紧制定出台市级层面的规范性指导意见,为宁波互联网金融发展提供一系列政策支持。

(二)重点打造"量化金融小镇"建设

量化投资是利用互联网技术、大数据处理、数学模型等进行投资获利,是国际流行的资产管理模式,欧美通过量化交易下单的交易额占比已超过60%。随着中国资本市场对外开放,国内量化交易将呈现几何式、爆发性增长的态势。宁波应抓住这一发展趋势,重点打造位于鄞州中心区的"量化金融小镇"建设。建议宁波出台配套政策,从市级产业引导基金中划拨专项资

金,进一步扩充量化交易母基金的规模,扶持该小镇发展以量化交易为核心,包含私募基金、天使投资、科技金融、互联网金融等为特色的新兴金融业态,带动资本、信息、技术、人才等要素资源的大规模集聚和深度融合。

(三)加快推动宁波跨境电商金融化的平台建设

建议宁波借鉴杭州跨境电子商务综合试验区的做法,在继续做大跨境电商交易规模的基础上,加快探索"互联网金融+跨境电商"模式,通过政府、园区和企业多方投资、合作共建的方式,依托宁波电子口岸与国际物流公司拥有海量通关数据的优势,打造专注宁波市跨境电商金融服务的互联网金融平台,提供以跨境电商存货金融、跨境电商仓储物流资金配套、跨境电商海外采购等主要内容的供应链金融产品,实现跨境贸易、互联网和金融的深度融合,做大平台的规模效应,在我国跨境贸易电商金融化的竞争中尽快占据有利位置。

(四)切实把握鼓励创新与合理监管的平衡

建议按照规范引导、适度监管的原则,建立由市金融办牵头,人行宁波支行,宁波银监、证监、保监、发改、外贸、经信等部门协作的联席工作机制,完善互联网金融监管的组织保障体系。在这个工作框架下,应加快探索成立互联网金融运行统计、风险监测、预警和应急处置机制,及时掌握行业发展动态和相关数据,严厉打击互联网金融领域的违法犯罪活动,引导互联网金融企业严守政策法律红线,确保不发生系统性、区域性金融风险。同时,推动成立互联网金融协会,实现互联网金融外部监管和行业自律的有机结合。

作者单位:宁波市区域经济研究基地、宁波大学商学院
(宁波市社会科学院经济研究所宋炳林整理)

宁波推进屋顶绿化发展"海绵城市"
的对策建议

张　宁

摘　要:推进"五水共治"是浙江省委、省政府全面深化改革的重点项目。"海绵城市"是指城市能够像海绵一样,在适应环境变化和应对自然灾害等方面具有良好的"弹性"。推动屋顶绿化是"海绵城市"建设的重要内容,看似点小,实则与"五水共治"息息相关,涉及给排水、缓解城区内涝等方面。从目前来看,宁波推进屋顶绿化发展"海绵城市"面临着管理协调不统一、建设成本高、技术难度高、专业队伍缺乏等问题。鉴于此,宁波应当从积极申报"海绵城市"试点、统一管理协调、建立成本分担机制、加快专业队伍建设、制定技术标准和规范工艺流程等方面入手,着力推进屋顶绿化工作。

关键词:宁波　"海绵城市"　屋顶绿化　对策建议

广义上,屋顶绿化除屋顶之外,还包括露台、天台、阳台、墙体、半地下车库顶、立交桥等特殊空间;其作用原理是下雨时通过屋顶绿化对雨水进行吸水、蓄水,干旱时将蓄存的雨水"释放"出来对绿化植物进行灌溉,从而达到促进雨水资源利用、保护生态环境等目的;并且屋顶绿化对于扩大城市绿化覆盖率、控制建筑吸热率、减少尘埃噪声、延长建筑防水寿命、缓解城区内涝等方面具有重要作用。

一、宁波发展屋顶绿化的重要性

（一）发展屋顶绿化有利于控制城市热岛效应

根据中国建筑科学研究院物理研究所的测试，夏天上海有屋顶绿化的墙面温度比无屋顶绿化的墙面温度约低 5℃；如果单幢大面积的建筑物实现屋顶绿化，那么夏季降温、节约能耗的效果将更明显。联合国环境规划署的研究表明，在同等条件下如果一个城市屋顶绿化率达 70％以上，城市上空二氧化碳含量将下降 80％，热岛效应会趋于消失。从宁波现状来看，随着城市化的快速推进，城市建设面积大幅增加，城市热岛效应已有所显现；并且从对相关部门的调研来看，宁波自 2004 年至今审批的建筑方案中约有 96％的建筑为平层屋面，但屋顶绿化的建筑屈指可数，绝大部分建筑的屋顶处于闲置或仅用作设备固定状态。

（二）发展屋顶绿化有利于吸附尘埃、减少噪声

测试发现，建筑经过屋顶绿化后可使一定范围内的空气中的尘埃比绿化前减少 3～4 倍；并且绿化后的屋顶和墙面可以隔声和减少噪声，一般来说，与瓦砾屋顶相比，绿化屋顶可减少噪声 20～30 分贝。比如在宁波市的地铁、快速路高架沿线两侧的建筑上进行屋顶绿化，就有助于降低噪声，也有助于减少机动车尾气及尘埃对周边环境的影响。

（三）发展屋顶绿化有利于缓解城市内涝

由于市政管网建设、局部排水系统建设标准、亚热带季风气候以及城区地形处于盆地底部（宁波城区标高基本在黄海高程 2 米左右，而周边城镇高程均超过 3.4 米）等原因，城区一旦雨水过大和集中，市政管网排水就会处于饱和状态，进而有引发内涝的风险。从《海绵城市建设技术指南》来看，城市对道路、广场等进行"海绵化"有助于缓解内涝，但是这部分面积一般占城市建设用地面积的 35％，而有 60％的建设用地是用于住宅、商业、工业等，如果对这些面积进行绿化处理，开发雨水系统，使建筑成为小型雨水滞滤器，将显著提升吸收和降低雨水在建筑表面径流的速度，这可在一定程度上减轻市政管网排水的压力。

二、宁波发展屋顶绿化面临的主要困难

(一)相关政策和规范缺失

当前宁波没有相关的规范可以让建设单位遵守,也没有相应的政策去鼓励推动屋顶权属人做屋顶绿化。如,国家绿化管理条例中有住宅应达到30%的绿地率的硬性规定,但屋顶绿化不计算在内,所以开发商在利益最大化的市场原则下不会对屋顶进行绿化。

(二)管理部门存在缺位

目前,宁波市屋顶绿化管理基本处于空白、缺位的状态,在大力提倡屋顶绿化的同时应尽快明确管理部门,制定相应的推进办法。

(三)绿化建设运维成本高

建设屋顶绿化的成本要高于地面绿化,因为屋顶荷载测算及建设、防水处理、给排水系统、植物的选择与配送、人工费用等方面的投入都会导致费用增加;并且在建成后水肥运输费、养护人工费等运维费用也高于地面绿化费用。

(四)专业化的建设与养护队伍缺乏

屋顶绿化涉及建筑荷载计算、建筑土建及防水施工、园林设计、园林施工工艺等连贯性的要素,还涉及植物选配(对植物在生长周期内的质量、抗风能力、耐旱及蓄水能力、根系对屋顶土建材料的破坏预测等,有较高要求),似简实繁,有较高的专业性要求。但是目前我国绝大多数院校的建筑和园林专业互不交叉,缺乏相应的复合人才,这导致建筑人不太懂园林,园林人不太懂建筑,宁波也有类似情况。此外,由于宁波的屋顶绿化市场还未起步,业务量几乎为零,导致本地的建筑与园林人才队伍缺乏相应的实践机会,有经验的外地公司也缺乏入驻意愿。

三、国内先行城市的经验浅析

成都屋顶绿化经验值得宁波市借鉴。成都屋顶绿化总面积大,质量高,

具备了与国外先进城市相当的水平。其成功经验有三个方面。

(一)政府引导支持

成都市政府牵头成立了立体绿化和屋顶绿化工作专办,联系建委、规划局、房产局等多部门,负责编写技术导则、实施办法,并监督管理市内各级政府开展工作。2005 年 3 月,成都市特别规定五城区、龙泉驿等新开工楼房的中高层、多层、低层非坡屋顶建筑必须按要求实施屋顶绿化,且面积不得小于屋面面积的 50%,否则,政府不予办理验收和产权手续。成都规定每实施 1 平方米立体绿化,开发商可获批增建 1 平方米的建筑,奖励总计不超过地块核定建筑面积的 20%,以此调动开发商的积极性。相对于高昂的土地费用,屋顶绿化造价较低,开发商自然积极响应。此外,成都还对原有楼盘屋顶绿化的单位和个人进行不同额度的奖励,其中个人每平方米最高补贴 50 元。

(二)稳步推广绿化屋顶,宣传绿化理念

成都屋顶绿化项目有了近 30 年的累积,经过长期的积极宣传与推广,大多数市民积极支持屋顶绿化。推进成功案例,成都市物资局橡胶仓库为了控温、防橡胶老化,主动尝试屋顶绿化并取得成功,这被作为典型在医院、学校、企事业单位推广试点,而后逐步向市民推广。

(三)培育配套的建养专业队伍

自 1989 年成都第一个屋顶花园专业公司成立以来,该市涉及屋顶绿化的工程队伍有 500 支左右,远超其他城市。这些工程商大多兼营后期养护业务,很多公司会免费养护半年,之后再收费。当前,一般每月养护费用为 1.5 元/米^2,每周定期两次上门除草、施肥、修剪,业主只要负责日常浇水即可。专业化的配套服务使更多的业主乐于出钱建屋顶"花园"。

四、推进宁波屋顶绿化发展"海绵城市"的几点建议

(一)统一管理协调

建议由市领导牵头推进立体绿化和屋顶绿化工作,组织申报国家"海绵城市"试点,并将屋顶绿化工作作为"五水共治"工作中的一项重点工作来抓;可由住建、规划、城管等部门编制城市屋顶绿化系统专项规划来完善城

市绿地系统规划,并纳入城市总体规划;明确屋顶绿化责任部门,建议由住建局审核绿地指标,规划部门负责审批设计方案,城管局负责后期管理;明确屋顶绿化设计原则、技术原则、指标落实等要求。

(二)抓紧摸底宁波不同类型建筑屋顶的可利用情况

屋顶所有权可分为单独所有和共有两种。建议推进屋顶绿化建设可先从单独所有权公共建筑入手,如交通、教育、医院、机关等用房有具备屋顶绿化改造条件的建筑。住宅、多业主形式的办公及商业等建筑,产权所有人比较复杂的,可安排在第二阶段待各方面技术条件成熟后再推进。建议将框架结构的房屋作为改造的重点。砖混结构的房屋承重不足,给排水施工处理较困难,不建议屋顶绿化改造;框架结构房屋的改造也需要经过建筑荷载测算。根据以上两个方面,建议在屋顶绿化专项规划编制初期对宁波市现有房屋的基本情况进行摸底。

(三)制定技术标准和政策法规

建议由质量技术监督局、城管局、住建部门等为主结合《城市绿化条例》《浙江省城市绿化管理办法》等制度拟定宁波市屋顶绿化技术及工艺流程标准,如建筑荷载数据范围、覆土厚度数据、植物选配标准、照明系统参数等。建议明确要求新建住宅和商务楼进行屋顶绿化。规定其向规划局申报建筑设计方案时,必须提交绿化计划书,没有屋顶绿化方案的建筑不予审批。合理设置优惠和财政补贴方案。对积极开展屋顶绿化的部门或居民给予一定的财政补助或奖励。

(四)建立合理的成本分担机制

建议采用"市场化＋补贴"的方式。通过招标等方式,将可利用绿化的屋顶免费承包给园林企业供其发展苗木栽培;同时,政府在市场培育初期可给予适当补贴。由建筑物的业主进行维护时,政府给予适当补贴。补贴标准要以合理性、可操作性为原则。建议在生态环境专项资金中划出一部分用于屋顶绿化的日常运维。

(五)加快专业队伍建设

培育设计、施工人才队伍。建议建筑设计单位与园林设计单位合作,各院校加强建筑与园林两大专业的互动,鼓励在该领域创业。在企事业单位物业屋顶绿化上,鼓励本地企业积极应标。

(六)营造全社会参与的良好氛围

通过新老媒体加强宣传引导;鼓励家庭利用好露台、凉台、庭院等自有空间,企业利用好自有物业空间;支持开展如"优秀屋顶花园"等评比活动,对优秀案例多宣传、多试点、多推广。

作者单位:宁波大红鹰学院

宁波时尚产业发展存在的问题和对策建议

魏 明

摘 要：时尚产业作为引领消费流行趋势的新型产业业态，已成为世界产业发展的重要趋势之一。本课题从产业规划、产业层级、产业支撑、人才状况等四个维度对当前制约宁波时尚产业发展的问题进行深度分析，指出宁波时尚产业发展虽已拥有较好的产业基础，但总体发展尚处于初级阶段。为进一步推进宁波市时尚产业发展，应以纺织服装产业为核心，同步推进以家居、文具等优势产业为辅助的时尚产业集群建设，重点完善时尚产业发展的整体布局，梯度开发时尚产业层级，搭建立体化支持链条，加快高端时尚人才培育，实现产业发展"弯道超车"。

关键词：宁波 时尚产业 存在问题 对策建议

时尚产业是整合、提升、组合各类传统产业后形成的多产业集群组合，涵盖品牌、文化、设计、技术、传播、服务等诸多要素，是文化与经济、艺术与技术、创意与科技、品牌与服务等多领域的跨界整合。基于产业规模、企业集聚度和市场地位的角度，并通过对宁波相关产业的对比研究，我们认为，目前宁波在纺织服装、家居和文具三个领域已具有推进时尚产业发展的产业基础。2014 年纺织服装产业实现工业总产值占宁波 GDP 的 15.4%，支柱产业地位显著；家居产业中的小家电、厨具和家具已有较强的产业集聚优势和规模优势；文具产业中制笔、纸品本册、教学教具等细分领域已成为国内第一，有"中国文具生产基地"之称。因此，依托良好的制造业基础优势，以时尚产业为切入点，有选择、有重点地发展相关产业领域，对于推动宁波区域经济创新发展，促进产业转型升级具有十分重要的意义。

一、宁波时尚产业发展存在的问题

虽然宁波市时尚产业拥有较强的产业基础,但要推动相关产业从传统向时尚转变,还面临着许多困难和挑战。

(一)时尚产业的规划整体性不强,协同创新整体合力不足

宁波现有产业发展规划的制定较多局限于单个传统产业或单一领域,如《宁波市纺织服装产业"十二五"发展专项规划》《宁波市家电产业"十二五"发展专项规划》《宁波市工业设计与创意产业"十二五"发展专项规划》等,尚未从时尚产业整体发展的角度,对这些潜力产业或产业环节进行统筹整合和整体规划,时尚产业发展还处于碎片化状态,产业协同创新能力不足。目前宁波时尚产业的创意、设计、制造、营销、推广、培训等诸多环节割裂,各类资源要素分属不同行业、跨越不同部门,文化与时尚、时尚与创意、设计与市场、产业与活动之间的联动还不够。

(二)时尚产业还处于初级阶段,整体竞争力不强

以 1997 年宁波举办首届国际服装节作为标志性起点,宁波时尚产业发展时间只有 20 年,产业发展仍处于起步阶段。从时尚品牌引导力来看,以纺织服装产业为例,宁波的服装加工制造业十分发达,但宁波有近 70% 的纺织服装生产企业没有自主品牌产品。雅戈尔、维科、布利杰、太平鸟等一批本土品牌虽在国内积累了相当的知名度,但创意设计、渠道拓展、品牌运作能力相对薄弱,不具备引领整个时尚产业发展的能力。从产业国际影响力来看,2013 年宁波国际服装节的国际品牌参与度仅为 25%,进行时尚品牌发布和参加设计师大赛的也多为国内品牌和国内设计师。从研发投入来看,2014 年宁波规模以上纺织服装企业用于科技活动的经费支出为 10.22 亿元,购置技术成果的费用只有 356 万元,比上年下降 41.13%,研发投入占营业收入的比例仅为 0.88%,与发达国家的 3%～5% 相差甚远。总体而言,宁波时尚产业自主创新能力较弱,产业影响力仍很有限,高端品牌仍较少,仍处于初级发展阶段。

(三)产业支撑链较为薄弱,依托要素建设尚不完善

调研发现,宁波市的纺织服装、家居等时尚产业的仓储信息化程度低,供应链管理水平普遍较差,无法有效响应时尚产业日益多元和多变的需求。

与北京、上海等一线城市相比，宁波在法律、知识产权、创意设计、第三方物流等服务关联产业的发展还不够充分。和义大道、天一广场等时尚消费中心，中国国际家居博览会、中国国际文具礼品博览会等时尚会展交易平台，仍有待提高国际化程度和消费拉动性。此外，时尚产业发展所依赖的开放、多元、活跃的社会环境体系还有待于进一步构建。

（四）高端人才缺乏，人才自主培养能力不足

调研发现，宁波的时尚企业普遍存在缺乏创意设计人才、经营管理人才的问题，高端人才不足严重阻碍了宁波传统制造业向时尚产业转型升级。目前，宁波专业培养时尚设计人才、时尚营销人才的高校机构较少，产业人才主要以输入型为主。虽然浙江纺织服装职业技术学院、宁波大学等高校有服装设计、家纺设计、视觉形象设计、艺术设计、营销贸易等专业人才的培养，但总体层级还不够高，与宁波时尚企业急需的优秀设计师和高水平时尚买手等人才需求契合度差。按现有状况，宁波在这方面人才的短板在短期内无法得到有效解决。

二、宁波发展时尚产业的对策建议

根据各国时尚产业发展一般是从纺织服装业起步这一规律，结合当前宁波现实产业基础，我们建议在推进宁波时尚产业发展时，应以纺织服装产业为核心，同步推进以家居、文具等优势产业为辅助的时尚产业集群，并争取在"十三五"期间形成具有宁波区域特色的消费、会展、传媒等时尚产业综合配套服务体系。具体可以从以下四个方面进行努力。

（一）做好整体布局，统筹推进时尚产业发展

首先，由市经信委牵头，会同贸易、人社、科技等部门共同研究制定宁波时尚经济发展规划。其次，构建具有一定规模的时尚经济产业园，引导时尚产业集聚，打造地区时尚地标，推动产业的协同创新。建议从市级层面按照产品类型建设多层次、多类型的时尚产业园区，如时尚创意园区、时尚设计研发园区、时尚宣传营销中心、时尚文化园区，促进宁波时尚经济的集群式发展。再次，建立宁波时尚经济行业协会，协调政企关系，促进企业间的交流合作，有效整合产业资源，形成发展的聚合力，并加强与上海、北京、伦敦、巴黎等国内外城市的前沿时尚行业协会的交流合作。

(二)实施梯度开发,加快提升时尚产业层级

首先,应抓紧建设自主时尚品牌梯队,选择一些能够突破的领域,促进优势资源向名牌企业集中,重点扶持、培养和打造一批具有国际竞争力的龙头企业和时尚品牌,如雅戈尔、太平鸟、维科家纺、方太厨具等。其次,顺应品牌企业转型升级的趋势,以自主品牌创新为着眼点,着力突破产业设计与营销"微笑曲线"两端,构造新型的时尚产业发展架构。以纺织服装类企业为试点,率先把服装品牌作为时尚品牌进行定位,精细划分产业链各环节,提炼有竞争力的时尚品牌,予以重点扶持,实现以点带面的整体提升。再次,加大专项资金扶持力度,建立时尚经济风投机制。建议在宁波市天使投资引导基金中设立促进时尚经济发展的专项基金,协调宁波金融机构给予贷款政策支持,全力支持宁海文具、奉化厨卫、慈溪家电家具等时尚特色产业集群发展。

(三)拓展时尚产业消费领域,搭建立体化扩散渠道

首先,要进一步完善商业载体,打造"一个中心、三个圈层"的时尚消费聚集区。"一个中心",即以天一广场、和义大道、老外滩为主体的时尚商业消费中心;"三个圈层",即以东部新城为主体的进口商品时尚消费圈,以鄞州万达、环球城为主体的南部时尚消费圈,以第六空间、红星美凯龙、宜家为主体的时尚家居消费圈,逐步完善宁波时尚消费行业链条。其次,宁波可以发挥临港优势,加快推进时尚产品贸易专区建设,如以梅山保税港区为依托,打造宁波国际时尚产品或奢侈品消费街区,打造宁波时尚高端产业链,加快推进时尚产业的跨境贸易,提升产业国际化水平。此外,加快推进时尚产业的"互联网+"进程,宁波作为"中国服装电子商务最佳示范城市",已具有一定的电子商务开拓能力,建议建设宁波时尚产业电子商务综合平台,并推出手机客户端和手机网站,不断提升产业营销精准度和促销力度,拓展新型营销和体验模式,加速产业的扩散。加大 O2O 模式应用领域,从现有的服装纺织向家具、文具拓展,实现"线上线下"联动发展,解决时尚产业的"最后一公里"问题。

(四)加快人才培育,提升时尚产业发展潜能

在时尚人才的培养方面也应两条腿走路:一方面,提高区域内人才培养能力,以浙江纺织服装职业技术学院为基础,引进国外时尚类优质高校教育资源、专业管理机构,创办本科层次的"国际时尚学院",开设时尚设计与时尚营销方面的专业,培养紧缺的时尚设计师、时尚买手、时尚与奢侈品管理、

时尚品牌运营等人才。加强与宁波时尚企业的共同合作,定向培养宁波时尚企业发展所需的急需人才,如雅戈尔订单班模式、太平鸟电子商务基地模式。另一方面,加大对高端时尚产业人才的吸引力度,在国内外各类时尚设计院校(如东华大学、北京服装学院等)公开选拔优秀人才,引进这些优秀人才落户开设设计师工作室,给予资金补助与政策扶持,为这些人才在宁波提供发展空间。同步推进设计人才的展示交流平台建设,组织开展国内外多类型的时尚产品设计比赛,邀请国内外设计师特别是国外新锐品牌设计师参与比赛,为宁波时尚人才与国际时尚人才同台竞技、交流合作畅通渠道。

作者单位:浙江纺织服装职业技术学院
(宁波市社会科学院文化研究所整理)

推进宁波能源低碳化　加快低碳城市建设

周维琼

摘　要：在资源与环境的双重束缚下，能源清洁化、低碳化发展已成为共识。2008年，我国启动了低碳城市建设试点，已确定两批共36个低碳试点建设城市。宁波是第二批国家低碳试点建设城市之一，也是资源小市，但是经济发展对能源的需求却依然巨大，尤其是在区域内资源禀赋无法改变、产业转型难以一蹴而就的背景下，开展低碳城市建设意义重大。从现状来看，宁波能源低碳化建设仍存在着较大的改善空间。从长远来看，宁波需要改善能源消费结构，调整产业结构；从近期来看，要促进高碳能源低碳化利用，发展低碳替代能源，提高能源利用效率，加快技术改造等，以此来推动能源低碳化，进而加快低碳城市建设。

关键词：宁波　能源低碳化　低碳城市

《宁波市能源发展"十二五"规划》（以下简称《规划》）制定了一系列约束性指标，如到2015年能源消费总量控制在4406.8万吨标准煤以内，万元生产总值能耗比2010年降低18.5％，清洁能源消费量占一次能源消费总量比重达16％等。从"十二五"的中期发展来看，宁波围绕《规划》要求，加大了清洁能源、可再生能源的开发利用力度，在一定程度上调整优化了能源结构；但是结合低碳城市建设的相关指标来看，无论是能源消费总量、能耗控制和能源结构调整，还是能源消费的碳排放都还存在一定差距，能源低碳化任重道远。

一、宁波能源综合利用和低碳化发展的现状

(一)能源消费需求旺盛,结构调整步履缓慢

1. 从"十二五"的发展来看,宁波能源消费增长率出现回落,但总量仍较大

能源消费总量从 2005 年的 2449.3 万吨标准煤增加到了 2013 年的 4139.7 万吨标准煤,年均增幅逾 8%,人均能源消费量年均增幅达到了 5.04%。

2. 从能源结构来看,仍以原油和煤炭为主

这两者占一次能源消费量的总和超过 95%,其中原油超 50%,非化石能源占一次能源消费量比重低于 5%。

3. 产业综合能耗和全社会用电量逐年递增

2013 年较 2010 年的数据,两者年增长率分别达到 5.4% 和 6.8%;在用能、用电分布上,第二产业均占比最大,年平均近 77%(见表 1)。

表 1　基于规划目标的宁波能源消费数据比对

数据名称	年度数据		增长率		2015 年数据	
	2010 年	2013 年	前三年年增长	目标年增长	以此类推	目标数据
能源消费总量 /万吨标准煤	3536.3	4139.7	5.39%	4.50%	4598.0	4406.8
万元生产总值能耗 /吨标准煤	0.820	0.750	2013 年较 2010 年降低 8.54%	2015 年较 2010 年降低 18.50%	0.706	0.669
非化石能源消费量占一次能源消费量比重/%	0.1	0.5	/	/	/	2.1
用电量/亿千瓦时	459.04	559.39	6.81%	/	638.17	613.25

(二)能源消费的碳排放强度略有回落,但仍不容乐观

从 2010—2013 年宁波市规模以上工业企业能源消费碳排放的统计来看(以其中排放量最大的工业企业测算),能源消费的碳排放呈现如下特征:

1. 能源碳排放量逐年上升

4 年里,规上工业的能源消费产生碳排放总量为 5955.91 万吨,折算成二氧化碳排放量为 21858.2 万吨,年度碳排放量除 2012 年略有回落外,其他年份呈现稳步增长趋势。

2. 碳排放强度有所回落

"十二五"前 3 年,规上工业增加值碳排放强度同比分别上升 1.8%、下降 5.7% 和下降 3.5%。这与经济形势有很大关联性。

3. 碳排放源相对集中

原煤是宁波市最大的碳排放源,4 年累计约占宁波市工业碳排放的 69.3%;其他石油制品居第二位,占总排放量的 12.6%。

4. 高碳含量能源碳排放比重略有下降

2013 年煤炭类能源碳排放占比为 80.1%,较 2010 年下降 2.4%;而含碳量相对偏低的油制品类能源碳排放比重有所上升,由 2010 年的 13.6% 上升到 2013 年的 15%。

(三)能源综合利用和低碳能源开发水平仍亟待突破

1. 清洁能源和新能源开发较目标仍有明显差距

截至 2013 年年底,宁波市可再生能源发电折标煤 34.02 万吨/年,仅占全市能源消费总量的 0.8%。按具体类别指标分,2013 年仅水能提前达到 2015 年的发展目标,其他均差距明显(见表 2)。

表 2 宁波可再生能源开发发展目标

类 别		2013 年现状	2015 年规划目标	2020 年目标
风能	风电装机容量/万千瓦	18.30	43.00	75.00
	年发电量/万千瓦时	39932	98900	175500
太阳能	光伏发电 装机规模/万千瓦	2.96	20.00	40.00
	光伏发电 年发电量/万千瓦时	1443	20000	40000
	光热应用 集热面积/万平方米	161	184	240
生物质能	垃圾焚烧 装机规模/万千瓦	9.00	11.00	19.00
	垃圾焚烧 发电量/万千瓦时	44275	55365	95365

续表

类　别		2013年现状	2015年规划目标	2020年目标
生物质能	生物质燃料利用量/万吨	18	22	32
	沼气产气量/万立方米	1577	1668	1700
	污泥利用量/万吨	22	40	50
地热能	应用面积/万平方米	133.70	138.00	163.00
空气能	总装机功率/万千瓦	50	55	65
水能	总装机容量/万千瓦	12.54	12.54	12.54
	发电量/万千瓦时	23608	25000	25000

2.能源效率仍待进一步突破

与杭州、温州等市乃至全省平均水平(0.53吨标准煤/万元)相比,宁波市的能源利用效率仍有差距。

二、制约宁波能源低碳化发展的原因分析

(一)经济发展阶段的制约

宁波工业重型化特征明显,对能源高度依赖,如何不断降低单位GDP能耗仍是行业的重大难题。当前,宁波的四个重化工行业(电力热力的生产和供应业、石油加工炼焦及核燃料加工业、化学原料及化学制品制造业和黑色金属冶炼及压延加工业)规模以上企业综合能耗占全社会综合能耗比重接近70%。此外,宁波第三产业比重依旧偏低,居民能源消费仍在刚性增长。这也导致目前阶段能源消费量大和能耗的控制压力重。

(二)长短期目标冲突的"效益悖反"

低碳城市建设、能源低碳化目标属于中长期政策目标,而为了应对2008年国际金融危机,实现保增长的短期目标,宁波于2009年曾相继出台钢铁、石化、轻工业和纺织工业等产业的调整和振兴行动计划,高耗能行业发展获得延续,产值增速高于同期地区生产总值。这导致能源低碳化指标较难实现。

(三)体制机制的制约

在现有技术水平和政策环境下,开展产能环保升级、可再生能源开发的成本较高,企业缺乏改革的动力。低碳城市建设、能源综合化利用的涉及面广,但是各职能部门间又统筹不够。能源行业涉及的政策手段主要掌握在中央政府手里,地方政府的调控能力有限,唯有通过关停并转一批污染企业、淘汰落后产能等手段来实现低碳化,而这种行政手段相较于市场调节较为低效。

三、推进宁波能源低碳化的几点建议

(一)进一步促进高碳能源低碳化利用

目前,宁波市以煤炭为主要能源的火力发电、供热的碳排放很高,约占工业总排放的 50%。为此,应通过存量和增量的两手控制,大力提高能源技术水平,达到抑制碳排放、节约能源的目的。

1. 提高产业门槛,实施增量控制

实行煤炭消费总量控制制度,严格控制新上燃煤项目,禁止新、改、扩建除"上大压下"和热电联产以外的燃煤电厂,严格控制新上工业项目用煤炭作为燃料。新建工业项目要严格执行节能评估审查、环境影响评价等制度。对环境污染问题突出、达不到环境功能区划要求的县(市、区),实施区域限批。

2. 强化倒逼机制,实施存量控制

坚决取消对高能耗、高污染企业实行的所有优惠政策,深入实施差别水价、差别电价和超计划、超定额加价等资源价格调整手段。通过煤炭洗选、加工转化、先进燃烧、烟气净化等技术创新,积极推进现有煤电机组的综合升级改造,推进燃煤、燃油机组锅炉的燃料替代改造,提高粉尘、废渣等"三废"利用率,打造电力循环利用体系。大力、广泛推广洁净煤等先进能源技术,减少污染物的排放。

(二)优化结构,发展低碳能源

应进一步加大对水电、天然气、风能及太阳能等清洁能源的使用力度,力求减缓碳排放量的增加速度。

1. 发展基于天然气的清洁能源供应保障体系

积极推进燃气热电联产,推动和规范以城市和工业园区为重点的集中供热,扩大供热管网覆盖范围。积极争取天然气上游资源,争取调峰储运中心项目获得国家和省政府支持。加快天然气管网建设,扩大供气范围。

2. 有序推进可再生能源的开发利用

研究出台《宁波市可再生能源发展规划》,摸清家底。充分利用沿海风力资源丰富的优势,稳妥推进穿山半岛、檀头山、高塘、茶山等山上风电场和象山海上风电场等重点项目工程。加快建设国家分布式光伏发电规模化应用示范区,推进太阳能光伏和光热项目建设。重点选择在行政、商务、商业等大型公建设施推广使用地源、水源热泵空调,在学校、医院、酒店等公共建筑以及有条件的住宅推广空气源热泵应用。

3. 探索开发其他新型能源

加强对波浪能、潮汐能、海藻能、核能等其他新型能源的研究探索;紧跟技术进步,加大对新型能源利用方式的研究、应用和宣传力度。

(三)推进节能降耗提高能效

应严格按照国家和省、市产业政策,积极引进低碳行业、高附加值行业,加紧对高耗能行业的改革,大力发展先进制造业,严格控制高耗能行业和项目的低水平扩张。

1. 加强技术创新,深入推进工业领域节能增效

严格执行单位 GDP 能耗和碳排放强度考核体系,实行行政领导问责制,保证能耗指标整体快速下降。突出以发展循环经济为重点,加快实施节能工程和节能改造项目。重点组织开发具有普遍推广意义的能量梯级利用技术、相关产业链接技术、"零排放"技术、有毒有害原材料替代技术、回收处理技术、绿色再制造技术等,特别是对大型电厂兼顾区域集中供热等优化电力结构、"扶大关小"、提效增收项目要予以重点推进。

2. 加强典型示范,推广合同能源管理的节能新模式

宁波市有中小型燃煤锅炉 4000 多台,锅炉燃烧效率大多在 60% 左右,燃烧效率与发达国家相比相差近 15 个百分点,如全部进行提效改造,每年可节约原煤 100 万吨左右。因此,应加大宣传力度,大力扶持节能服务公司发展,推动提效改造,鼓励用能单位实施合同能源管理等专项项目。

3.优化交通结构

深入推进交通领域节能增效,优化交通运输结构,挖掘内陆水运、铁路的货物运输潜力,加速推进海铁联运、无水港、甩挂运输、双重运输等先进运输组织模式;优化交通用能低碳化,推广应用新能源动力,强制性约束交通运输的碳排放,加大对天然气供应站、充电站等清洁交通能源供应设施的投入,鼓励清洁柴油、生物燃料、电力、天然气在公共交通、公用事业车辆中的使用。

作者单位:宁波城市职业技术学院
宁波市城市发展战略研究基地项目

加快宁波市养老队伍专业化建设的对策建议

祁义霞

摘　要：截至 2014 年年底，宁波 60 周岁及以上户籍老年人口达 125.5 万人，占户籍人口总数的 21.5%，宁波进入中度老龄化社会，并呈现出速度快、高龄化、失能化、空巢化特点。近 5 年宁波老年人口系数平均增长 0.84%，远高于全国、全省的 0.4%、0.46%。据统计，全市将近 65% 的老人处于空巢状态，独居老人占 27%；预计到 2020 年，宁波户籍老人将突破 160 万人，将占户籍人口的 25%，医养服务需求巨大，由此带来的养老护理服务人员短缺已经成为制约未来养老机构可持续发展的重要因素。为此，宁波应从优化养老服务专业体系、完善养老相关人才培养体系、加强养老服务相关人才培养培训、畅通职业发展通道、完善相应的考核激励政策入手，提升岗位吸引力，促进养老队伍专业化。

关键词：宁波　养老队伍　专业化建设　对策

一、宁波市养老队伍的发展现状

当前，宁波的养老队伍主要是依托养老机构、各级各类居家养老服务中心来开展服务工作。2014 年，宁波市共有 253 家养老机构，有养老床位 41996 张，拥有各级各类居家养老服务中心（站）2122 个，其中，社区居家养老服务站点 421 个，村居家养老服务站 1681 个，分别占社区和行政村总数的 76％和 66％。从对养老机构和养老服务中心工作人员的调研来看,宁波市养老队伍仍存在不少亟待解决的问题。

(一)队伍数量不足,稳定性差

2014 年,宁波市共有 2657 名在册养老护理员。根据宁波市《养老机构服务规范》和《养老机构等级划分规范》规定,分别在低标准、中需求水平和高标准、中需求水平下预测,到 2020 年,养老护理员缺口分别为 9831 人、18970 人。目前,居家养老从业人员仅有 5000 人左右且流动性较大,从业人员多为下岗失业和"4050"人员。虽然宁波市已经陆续实行就业奖补、培训补贴和特殊岗位津贴等政策,但岗位依然缺乏吸引力。

(二)队伍专业水平偏低

根据市民政局的统计,2013 年底,全市共有养老服务人员(包括医务人员,不含居家养老从业人员)2657 人,除医务人员之外的养老护理员为 2115人,占 79.6％,获得养老护理员资格证的仅有 1299 人,其中初级 1016 人、中级 158 人、高级 125 人;并且养老护理人员普遍文化程度不高、缺少系统专业化培训,管理人员普遍年龄偏大、专业知识储备不足,特别是乡镇敬老院缺乏专业的管理人员,养老服务往往是以低质量的"管养式"为主。

(三)养老队伍储备与培养困难

目前,宁波市开设养老服务相关专业的学校仅有 1 所,且只开设了护理(老年护理方向)、家政服务等高职高专层次的专业,本科和研究生层次均未开设养老服务相关专业。一般而言,中高职重点解决养老服务一线管理与技术支持的人才培养,本科面向养老服务产业培养高端专业技术人才、管理人才、研究人才,研究生培养对国际养老服务业发展态势追踪、产业研发的高端人才。

(四)现有队伍的培训规划性不强

宁波市先后培育了宁波市职业技能培训中心、宁波嘉和养老护理培训学校等 3 个养老护理员培训基地,开展了多期培训,培养了一批专业的养老护理员,从业人员持证比例有一定提升。但是就现有队伍的培训需求而言,仍需进一步加强培养规划的针对性。

(五)志愿者队伍建设乏力

据调研,多数养老服务的志愿者没有受过相关专业教育或老年服务知识培训,人员流动性大、临时性特点突出。

二、养老队伍专业化建设困难的原因分析

(一)社会认可度不高

受传统观念影响,养老护理员工作不体面,被认为是"伺候人"的工作。有统计显示,43.7%的养老护理员认为"社会地位低不愿意干"。此外,大众对护理员岗位缺乏了解,认为该岗位是工勤技能,技术含量低。

(二)薪酬待遇偏低

据统计,养老护理员中,工资在 3500 元以下的占 88.8%,在 1600~2500 元之间的占 63.3%,几乎与城市最低工资线持平。同样医学院校毕业,在医疗机构和养老机构工作,工资收入差距较大,进一步导致了本地人多数不愿意从事养老护理工作,而招聘外地护工就造成了队伍流动性大等问题。

(三)培养体系不完善

事实上,养老服务是技术较强的工种,需要护士、医生、康复师、营养师等技术型人才,也需要机构管理等管理型人才、养老服务产品研发人才,还需要机构服务、涉老产品营销人才。目前宁波市相关院校专业设置主要针对高职学生,针对护理人员的培养。

(四)职业发展通道不畅

按照规定,养老护理员从低到高分为初、中、高、技师 4 个等级,如果从初级开始,升到技师一般需要 15 年以上,时间过于漫长,造成职业发展困难。

三、加快宁波养老队伍专业化建设的几点建议

从发展现状和调研反馈来看,随着宁波市老龄化程度日益加深,专业化养老服务队伍建设已迫在眉睫。

(一)加强政策引导与社会宣传

建议由市民政局、人社局、财政局、发改委等相关部门牵头,加快研究制定出台《宁波市关于加快推进养老服务业人才培养的意见》。加大宣传,提

升职业社会认同,要积极利用新老媒体平台进行政策宣传和形象宣传,通过节目策划,加深公众对专业化养老护理员的认识和认同。

(二)推动养老专业开展分类分层培养

1.统筹养老相关专业建设

要鼓励养老相关专业建设,建议将养老服务相关专业优先列入市级特色专业、重点专业建设项目,并积极推荐国家、省等更高级别项目,促进养老相关专业建设与区域养老服务产业发展相匹配。

2.推动分类培养

鼓励有条件的学校积极开设老年医学、老年护理、老年保健与管理、社会工作、康复辅助器具应用与服务、老年服务营销等专业。

3.推动分层培养

利用"宁波国家职业教育改革试验区"的契机,鼓励办学良好的学校试点开办老年护理四年制高职,鼓励已开办养老相关专业的院校与国家重点大学的老年研究所、研究中心,合作培养研究生、博士层次的人才,力求建立以职业教育为主体,本科、研究生教育层次衔接的人才培养体系。

(三)依托平台加强从业人员培训

1.拓展养老服务人才培训基地

重点依托相关职业院校、开放大学和本科院校,开展多样化学历和非学历继续教育,加强基层在岗护理员培训。

2.深入推动政、校与机构合作

发挥宁波健康养老协同创新中心作用,推动宁波老年照护与管理学院、宁波家政学院实体化运作,推动行业指导、人才培养和养老机构建设的深度融合。

3.建立数字化学习平台

积极发展现代远程教育,加强网络远程培训,探索建立面向养老服务从业人员的教学及支持服务模式,积极开展养老机构从业人员、社区养老服务人员和社区工作者培训。

(四)拓展养老服务人才职业发展空间

完善养老服务相关人员专业技术职务任职评价办法,落实养老机构在专业技术职务(岗位)聘任中的自主权,将养老服务专业人才职业资格等级与职务晋升和工资待遇水平挂钩。鼓励养老护理员通过继续教育或培训在社会工作、心理咨询、食品营养、养生保健等专业领域进行提升。鼓励养老服务业务骨干在职攻读相关专业学位。

(五)建立健全激励保障制度

1.建议参照"三支一扶"计划、"农村教师特岗计划"等中央基层就业计划,招募相关专业高校毕业生(尤其是高职毕业生)从事养老服务工作

2.建立养老服务人才的薪酬激励制度

可规定事业单位性质的养老机构中专业从事养老服务的医生、护士的待遇水平不低于医疗机构中同级别的医生、护士。

3.探索建立优先晋升制度

凡到养老机构从事养老服务工作且年度考核称职以上的工作人员,在参评高级社会工作师时,在同等条件下可考虑给予优先晋升。

(六)建立行业准入与监管制度

1.加快实施职业资格证书准入制度

在完善培训和认证工作的基础上,突破年龄、资历、身份和比例限制,将职业资格证书作为养老服务专业人员招录、使用以及确定工资待遇的重要依据。对目前尚未取得职业资格证书的从业人员,要求在一定年限内必须取得相应职业资格。

2.完善从业人员考核评价体系

建立以职责岗位要求为基础,以职业能力为导向,以工作业绩为重点,注重职业道德和职业知识水平的养老服务专业人才考核评价体系,对从业人员的服务方式、服务态度、服务水平、服务技巧等进行评定,且评价结果与奖惩、晋升挂钩。

(七)进一步加强志愿者队伍建设

支持社会组织参与养老志愿服务;依托志愿者培训基地,加强志愿者培训,建立以专业人员引领的志愿者工作机制;加强基层老年协会组织网络和能力建设,开展低龄健康老人结对帮扶活动,大力发展老人间互助。建立健全志愿者服务活动长效机制,促进志愿者服务制度化和常规化。

作者单位:宁波卫生职业技术学院
宁波市现代健康服务研究基地项目

宁波市制造型小微企业发展现状及帮扶对策

吴鹏跃　　伍婵提

摘　要:小微企业是宁波市民营经济的主体,对经济社会健康发展、社会就业具有重要意义。据统计,宁波市内资经济主体有57.34 万户,其中小微企业超过 11 万户,企业平均寿命约为 8 年,平均解决就业人口 98 人,工业总产值年均增长 5.72%,年均利税增长 11.38%,新增就业人口的 70% 集中于小微企业。从对宁波市 378 家制造业小微企业的调研来看,企业生命周期较短,发展以资本拉动为主,创新内生力不足;相关扶持政策存在享受门槛高、受益面窄、力度不够、针对性不强等问题。为此,在经济进入新常态、小微企业转型升级的关键时期,宁波应加强研究,统筹设计,创新扶持政策,加快建立以创新发展为导向的帮扶机制。

关键词:宁波　制造型　小微企业　帮扶对策

一、宁波市制造型小微企业转型升级发展现状

从 2014 年 9 月至 12 月,我们通过 8718 平台抽取入库培育的 387 家制造型小微企业展开调研。调研发现,387 家受调研企业主要分布在办公文教、电子电工、家居用品等行业;大部分位于余姚、慈溪和鄞州等地(占调研企业总数的 52.17%),小部分位于宁海、象山等地(占调研企业总数的17.39%),其余位于其他县(市、区)。调研基本情况如下:

(一)业务单一,产业链较短

调研发现,绝大多数企业停留于原行业,64.02%的企业无产业链发展计划,仅26.46%的企业在保留原行业的基础上适当进行了新行业的延伸,仅0.53%的企业有选择脱离原行业、进入新行业的打算。

(二)以国内市场为主,新兴市场拓展不足

调研发现,有60%的企业打算开拓国内市场,有42%的企业打算开拓国际市场,这些企业中有部分是国内国际都有开拓打算;但打算开拓新兴高端市场的企业仅为15%,有利用电子商务开发的企业仅为13.23%。这表明企业虽然迫切需要改变当前的市场领域,但是仍习惯于传统的销售渠道和销售方式。

(三)注重产品研发,缺乏品牌意识

调研发现,61.38%的企业关注对新产品研发的投入,61.90%的企业提升新产品的技术含量,但仅26.98%的企业打造了属于自己的品牌。此外,34.39%的企业关注于提升产品附加值。

(四)资本投入为主,创新动力不足

主要体现在小微发展驱动力依然以依靠资本拉动模式为主(见表1),毛利率不足30%的企业占比达到92.8%,其中企业家要素贡献值为负,表明企业家领导水平不足,可能在当前创一代与创二代的交接中,虽然高学历带来了更多的专业知识,但是行业实践经验不足。

表1　要素对发展贡献系数

要素	资本	劳动力	对外贸易	创新	企业家
贡献率	0.362057	0.299892	0.040389	0.066055	−0.183740

(五)注重内部管理,但现代化不够

调研发现,78.57%的企业使用了规范化的管理制度,63.23%的企业加强了员工培训,但是仍有超过半数的企业没有进行标准认证和应用信息化管理手段。从对信息化管理手段应用的进一步调研发现,企业应用的水平较低,绝大多数限于财务系统的应用,占78.62%,其次是应用进销存管理系统,占50.66%,而像ERP、生产排程、供应链管理等高层次信息化集成应用的比例均不足25%,其中仍以手工为主的企业占13.82%。

二、小微企业发展的主要政策扶持效果与需求分析

近几年来,宁波市针对小微企业的发展出台了一系列政策,如《关于做好 2013 年度制造型小微企业培育和上规升级工作的通知》《关于促进小微企业转型升级为规模以上企业的实施意见》《关于推进工业稳增长调结构促发展的若干意见》《关于开展 2015 年扶助小微企业专项行动的通知》。这些政策大致可归纳为减免税费、金融服务及社会扶持三大类。从调研来看,这些政策在一定程度上存在着针对性不够、享受门槛偏高、手续偏烦琐、税费惠及面较窄等问题。

(一)税费减免较窄,减免力度不够大

调研发现,企业享受的政策集中于税费减免,其中以社保福利费、水利基金减免为主,仅小部分企业能享受审批服务性收费、行政事业性收费、高新技术企业所得税等减免优惠(见图 1);相当多的企业是靠租赁厂房发展,这也造成土、房税优惠政策难以享受。从政策需求调研来看,小微企业对减税和减少行政收费的意愿较为强烈,有 28.8% 的企业认为应进一步减轻土、房税,其次是所得税(28.0%)、增值税(21.9%);在政府性基金减免上,企业选择水利基金最多,占比 22.0%,其次是残保金(18.0%)、教育费附加(17.5%)、城市基础设施配套费(7.67%);在审批服务性收费方面,环保检测费选择最多,占 16.1%,其次是消费检测费(12.6%)、防雷检测费(8.0%)、图审费(6.7%)。这都表明了小微企业的经营成本偏高,生存空间较窄。

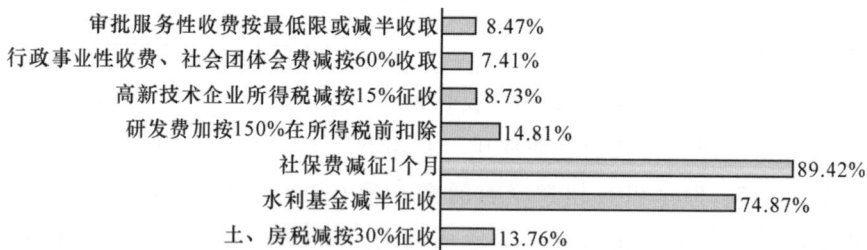

项目	比例
审批服务性收费按最低限或减半收取	8.47%
行政事业性收费、社会团体会费减按60%收取	7.41%
高新技术企业所得税减按15%征收	8.73%
研发费加按150%在所得税前扣除	14.81%
社保费减征1个月	89.42%
水利基金减半征收	74.87%
土、房税减按30%征收	13.76%

图 1　税费享受情况

(二)政策享受的门槛较高,受益面窄

据统计,能享受市场开拓、政府采购优惠等支持的企业不足 5%,政策申

报门槛较高,小微企业的财务制度不完善、财务数据不完整,造成了小微企业很难达到扶持标准。此外,调研发现,新上规企业给予 2 万~5 万元补贴的政策对企业的吸引力有限,不少企业明确表示为获得补贴而需提交的手续十分烦琐,且对发展帮助有限,远不如税费减免。

(三)金融创新不足,融资难问题没有根本解决

调查发现,接近八成的企业仍有资金缺口,近三成企业的贷款满足率低于 70%,其中仅有 11.6% 的企业通过政府帮助成功获得贷款,仅有 35.2% 的企业表示能享受到"七不准"规定(指不准以贷转存、存贷挂钩、以贷收费、浮利分费、借贷搭售、一浮到顶、转嫁成本),小微企业一般贷款是在基准利率上上浮 30% 左右,小部分甚至上浮 50%~70%,甚至有 7.9% 的企业的综合信贷成本高于 12%(月息 1 分),达到基准利率 2 倍以上。造成小微企业融资贷款难、成本高的主因还是在于"缺抵押"和"无担保"。

(四)经营模式相对封闭,借助外力创新发展的观念不足

调研发现,仅一成左右的企业表示对专家帮助诊断有需求,其中生产线智能化改造占 11.53%,经营管理信息化建设占 10.46%,产品设计创意占 10.19%,电子商务应用与政策筹划均占 8.85%,而对专家帮助诊断无所谓的企业却高达 14.75%,这表明企业经营总体比较封闭,对借助外力创新发展的观念不够。

(五)宣传方式单一,信息渠道不畅

政府、银行、企业三者信息的不对称,对政策的宣传办法有限,造成政策落地性不够,即使开展很多政策宣讲会,由于企业人员的到场率不高,企业对外消息封闭,对政府的政策不了解,特别是一些较为烦琐的申报方式和申报手续,造成部分小微企业不愿申报,间接导致享受面不广。

此外,从对制造业小微企业的发展瓶颈的调研来看,49.85% 的企业的困难在于经营成本较高(其中 97.03% 的企业毛利不足 40%,55.51% 的企业不足 20%),46.44% 的企业存在用工困难,41.80% 的企业存在人才困难,29.41% 的企业面临融资与市场开拓困难,分别有 23.22%、17.96% 和 7.74% 的企业在土地厂房、创新、转型等方面存在困难。需要指出的是,在问卷调查中,上述困难选项中企业可多选;相对于企业面临的困难,政府的政策扶持尚难以面面俱到,但是在扶持的效率效果、扶持的针对性上仍有完善的空间。

三、推进小微企业健康发展的对策建议

(一)强化小微企业发展统筹谋划

思想上要切实把小微企业的发展摆在重要位置,抓好、落实好小微企业的政策帮扶工作,尽可能地简化办事流程。加强调查研究,明确固定资产投入是影响小微企业转型升级发展的关键因素,同时也是发展中最为薄弱的环节。加强政策的系统设计,优化创新扶持机制,提高政策扶持的针对性和有效性,拓展企业的生存空间。加强监测,组织督查相关政策的落实情况并进行定期通报,促进政策落实、落地。

(二)支持生产设备更新升级

针对小微企业资金短缺的问题,建立设备投入补偿机制,对于进口先进技术与设备自用的企业,建议给予设备 5%、技术 10% 的一次性补贴。完善固定资产租赁市场,可从政策上鼓励小微企业租赁经营,进行适当租赁价格补贴。鼓励新技术、新工具的使用,例如改变对信息化项目的资金补贴方式,将企业需求以科研项目的形式面向高校科研院所进行公开招标,政府给予承担者经费支持,推动社会力量参与服务小微企业机制的建立。

(三)进一步创新金融服务模式,破解融资难与融资贵

1. 建立"企业互助基金"

建立企业政府共担的风险机制,将"上规升级"的 2 万～5 万元的直接货币补偿形式转变成与第三方金融机构共同出资(建议 1∶3 的股权结构)的小微企业专项融资基金,由金融机构提供贷款,以政府资金为担保并提供利率补偿。

2. 加大科技创新贷款力度

特别是对科技型小微企业,建议提供银行贷款基准利率的 50% 以上的贷款贴息补助,使科技型小微企业以较低的成本获得贷款。

3. 加大金融产品创新

鼓励银行加大"纯信贷"产品创新力度,对于放贷企业数多、贷款规模大的银行,优先享受小微企业贷款风险补偿奖励。

(四)进一步营造创新发展环境

1.搭建产学研用合作平台

鼓励高校与企业优势互补,企业为人才培养提供资源支持,学校为企业提供人才、技术服务、职工培训等支持,在促进创新的同时解决用工和人才问题。

2.组建风险投资基金

将政府专项财政资金转变为与风险投资机构按 1∶1 共同出资组建的投资基金,由风投机构决定资金的投向,收益由政府和风投机构按 1∶1 分配,而政府的收益份额可再设立额外专项奖励。

3.支持互联网与企业的对接

鼓励企业进行"互联网＋"新模式的改造,组建行业专家咨询服务团,推动电子商务新兴销售渠道的建立,鼓励发展跨境电商,特别是向发达地区的高端市场进行对外贸易业务。

(五)加强人才管理的支持力度

1.探索建立"小微人才引进工程"

鼓励高校毕业生向小微企业流动,增加政策性支持服务,给予小微企业专项人才房指标,在医疗社保上给予差额补贴,使之不低于或接近于机关事业单位的标准。

2.建立"小微培训补助工程"

借鉴国外经验,实行员工带薪培训机制,在培训期间给予员工薪酬补偿,促进小微企业员工进行较长时间的系统学习和提升。

3.建立"小微企业家提升工程"

开展企业家高端培训班,加强企业经营的实践经验交流,培养长远规划的经营能力,逐步树立品牌意识,提升企业负责人的领导力。

作者单位:宁波大红鹰学院

加快共建研究院建设　助力产业科技城发展

张忠根　林　明

摘　要:新材料科技城和海洋生态科技城是市委市政府的重大建设规划项目,是实现宁波市创新驱动发展战略的重要举措。目前,产业科技城尚处于初建期,虽已集聚了一批高科技企业,但是与理想的产业发展预期相比,现有企业的应用研究能力有限,基础研究力量偏弱。要实现发展目标,需进一步加强科研支撑,而加强产业科技城与共建研究院所(简称共建研究院)的有效对接,发挥共建研究院的技术支撑和企业孵化作用,是一条有效的突破路径。具体而言,就是要规划服务科技城的共建研究院整体布局,建立以"院""城"合作基金为纽带的研究院与科技城合作机制,采取"创新＋孵化＋投资＋落户"的运行模式,构建市场化且绩效考核到位的共建研究院体制机制,进而实现"院"与"城"的产学研融合。

关键词:共建研究院　建设

一、宁波共建研究院的引进发展现状

截至 2014 年年底,宁波引进共建的创新载体达到 56 家,其中有影响力的共建研究院约 10 家,除中国科学院宁波材料技术与工程研究所和中国兵器科学研究院宁波分院外,大部分研究院都是在近 3 年成立的。总体来看,宁波的共建研究院分为高校主导型、企业主导型与科研院所主导型三类,与宁波"4＋4＋4"产业有较高的对应程度（见表 1），主要集中在新材料、新能源、海洋装备与电子信息技术等产业。

表 1　宁波 10 家有影响力的共建研究院

类型	研究院所名称	成立时间	主导主体	所在园区或行政区	服务行业
高校主导型	浙江大学宁波工业技术研究院（宁波成章科技发展有限公司）	2014 年 4 月	浙江大学	江北区	先进装备制造和工业自动化技术、先进电子信息技术、新材料技术等
	复旦大学宁波研究院	2013 年 1 月	复旦大学	杭州湾新区	精密制造、生命科学、智慧城市、高新材料等
	西电宁波信息技术研究院	2013 年 7 月	西安电子科技大学	宁波市大学科技园	通信、微电子、天线、半导体器件、信息处理、检测等
	宁波市摩米创新工场研究院	2013 年 8 月	西安电子科技大学	鄞州区	新型光电技术、自动化生产线设计、工业机器人、物联网
	宁波诺丁汉国际海洋经济技术研究院	2014 年 4 月	诺丁汉大学	鄞州区	先进材料、港口物流与服务、海洋产品、可持续海洋环境管理
企业主导型	中电科（宁波）海洋电子研究院有限公司	2013 年	中国电子科技集团公司	高新区	船舶（海工）电子、海洋新材料应用、海洋信息关键电子装备以及海洋信息系统
	中国兵器科学研究院宁波分院（北方材料科学与工程研究院）	成立于 2003 年，2010 年重组更名为北方材料科学与工程研究院	中国兵器工业集团公司	高新区	新材料
科研院所主导型	宁波中物激光与光电技术研究所	2013 年 5 月	中国工程物理研究院	鄞州区	新型激光器、应用新型激光器的高端装备、激光加工用新材料和高端光电仪器等
	中科院宁波工研院（筹）（包含原材料所与新能源所）	筹备中	中科院	镇海区	新材料与新能源
	宁波中科院信息技术应用研究院	2012 年 8 月	中科院	高新区	新一代信息技术

目前,共建研究院推动了一批重大成果的产业化,促进了宁波企业的技术发展。如中国兵器科学研究院宁波分院自 2003 年成立以来,已与宁波市 800 多家企业单位开展了科研攻关、技术服务和成果转化等方面的合作。中国科学院宁波材料技术与工程研究所实现了石墨烯的低成本规模化制备。

二、共建研究院服务产业科技城发展面临的问题

(一)服务科技城的共建研究院数量偏少

在有影响力的 10 家共建研究院中,可支持新材料科技城发展的有浙江大学宁波工业技术研究院、复旦大学宁波研究院、中国兵器科学研究院宁波分院(北方材料科学与工程研究院)及中科院宁波工研院;而可支持海洋生态科技城发展的仅有宁波诺丁汉国际海洋经济技术研究院和中电科(宁波)海洋电子研究院有限公司。

(二)现有共建研究院的运行机制不够灵活

共建研究院普遍为事业单位或享受政府财政拨款,与市场对接的积极性不高。具体表现为:

1. 实验室缺乏活力

多数实验室建后闲置,利用率很低,缺乏项目化运作,实验室长远发展问题考虑较少。

2. 用人不灵活

共建研究院的研究人员多为事业编制,入编后,往往难以优胜劣汰,且编制也有限;而引入非事业编制人员,又缺乏相应激励机制,高水平人员引进难、留住难。

3. 产学研合作缺乏动力

信息不对称且缺乏有效的对接合作机制,导致了共建研究院不能充分了解企业的真实技术需求,而企业无力影响共建研究院的研发方向。

(三)共建研究院服务科技城企业的功能开发有限

共建研究院的服务内容主要集中在四个方面:研发创新服务,参与地方企业共建创新载体,技术和创业项目等成果转化,以及通过院士工作站、博士后流动站、科研团队、高端人才引进等为产业发展提供智力支持。目前,

宁波共建研究院主要通过技术转让或合作开发的方式与科技城企业开展产学研合作。由于现有企业技术吸收能力不强,合作难以长期持续,部分成果只能通过市外企业来转化,如中国科学院宁波材料技术与工程研究所研发的"绿色聚丙烯发泡材料技术"的成果转化落在了合肥的企业。当前一些共建研究院也正改变原先单一从事成果转让的做法,开始注重帮助企业解决技术瓶颈或培育企业,如宁波市摩米创新工场研究院积极从事企业孵化。

(四)共建研究院与科技城之间缺乏资金纽带

虽然科技城设有产业发展基金,但是尚缺乏好的机制让基金在共建研究院与科技城之间发挥资金纽带的作用。2014 年新材料科技城设立了 10 亿元产业基金支持企业发展,主要用于支持新材料领域高端科研机构建设与项目研发、高端人才引进、股权激励、科技成果孵化及产业化推广等。但产业基金直接从事项目扶持存在两个局限:一是信息不对称,不能准确甄别有价值或有市场潜力的项目;二是不能提供技术帮助和管理帮助,即不能实现资金与技术、管理的有效结合。而共建研究院虽然可以在自己的专业领域为相关企业解决技术难题,促进企业孵化,为企业提供持续性帮助,但自身资金来源单一,投入体系不完善,尤其缺乏风投的注入。

三、构建共建研究院"创新+孵化+投资+落户"的运行模式

借鉴深圳清华大学研究院的成功经验,以"院""城"合作基金为引导,以共建研究院为执行单位,采用"创新+孵化+投资+落户"的运行模式。该模式的核心内容包括:

(一)技术创新

共建研究院吸引具有基础研究成果的优秀海内外人才进入实验室或研发中心从事应用研究,或者对主导主体单位的科技成果进行应用研究,开发具有自主知识产权的技术。

(二)企业孵化与投资

共建研究院利用已成熟的应用性成果设立孵化企业。鼓励科技人员创业或者吸引科技城企业、人员参与创业。科研人员可以技术入股和资金入股,实验室以提供试验设备与场地的使用权入股。"院""城"合作基金与共建研究院共同设立的投资公司以及其他风险基金等联合对孵化企业进行投

资。共建研究院在孵化过程中继续为孵化企业提供技术支持。

(三)企业落户

共建研究院负责把孵化好的企业引入科技城落户,科技城为孵化好的新创企业提供经营场地。同时,科技城"院""城"合作基金或科技城"院""城"合作基金与共建研究院共同设立的投资公司继续跟进投资,实现产业化。

四、推动共建研究院服务科技城的对策建议

(一)加强共建研究院的整体布局规划

以科技城管委会为发起单位,联合国内外大院名校、行业龙头企业,编制科技城的共建研究院发展规划,由科技城管委会组织实施。共建研究院要围绕科技城的建设规划,以实现产业链中关键技术突破为目标,从完善创新链、支持产业发展的角度,有针对性地引进具有相关技术能力的国内外大院名校、行业龙头企业共建研究院,与现有共建研究院一起形成完整的产业创新链。在新材料领域,可以重点引进一些知名高校共建新材料研究院。在海洋科技领域,可以重点引进国家海洋局第三海洋研究所、中科院海洋研究所、中国海洋大学等单位共建海洋研究院。

(二)建立"院""城"合作基金

共建投资机构是共建研究院与产业科技城合作的主抓手。建议科技城的产业发展基金以不低于一半的资金设立"院""城"合作基金,交由专业团队管理,并积极引入战略投资者。通过"院""城"合作基金引导共建研究院从事相关企业的孵化与投资,支持共建研究院通过投资获得科技投入回报,实现共建研究院的造血功能。一般而言,共建研究院与产业科技城的合作机制有紧密型和松散型两种。

1. 紧密型合作机制

"院""城"合作基金与共建研究院共同设立投资公司,对共建研究院正在从事的孵化项目进行投资。这种类型适合那些设在产业科技城内的共建研究院或者研究项目与科技城产业导向一致的共建研究院。

2. 松散型合作机制

共建研究院向产业科技城申请"院""城"合作基金的支持,"院""城"合作

基金对符合科技城产业导向的项目和由共建研究院孵化的企业进行投资,并要求经"院""城"合作基金扶持的项目或孵化后的企业优先落户产业科技城。这种类型适合产业多元化的共建研究院和非坐落在科技城的共建研究院。

(三)推动共建研究院采用市场化运行体制机制

1.在体制方面,参照深圳清华大学研究院的模式,共建研究院实行理事会领导下的院长负责制

理事会由主导主体单位和相关依托单位的领导、专家组成。共建研究院通过引进主导主体单位的相关重点学科,成立研究所或重点实验室,从事技术服务与成果转化。

2.在机制方面,构建市场化的运行机制

具体来说,在科技投入机制上,将科研经费和人才、团队捆绑在一起,项目经费可以争取当地政府的支持,但要以争取省和国家的经费以及企业经费和自己的投入为主;实验室自负盈亏,人员收入由实验室的经营状况决定;在项目决策上,由技术专家、投融资专家共同参与,研究方向由市场需求决定,成果考核看市场经济效益;在用人机制上,保留部分高层管理人员的事业编制,设置科研人员事业编制向合同聘用的过渡时间,促进科研人员流动;在激励机制上,实验室、研发团队、个人共同分享技术股权,并以市场化薪酬吸引高端人才。

3.在绩效考核方面,科技城管委会对其所支持的共建研究院进行绩效考核

设立年度考核与中长期考核目标,依据对共建研究院的考核结果动态调整财政资金的支持与"院""城"合作基金的投资规模。考核内容包含四个方面:一是对共建研究院实验室的考核。考核指标包括实验室股权结构的灵活性(包含知识产权入股与科研团队持股的比例情况)、实验室经营的独立性、投入产出效益、科研人员绩效、实验室的增值与发展等。二是对共建研究院的人事功能的考核,涉及人才引进、人才流动率、培养与培训等指标。三是对共建研究院的企业孵化、投资效益的考核。四是对共建研究院培育企业或者成果转化在科技城的落地情况的考核。

作者单位:浙江大学宁波理工学院
宁波市企业创新发展研究基地项目
(宁波市社会科学院文化研究所整理)

推进宁波文物保护信息化建设的对策建议

冉红艳

　　摘　要:"提升城乡品质、建设美丽宁波",离不开智慧文化公共服务体系的建设,这就需要对文物保护手段进行探索创新。物联网、云计算、图形图像处理、地理信息系统、激光(雷达)成像等新一代信息技术的发展为文物保护信息化建设提供了新手段,拓展了新模式,注入了新内容;而且文物保护信息化建设,具有公益属性,是城市文化软实力的体现,功在当代,利在千秋,应由政府牵头抓总。针对目前文物保护信息化建设中存在的顶层设计缺乏、标准不完善、水平参差不齐、应用效益不显著等问题,宁波应加快制定专项规划,加强统筹,保障持续性的资金投入,加大人才引进,积极探索智慧文保产业化发展路径,通过信息化手段传承历史文化,彰显宁波美景,唤起宁波城市记忆。

　　关键词:宁波　文物保护　信息化建设

一、宁波市文物保护信息化建设存在的主要问题

　　宁波是国家第二批历史文化名城,拥有各级文物保护单位 530 处,各类博物馆、纪念馆、陈列馆 121 家,保管的已建档文物达 26 万余件,在文物保护信息化建设方面也取得了一定进展,但与先进城市和现实需求相比,仍相对滞后,尤其是在物联网、云计算、移动应用等新一代信息技术的应用上。

问题主要表现为：

(一)文物保护信息化工作缺乏统一协调规划

宁波文物保护信息化建设未制定相关发展规划,无法为文物保护提供全局性的指导;目前宁波文物保护管理职能主要由市文广新闻局和其下属文博单位承担,缺少有力的统筹机构进行主导和协调。

(二)文物保护信息化标准尚不完善

目前宁波尚未制定相应的文物保护信息化建设标准体系,文物保护信息化事业各项工作的规范化程度偏低,致使已建设的文物保护信息化相关应用的效果不尽人意;所采集的文物数据标准不一、存储分散,难以实现文物信息资源的有效共享和利用。

(三)文物保护信息化投入总体偏低

宁波仅有少数文保单位和文博单位,如天一阁、保国寺、宁波博物馆等,由于历年来获得较多政策性支持和资金投入,建设了较为先进的信息化文物保护应用系统,而多数单位均未建成基本的文物保存环境监测系统,馆藏文物多数均未建立符合标准的数字化档案,部分单位甚至不具备基本的安防、消防系统,无法实现文物保护、展示和传播。

(四)文物保护信息化的经济社会效益不显著

目前宁波已有的信息化文物保护项目多侧重于文物监测、勘查、存档等保护性功能,文物展示及宣传功能较为欠缺,多数文物的展示和宣传方式陈旧、雷同,基本未使用信息化手段,即使一些基础较好的文保单位和文博单位,在文物展示和传播技术的智能化、人性化设计上也明显滞后,造成文物个性魅力黯淡,衍生功能薄弱,利用率较低,经济社会效益不显著。

二、推进宁波文物保护信息化建设的三大方向

围绕和服务宁波"文化强市"的建设目标,把握物联网、云计算等新一轮信息技术发展的新机遇,坚持以文物永久保存为核心,以文物可持续利用为导向,以文物智慧监测、文物数字化和文物大数据建设为重点,找准切入点,统筹推进,最终建成标准统一、采集数据完整、资源开放共享、应用成效明显的文物信息化保护体系。

(一)推进文物保护智慧感知系统建设,提升文物监测水平和信息采集效率

1.大规模文物遗址群智慧保护感知系统建设

从慈城古建筑群、镇海口海防遗址、宁海古戏台群、东钱湖墓葬群、大运河(宁波段)等分布空间尺度较大的国家级文物保护单位中,根据文物价值、周边建设条件,选择若干个单位,规划并推进文物遗址主体、周边环境的感知预警系统建设。

2.古建筑类文物保护智慧感知系统建设

从保国寺、庙沟后(横省)石牌坊、林宅等国家级文物保护单位中,根据文物价值、建设条件,选择若干个单位,推进包括文物监测感知、游客监测感知两大核心功能在内的文物保护感知预警系统规划和建设,以实现对文物建筑的预防性保护目的。

3.可移动文物保护智慧感知系统建设

重点以宁波博物馆中已定级的国家级文物为对象,推进包括保存环境监测感知、文物位置监测感知两大核心功能在内的保护感知系统建设。

(二)推进文物数字化建设,解决文物研究展示与保护存储之间的矛盾

在已建成的"数字天一"古籍数字化系统等基础上,进一步推进文物数字化项目的深度、广度和受众面。

1.文物保护单位数字化建设

从保国寺、天一阁、宁海古戏台等价值较高、国内外影响较大、项目实施条件较好的文物保护单位中选择若干个作为试点,综合利用三维激光扫描、建筑信息建模等技术,精确测绘文物建筑外观、内部结构和周边地形,建立完善、精准的文物三维数字模型。

2.可移动文物数字化建设

以宁波博物馆馆藏国家级文物的数字化项目为突破,利用三维激光扫描、高精度近景摄影、图像处理等技术,对藏品外观、内部结构数据进行采集,同时收集文物基础数据,并对数据信息进行标准化处理,形成藏品的数字档案。

3.线上线下数字博物馆建设

线上方面,推进天一阁博物馆、宁波博物馆等文保单位与百度百科数字博物馆、谷歌艺术计划等项目合作,借助这些互联网公司的技术和资金建立相应的线上数字博物馆。线下方面,借助物联网、无线网络、移动计算技术等手段,通过便携式设备等渠道,增强现实的文物导览服务;借助 3D 显示、人机交互等技术,提供基于虚拟现实的文物展示服务。

(三)推进文物大数据建设,提升文物保护数据的开发利用水平

在宁波现有文物资源数据库建设的基础上,对现有文物保护数据进行整合、处理,同时开展初步利用的试点工作。依托宁波政务云计算中心,重点推进宁波文物保护"一库两平台"的建设。

1.文物资源基础数据中心建设

依托宁波政务云计算中心,重点整合宁波历史文化遗产数据库、宁波博物馆馆藏珍贵文物数据库等已建成库中的数据和宁波第一次全国可移动文物普查、第三次全国文物普查所获取的数据,推进市文物资源基础数据中心建设。

2.文物资源公共服务平台建设

遵循公益性、开放性以及适度商业性的建设原则,依托宁波政务云计算中心的综合数据共享服务平台和应用支撑平台,充分利用其计算能力,对文物数据进行挖掘与分析,进而通过标准化的用户接口与软件应用体系组成应用服务层,为文物信息化应用提供支撑。

3.文物环境安全监测平台试点

在宁波文物保护感知基础设施建设的基础上,选取建设情况良好、运行稳定的项目,对其采集的文物保护监测数据进行标准化处理,纳入市文物资源基础数据中心进行统一存储和管理,并在此基础上开发相应的文物环境安全监测基础应用并进行试运行。

三、推进宁波市文物保护信息化建设的对策建议

针对当前文物保护信息化建设中的顶层设计缺乏、标准不完善、水平参差不齐、应用效益不显著等问题,建议如下。

(一)加强统筹规划,确保文保信息化建设统一有序

1. 创新文物保护信息化管理体制机制建设

建议在文广新局设立工作办公室,联合发改、财政、宣传等部门,推进宁波文物信息化保护与管理工作;分阶段改革文博机构现有的财政投入与管理制度,比如通过PPP模式、引入市场化手段建立更为适合文博机构推进文物保护信息化建设的评估管理机制。

2. 加强文物保护信息化体系顶层设计

围绕文物监测、保护、管理和开发利用开展文物保护信息化需求调研,在此基础上,由发改、文广新局、宣传、经信等部门制定宁波"十三五"文物保护信息化规划。

3. 加快推进文物保护信息化标准制定

组织力量及时研究制定文物基础信息资源共享、数据交换、信息化应用推进等方面所急需的基础、技术、管理与运营标准,构建宁波文物保护信息化标准体系。

(二)加大资金投入,确保文保信息化建设持续推进

1. 加大政府财政扶持力度

根据宁波文物信息化保护建设需求,进一步增加政府财政预算安排力度,探索设立市、县两级统筹的文物保护专项资金,专款专用;同时要进一步落实文物保护单位门票收入提取10%~15%用于文物保护的政策。

2. 明确政府资金投入的导向

针对宁波文物保护信息化建设水平参差不齐的问题,要加大对信息化条件差的文保单位和文博机构的财政资金支付等倾斜扶持政策力度,加强经费管理和使用指导,并将其纳入各单位综合考核体系。

3. 积极引导社会和民间资本参与

积极探索适合文物信息化保护的商业开发运作模式,抓紧研究制定有关政策措施,积极引导调动社会团体、企业和个人通过采用项目融资、社会捐赠等方式参与文化保护信息化建设,进一步扩宽资金来源渠道。

(三)加快人才建设,提供文保信息化建设智力支撑

1. 加大人才引进力度

探索在高层次人才洽谈会等活动中开设文物保护高层次人才引进专场

活动,发布人才紧缺指数和开发导向目录,将紧缺的高层次文物保护人才纳入"3315"计划和"泛3315"计划的重点引进对象。

2.健全人才培养体系

支持有条件的在甬高校在文物保护和信息技术领域进行学科建设,建立文物信息化保护特色教育体系。鼓励行业协会、高等院校、科研机构和企业联合开展文物保护培训。在市领军和拔尖人才工程等人才培养项目中,对文保信息化领域的人才给予一定倾斜扶持。

3.优化人才服务环境

创新文物保护人才分配和激励机制,完善年薪制、岗位绩效等薪酬管理办法,建立鼓励知识、技术、管理、技能等生产要素按贡献参与分配的产权激励制度。探索建立文物保护人才专业服务联盟,对特别优秀的人才或特别紧急的项目,制定个性化服务方案。建立文物保护人才驿站,落实住房、医疗等相关保障。

(四)推进文物利用,探索智慧文保产业化发展模式

1.探索产业化的经营模式

要在清晰界定文物信息资源的公益性与经营性界限,扩大文物信息资源公共服务的基础上,结合相关产业的发展,拓展文物信息资源的增值服务领域,探索"文保+旅游""文保+会展"等产业化的经营模式,扩大吸引社会投资,实现社会与经济效益的有机结合。

2.强化产业融合的发展理念

要在文物保护信息化建设过程中重视与关联产业的深入合作,加强与信息技术产业,特别是软件产业的合作,研发具有自主知识产权的行业应用软件和行业应用技术,促进宁波文物保护信息化建设的可持续发展。

作者单位:宁波大红鹰学院

宁波市"创客"和众创空间发展情况调查及对策

沈金辉

摘　要:"创客"是全社会创业创新的引领者、带动者,是大众创业、万众创新的核心主体之一,刚出台的"宁波人才新政"专门把"创客"人才作为其中的一类人才单列。众创空间,是顺应创新 2.0时代用户创新、大众创新、开放创新趋势,把握互联网环境下创新创业特点和需求,通过市场化机制、专业化服务和资本化途径构建的低成本、便利化、全要素、开放式的新型创业服务平台。加快宁波"创客"及众创空间发展是深入实施创新驱动战略和推动大众创业、万众创新的客观要求,是加快打造"蔚蓝智谷"、建设人才生态最优市的重要举措。为此,宁波应从政策引导、培育、平台渠道建设、环境氛围等方面入手,来加快"创客"和众创空间发展。

关键词:宁波　"创客"　众创空间　发展对策

一般意义上的"创客"是指出于兴趣与爱好,努力把各种创意转变为现实的人,是以用户创新为核心理念,面向知识社会的创新 2.0 模式在设计与制造领域的典型体现。广泛意义上的"创客"是指在各类众创空间等平台中从事创意、创业、创新的相关人员(在调研中采用的是广义上的"创客"概念)。众创空间大致可分为投资促进型、培训辅导型、媒体延伸型、专业服务型、创客孵化型等五种类型。众创空间的构建和发展,有助于推动创客走向创业,有助于强化对创业创新的扶持,有助于营造大众创业、万众创新的良好氛围。

一、宁波"创客"及众创空间基本情况调查

根据市委组织部(人才办)与市政府发展研究中心人才所开展的联合调查结果,目前全市共有 2900 多名一般意义上的"创客",其中既有创意又有兴趣将创意转化为现实产品的初级创客人才有 1200 多名,有代表性成果的高级创客有 300 多名。

通过对广泛意义上的"创客"人才和众创空间统计发现,全市共有各类众创空间约 40 个,"创客"人才近 5000 人,其中"培训辅导型"的众创空间人数最多,全市 12 个"培训辅导型"众创空间集聚了 1800 名"创客",其次是"投资促进型"众创空间,共有 17 个,集聚了约 1000 名"创客"。

从调研情况来看,创客平均年龄在 23~28 岁之间,主要以企业技术型员工和高校老师、学生为主,从行业领域上看,主要集中在信息技术、电子商务、工业设计、文化创意等产业领域,从集聚区域上看,宁波创客主要集中在各地建设的创客空间、创业创新园区以及高校等地,其中以鄞州、镇海、北仑等地的园区、高校较为集中(见表 1)。

表 1　宁波创客及众创空间分布

地区	创客数量/个			众创空间数量/个		
	总数	初级创客	高级创客	总数	投资促进型	培训辅导型
余姚市	600	99	56	4	4	0
慈溪市	420	250	80	1	1	0
奉化市	11	11	0	1	0	0
宁海县	3	2	1	0	0	0
象山县	0	0	0	0	0	0
海曙区	48	48	0	3	3	0
江东区	0	0	0	4	3	0
江北区	14	7	7	7	3	2
镇海区	573	92	12	2	0	2
北仑区	590	425	155	7	2	3

续表

地区	创客数量/个			众创空间数量/个		
	总数	初级创客	高级创客	总数	投资促进型	培训辅导型
鄞州区	600	300	20	8	1	4
高新区	0	0	0	0	0	0
东钱湖旅游度假区	73	3	1	4	0	1
保税区	0	0	0	0	0	0
大榭开发区	0	0	0	0	0	0
杭州湾新区	0	0	0	0	0	0
合计	2932	1237	332	41	17	12

注:表中创客总数不仅包括初级创客、高级创客,还包括其他类型的创客;众创空间总数不仅包括投资促进型、培训辅导型,还包括其他类型。

二、宁波扶持"创客"发展的主要做法及存在问题

(一)主要做法

1.陆续出台了一批创客扶持专项政策

宁波市"人才新政"中提出对认定的市级众创空间给予最多200万元补助,择优选择一批市级众创空间的创客人才项目,市本级对单个项目给予不超过5万元的创新创业补助。江北区、北仑区、国家高新区(新材料科技城)等区域都出台了加快发展众创空间促进大众创新创业的专项政策意见。

2.创新打造一批创客孵化平台

一批新型的创客空间、众创空间等平台陆续出现,高新区(新材料科技城)在引入飞马旅等知名众创品牌的同时,积极打造"新材料创客空间",并且启动建设"宁波众创空间",总建筑面积4.5万平方米,包括创客工场、科技大市场、天使投资俱乐部、创客孵化基地等功能区块;鄞州区引进"无中生有"创业主题咖啡吧,为创客提供交流平台;海曙区鼓励新鸿基地产等企业进行旧楼改造和众创空间开发等。

3. 积极培育创客发展氛围

黑马大赛全球新材料行业总决赛、中国科技创业计划大赛在国内已有一定知名度和影响力,全市首个"创客联盟"——东方创客联盟在高新区成立;同时,各地通过举办各类创业创新大赛、开设创客课程等形式,积极培育创客发展氛围,如镇海区推动产业园区企业与各大学合作开设创客课程,进行 3D 打印,三维设计,智能硬件、软件开发教育,组织举办"奇思甬动"中国创客大赛;北仑区谋划"北仑区国际青年创业大赛";奉化市则开通"FH 创业"微信公众号,提供创业政策、创业活动信息、创业项目介绍、创客交流等服务,打造大众创业的专业信息平台。

(二)存在问题

1. 缺乏龙头带动

尽管宁波"创客"和众创空间发展速度较快,并呈现"遍地开花"发展之势,而且也成功引进了飞马旅等知名品牌,但是总体上还是"低、小、散"的发展格局,缺乏如阿里云、3W 咖啡、黑马会等龙头孵化品牌,缺少像深圳的"柴火空间"、北京的"车库咖啡"、上海的"新车间"这样具有较高实体技术条件的实体型众创空间。在近期科技部公布的新一期纳入国家级科技孵化器扶持体系的"众创空间"名单中,浙江省共 14 家,宁波没有一家入选。

2. 对"创客"的引导扶持还有待加强

尤其是"创客空间"作为一个公益性的组织,更加需要多方面的支持。如中科院创客空间宁波大学分部的负责人在调研中表示:"部分大学生对成为'创客'非常感兴趣,但是学校无法提供有效的扶持,亟须政府和企业的大力支持。""创客"人才和众创空间发展最需要的是两个方面的扶持:一是在创意转化阶段的技术支持,包括设计、加工等技术设施以及风险投资、经营管理、知识产权保护等方面的创业技术;二是在创业起步阶段的资金扶持,大部分"创客"无法获得政府引导基金和风险投资的资金注入和扶持。

3. 发展氛围还不够浓厚

宁波制造业发达,民间资本较为丰富,但是由于缺乏创意、设计人才,"创客"及众创空间的发展基础较薄弱,新型科技孵化平台还处于起步阶段,青年创客创业创新的氛围还没有真正形成。

三、相关城市扶持"创客"和众创空间的主要做法启示

当前,深圳、广州、北京、上海等地的"创客"和众创空间发展速度加快,且发展热度持续不减,这些先进地区的做法和经验值得宁波学习、借鉴。

(一)加强政府引导管理

2015 年 3 月、5 月,北京市科委分别对第一批、第二批"北京市众创空间"中的 11 家进行了授牌,同时授予中关村创业大街"北京市众创空间集聚区"的称号。同时,在市级有关部门的积极推动和引导下,北京众创空间联盟正式成立,这对进一步促进推动北京地区创新创业模式新颖、理念超前的众创空间的发展具有重大意义。

(二)打造完备的供应链基础

深圳拥有发达的制造业链条,从电子元器件到工业设计,再到加工厂,不到一周时间,深圳"创客"就能完成产品原型—产品—小批量生产的整个过程,并且设计制造成本只有美国纽约的 1/10、旧金山的 1/4。

(三)积极构建"创客"孵化平台

深圳扶持打造了"柴火空间""创客工厂"等国内最为知名的创客孵化平台,定期举办交流分享活动,并为"创客"提供创业场地、管理咨询、投融资、渠道销售等服务。同时,大力推动国际创客孵化器在深圳扎根,如引进全球首个硬件创业孵化器项目 HAXLR8R,推动其将总部从硅谷搬到深圳,定期选择 10 个硬件开发团队,到深圳华强北市场进行为期 111 天的孵化。

(四)完善创新创业生态系统

上海围绕全球科技创新中心建设,通过支持新车间、IC 咖啡、启创中国、飞马旅、苏河汇、鸣新坊等创新创业服务组织发展,支持建立上海众创空间联盟,组织开展"创业浦江行动计划"等,初步形成了科技创业孵化器与创新创业服务组织并存,线下孵化与线上孵化相结合,国有、民营、民非等多元机构性质互补,服务内容涵盖投资、孵化、培训、联盟、媒体等各个环节,服务范围覆盖项目发现、团队构建、企业孵化、专业技术服务、后续支撑等全价值链的区域创新创业服务生态体系。

四、加快宁波"创客"和众创空间发展的对策建议

(一)出台专项鼓励扶持方案

加快落实"人才新政"中关于支持"创客"人才和众创空间发展的政策举措,要提出实施细则,尽快出台有关扶持的专项政策意见,在强化完善创新创业辅导体系、开放共享公共科研仪器设备、拓宽创业投融资对接渠道等方面出台一系列具体的政策举措。

(二)加强创客培养培训

支持创客服务中心聘请成功创业者、天使投资人、知名专家担任创业导师,深入众创空间为创客提供创业培训、辅导和对接等免费创业服务。动员科技企业孵化器从事创新创业服务,发挥孵化机构的基础服务资源优势,为创客提供涵盖项目筛选、团队构建、投资对接、商业加速和后续支撑的全过程孵化服务。支持专业技术人员在职和离岗创业,积极吸纳市内外专业技术人员在保留事业身份的前提下从事创新创业活动,扩大高级"创客"规模。

(三)推动众创空间发展

加快建设一批以市场化为主导的新型孵化器,给予一定资金补助,根据创客人才需求,提供从创业项目到产业化的全过程服务。鼓励民营资本选择交通方便、生活配套设施齐全的旧厂房、宿舍楼、SOHO 空间等进行改造,为年轻的创客提供集公共办公区、会议室、活动区和住宿区为一体的价廉宜居的创新创业空间。支持在甬高等院校开设创业教育课程,开办创新创业学院,划出一定面积的固定区域构建众创空间,免费用于大学生创新创业实践活动。

(四)畅通创意向创新创业转化渠道

鼓励在甬高等院校、科研院所、企业研究院、重点实验室、企业工程(技术)中心以及相关单位社会资金购买的大型科学仪器以合理的收费方式向创客提供服务。支持众创空间和创客服务中心为创客工位提供包括宽带网络接入、耗材支出、项目管理等免费服务,对于经筛选后入驻的创客项目给予一定资金支持。鼓励市创投引导基金、天使投资基金、海邦人才基金等财政资金投向众创空间的创客企业,鼓励和引导民间资本、风险投资投向众创

空间,开展创客天使投资项目与金融机构交流对接。

(五)大力培育创客氛围和文化

继续支持办好中国创新创业大赛(宁波赛区)、中国(宁波)创客创业大赛等已有的创新创业活动;积极引进知名创业赛事落户,鼓励以市场化运行、政府补助的方式引进飞马旅、黑马会、创新中国等国内知名赛事。对成效显著、贡献突出、影响力大的各类创客空间、高级创客,进行表彰激励,同时报道一批创新创业先进事迹,树立一批创新创业典型人物,营造大众创业、万众创新、宽容失败的"创客"创新氛围,促进创客人才集聚。

作者单位:宁波城市职业技术学院

宁波市推进社会治理扁平化的政策建议

吴玉霞

摘　要:社会治理扁平化是指减少社会治理的中间层次,通过减少管理层级来提高效率,让下级和基层有充分的自主权来治理社会公共事务。通过减少治理层级,扁平化具有敏捷、灵活、快速、高效的特点,社会治理扁平化有利于基层政府对社会变化做出快速反应,加强基层政府的社会治理能力。目前宁波市社会治理层级较多,区、街、社工作关系还需进一步理顺,各类社会组织在社会治理中的能力较弱,建议对宁波市社会治理体制进行扁平化创新,调整区、街、社权责关系,加强社区职能,减少社会治理层级,推行社区管理扁平化,扎实推进社区减负,促进社会组织在社会治理中发挥重要作用,构建社区、社工、社会组织的三社联动机制。

关键词:宁波市　推进　社会治理扁平化

自2010年以来,作为全省社会管理创新综合试点城市和全国社会管理创新综合试点城市,宁波在社会治理体制领域做出了积极的创新探索。2015年7月,中共宁波市委出台了《关于创新社会治理全面加强基层基础建设的决定》,着力推进基层治理体系和治理能力现代化,把创新社会治理作为夯实基层基础的重要举措。但是宁波基层社会治理的层级体制与这一目标尚有一定差距。

一、宁波市社会治理层级过多的现状与问题

（一）区、街、社工作关系还需进一步理顺

目前，宁波市街道的主要职能仍是经济建设，社区的主要职能是协助基层政府进行行政管理。街道进行社会建设的动力和能力都显不足，社区苦于承接政府各部门摊派的事务，在自治方面的精力投入不足，导致社区的自治功能无法显现。宁波各县（市、区）均进行了多年社区"减负"工作，但是单一社区层面的"减负"难以治本，涉及市、区、街道、社区的层级关系，政府机构改革和职能转变等深层次问题。

（二）社会治理层级过多

目前，宁波市的社会治理层级主要是"市—区—街道—社区"的"两级政府、四级治理"模式，各县（市、区）则是"县（市、区）—街道—村社"的"一级政府、三级治理"模式或"县（市、区）—乡镇—村社"的"两级政府、三级治理"模式。随着经济、社会、科技等方面迅速发展，这些模式显现出层级过多的结构性缺陷，不利于提高治理效率。

（三）各类社会组织在社会治理中的能力较弱

宁波市的社区社会组织数量较多，但是单体小、实力差、专业性不强，大型专业性社会组织非常稀缺，各类社会组织在社会治理中的参与能力较弱。以全国首批社会组织建设创新示范区之一的海曙区为例，截至 2014 年 10 月底，海曙区登记备案的社区社会组织共 1480 家，但是其中 80％达不到民政部门登记所需的资金、人员、场地等条件，只能在街道备案，专业社会组织在社会治理中的功能和角色也尚未充分显现。总的来说，宁波市对社会组织的扶持力度还有待加强。

二、对宁波市社会治理体制扁平化的建议

建议宁波市探索扁平化治理，重新定位街道和社区职能，减少社会治理层级，积极培育发展社会组织，使其在社会治理中发挥重要作用。

(一)调整区、街、社权责关系,加强社区职能

1.推行社区管理扁平化

借鉴江苏"一委一居(村)一站一办"和扁平化社区管理新体制的经验。"一委"即党委,"一居(村)"即居(村)委会,"一站"即管理服务站,"一办"即综合治理办公室。加强社区党组织建设,健全社区党员代表议事制度,深化社区党组织公推直选工作,探索设立区域性社区党委。加强社区居(村)委会建设,优化社区布局规模。加强社区管理服务站建设,"居行自治、站司事务",积极承接公共服务和公益服务事项。加强社区综治办建设,牵头协调社区警务治安、信访调解、帮教服务、流动人口管理与服务等事务。扁平化社区管理,即按照"一人多岗、一专多能,分片包干、责任到人,资源整合、信息共享"的原则,归并整合区直部门、街道下移到社区的机构或职能,在统一的平台上实现跨部门、跨区域的工作整合、资源共享;确保权随责走、责随事转,切实使公共财政向社区倾斜、公共资源向社区聚集,减少中间层次,缩短管理过程,增大管理幅度,实现信息共享。这样的社区新体制有助于理顺纵向上的社区与区直部门、街道的关系,理顺横向上的居(村)委会与社区各类组织的关系;强化党在基层的执政基础,强化公共服务向基层的延伸,强化基层的综合治理与平安建设;同时,这一新型社区治理架构有助于居(村)委会从原先承担的繁重行政事务中解脱出来,集中精力搞好社区自治。

同时,进一步转变街道职能,进一步改变街道"重经济、轻管理、弱服务"的现状,将街道工作重心从发展经济转移到强化社会管理和公共服务上来。

2.扎实推进社区减负

南京市社区减负的经验值得借鉴。2013 年,南京市政府按照"能删就删、能并就并、全面压缩"的原则,明确了"四个取消":取消 25 项社区(村)工作任务与指标;取消 41 项社区(村)市、区创建达标评比;取消 41 个社区(村)组织机构,只保留依法应设立的组织机构;取消 72 项社区(村)纸质与电子台账。

宁波市在社区减负扩能方面也有积极的探索。如 2012 年海曙区建立社区工作准入制度,重点解决考核台账多、创建活动多、普查调查多、信息平台多、挂牌多、盖章多等"六多"问题,社区工作事项削减率达 63%。宁波市应在已有的社区减负成就的基础上,借鉴外地经验,进一步推进社区减负。编制公共服务进社区目录,严格落实工作"准入制"。规范针对社区的各种会议、台账、材料、报表、考核、评比、创建。区直各部门要充分应用综合信息

系统,改变工作、检查和考核方式,减轻社区负担。

(二)探索扁平化,减少社会治理层级

国内很多城市就减少政府管理层级,加强基层社会治理能力现代化进行了大量的创新实践,如湖北黄石、安徽铜陵、甘肃嘉峪关、贵州贵阳、黑龙江大庆等市撤销市区街道,整合成大社区,其中既有一般地级市,也有省会城市。这些城市的经验包括:

1.探索撤销街道,减少社会治理层级

由原来的"二级政府(市、区)、四级管理(市、区、街道、社区)"变成"二级政府(市、区)、三级管理(市、区、社区)"。

2.突出扁平化管理的理念

如黄石市提出了"减少层级、重心下移、充实一线"的原则;嘉峪关市社区管理扁平化的改革思路是"精简管理层级,优化整合资源,实行区域化管理,加强党的基层组织";大庆市则以"减少管理层级,突出公共服务,强化居民自治"的社会治理体制创新,入选 2014 年全国社会治理十佳经验城市。

3.重新厘清区、街、社权责,充实社区公共服务平台,加强社区职能

如 2010 年铜陵市铜官山区 6 个街道被十几个社区公共服务中心替代,整合后的大社区,领导核心是社区党工委,隶属区委,此外还有社区居委会和社区公共服务中心,实行三块牌子、一套人马。适宜社区办理的 60 多项行政职能分解到社区公共服务大厅的 7 个服务窗口,"一厅式"审批和"一站式"集中办理,居委会则还原自治功能。街道原有的经济发展、城管执法等职责收归区级职能部门,社会管理、服务事务等职责下放到社区。

2014 年年底,国家发展和改革委员会等发布的《国家新型城镇化综合试点方案》中在谈及"安徽省国家新型城镇化综合试点工作方案要点"时,提出"探索社区管理新体制","探索区直接管理与服务社区体制",这是从国家层面对撤销街道、推行城市社会治理扁平化探索的肯定。

4.积极探索相关的创新,如区机构改革、公安体制改革等

黄石市在推行撤销街道的同时,进行区级机构改革,各区区直部门均由 37 个精简到 25 个。城区原有的 6 个公安分局、28 个派出所撤销,成立 7 个新的公安分局,增强了基层警力。大庆市于 2005 年实施公安体制改革,主要内容之一就是变市局、分局、派出所三层管理为市局、分局两层管理,原先的 70 个派出所全部撤销,整合成 20 个分局,推行扁平化管理,提高了公安

治理效率。

(三)促进社会组织发展,使其在社会治理中发挥作用

1.改革创新登记管理体制,加大实行直接登记的力度

大力发展城乡社区服务类、科技类社会组织和公益慈善类社会组织。大力发展行业协会商会类社会组织。重点培育发展工业支柱产业、优势产业和新能源、新材料、新兴产业等行业协会商会。培育发展镇(街道)体育运动、文化娱乐等社区组织,建立结构合理、专业化程度高的社区社会组织体系。

2.全面梳理和分解政府部门承担的职能

制定政府向社会组织购买服务的指导意见和目录,将适合社会主体生产的公共服务事项,交由具备条件、信誉良好的社会组织承担。按照公平、公正、公开的原则,建立竞争择优机制和绩效评价机制,为社会组织参与社会服务提供均等机会。

3.建立公共财政对社会组织的扶持、激励机制

加快建设社会组织孵化基地,以场地、资金、能力建设等优惠政策吸引社会组织入驻。充分发挥社会组织促进会和社会组织服务中心等枢纽型组织的积极作用,为社会组织提供服务项目策划、产品推介、信息发布、政策咨询、业务培训等服务。

4.优化社会组织发展环境

促进社会组织依法参政议政,逐步增加社会组织代表在党代表、人大代表、政协委员中的比例和数量。建立重大行业决策征询社会组织意见制度,各级政府在制定出台涉及公共服务和公共安全管理等领域的政府规章、公共政策、行政管理措施和行业发展规划之前,应通过一定方式征求和听取相关社会组织的意见、建议。引导社会组织积极参与创新社会管理的相关政策制定和理论研究工作。在行业协会商会探索建立行业发言人制度,及时发布相关行业涉及公共利益的重要信息。

(四)构建社区、社工、社会组织的三社联动机制

为着力解决多头管理、多头指挥、资源分散、效能低下的社区管理问题,需要构建社区、社工、社会组织的三社联动机制。国内很多地区就三社联动机制进行了积极探索,如北京市朝阳区的"五联"工作法,杭州市上城区的"三社行动模式",济南市市中区的"四社合一"机制,广州市在街道建立"一

队三中心"管理与服务平台等,彰显了地方特色和创新。建议通过系列服务载体建设,吸引更多的专业社会工作者、社会服务组织进入社区,形成政府与社会组织之间的良性互动,从而满足社区居民多样化、个性化服务需求,提高政府管理服务效能。

　　当然,推进社会治理体制扁平化改革难免产生阵痛,妥善处理其中的困难,与改革的谋划、部署推进一样重要,需要认真、谨慎对待。

作者单位:宁波工程学院
宁波市基层社会治理研究基地

进一步优化北仑临港区域工业用地的对策建议

尹天鹤　傅海威

　　摘　要: 建设"港口经济圈",是宁波"十三五"期间的核心任务,也是宁波抢抓国家"一带一路""长江经济带"战略机遇的关键举措。"提升"和"优化"工业用地,对提高临港工业发展水平、促进"港口经济圈"的形成,具有重大现实意义。课题组通过综合定量分析宁波"港口经济圈"核心区域——北仑临港区域工业用地的规模、结构以及产出效益等指标,以及实地走访调研,分析了当前北仑临港区域工业用地在布局、规模、收益等方面存在的问题,建议宁波要健全工业用地效益综合评价体系,加强工业用地全生命周期的监管,加快临港区块"三规融合",以制度创新推动工业用地二次开发,协同调整产业及其用地的结构与布局,促进产业转型升级,提升临港区域的宜居宜业品质。

　　关键词: 优化　北仑　临港区域工业用地　对策

一、北仑临港区域工业用地存在的问题

(一)工业用地比例过大,规划空间受限

　　截至 2013 年年末,宁波"港口经济圈"核心区域——北仑区工业用地面积为 5128.1 公顷,占城市建设用地总面积的 44.6%,人均工业用地达 79.3

平方米,二者均远超出国际发达港口城市相关指标的上限(10%和 20 平方米)。另据《宁波市城市总体规划(2004—2020 年)》(2014 年修订版),2020年北仑片规划工业用地将缩减为 4588.9 公顷,在"十三五"期间已很难再通过新增指标的方式获取工业用地(见表 1)。

表 1 北仑片区用地平衡表

用地代码	用地名称	现状(2013 年)			规划(2020 年)		
		用地面积/公顷	比例/%	人均/米²	用地面积/公顷	比例/%	人均/米²
M	工业用地	5128.1	44.6	79.3	4588.9	36.9	62.0
H11	城市建设用地总量	11500.6	100.0	177.8	12447.0	100.0	168.2

注:2013 年人口 64.7 万人,2020 年预计人口达 74 万人。

(二)产业间用地收益差异较大,部分传统产业用地规模与产出不协调

通过测算产业产值与用地结构间的偏离度指标来衡量产业结构与用地结构的协调发展程度,发现北仑区各行业的地均产出差异较大,传统产业用地占全部工业用地的 72.62%,且大部分的产业结构偏离度为负值,产业的用地规模与经济产出的协调性较低,亟待升级转型(见表 2)。

表 2 宁波"港口经济圈"核心区域——北仑区重点行业用地经济效益及其用地偏离度

一级分类	二级分类	地均产值/(万元/亩)	地均利润/(万元/亩)	地均纳税/(万元/亩)	产业结构偏离度/%
高科技产业	医药制造业	337.21	9.95	17.50	−0.31
	计算机、通信电子设备制造业	738.10	66.91	88.03	0.52
	仪器仪表制造业	361.77	38.81	51.07	−0.25
	电气机械和器材制造业	594.13	29.69	41.14	0.22
	小计	606.55	39.62	53.60	0.25
临港大工业	能源生产和供应业	652.58	124.54	163.46	0.34
	石油加工和炼焦加工业	826.87	22.24	41.79	0.70
	化工制品制造业	1039.72	14.05	22.07	1.14
	铁路、船舶运输设备制造业	562.62	3.76	9.44	0.16
	汽车制造业	461.73	53.64	68.30	−0.05

续表

一级分类	二级分类	地均产值/(万元/亩)	地均利润/(万元/亩)	地均纳税/(万元/亩)	产业结构偏离度/%
临港大工业	金属制品业	396.63	6.93	15.38	−0.18
	金属冶炼和压延加工业	498.97	11.45	22.15	0.03
	小计	657.19	49.72	68.03	0.35
传统工业	制造业	471.89	23.75	33.80	−0.03
	农副食品制造及加工业	748.93	35.80	47.22	0.54
	纺织业	314.33	40.55	55.08	−0.35
	纺织服装、服饰业	770.41	50.95	69.37	0.59
	皮革、羽毛及其制品和制鞋业	88.64	−3.93	−0.29	−0.82
	木材加工和木、竹制品业	144.92	−4.30	−1.84	−0.70
	造纸和纸制品业	124.82	7.56	9.16	−0.74
	印刷和记录媒介复制业	583.28	30.20	39.05	0.20
	文娱用品制造业	128.71	6.62	8.94	−0.73
	专/通用设备制造业	349.48	35.07	47.60	−0.28
	橡胶和塑料制品业	343.13	5.97	15.41	−0.29
	化学纤维制造业	318.18	5.43	15.77	−0.34
	非金属矿物制品业	392.35	23.74	44.62	−0.19
	小计	416.77	23.87	33.67	−0.14
其他	废弃资源综合利用业	160.08	35.15	57.65	−0.67
	非金属矿产采掘业	6305.56	532.67	1428.00	11.99
	小计	716.65	80.21	181.76	0.48

(三)化工产业用地布局不合理,工业生产安全隐患情况堪忧

石化产业是北仑区的支柱产业,目前全区危化品从业企业共有 434 家,主要分布在戚家山和新碶辖区,区内铺设有 382 根管道,输送石油、天然气、各类危险化学品等 50 余种介质,总长度为 1106.34 千米。由于历史遗留、相关法规不明确以及拆迁后土地较难开发利用等诸多原因,化工区内企业布局科学性不足,且管理相对松散;园区外仍有不少零散化工企业,部分行政村分布在中、大型危化品从业企业周边 1000 米之内,甚至部分危险源距居民点最近处的距离尚不足 200 米,存在较大风险。

二、优化宁波临港区域工业用地的对策建议

(一)健全工业用地效益综合评价体系,加强对工业用地全生命周期的监管

推进工业用地的科学化、精细化管理是国土资源管理工作的必然趋势。

1. 建立临港工业企业信息数据库

整合国土、发改、规划、工商等部门的数据资源,收集企业行业类型、投资规模、建筑规模、用地规模、年产值及税收、能耗等数据,借此测算企业的用地经济基数指标,为主管部门对企业进行统计分析、考核评价奠定数据基础。

2. 建立以亩产税收为核心的评价体系

通过开展工业用地的投产评估、达产评估、过程评估和到期评估,逐步构建工业用地效益的综合评价体系。

3. 建立贯穿企业生命周期的全过程监管机制

整合现有系统,加强用地批后监管力度,建立覆盖用地准入、开发建设、竣工、投产运行、绩效评价、转让退出的全过程监管机制,尤其要建立健全土地退出收回机制,完善土地转让机制,有效盘活占而未用土地和闲置低效用地。

(二)推进城市发展的"三规融合",提升临港区域的宜居宜业品质

对于宁波临港工业区而言,工业发展是城市发展的主要推动力,而城市也为产业发展提供了有效的空间载体。要转变规划理念,从长远和全局的角度将土地利用规划、城市规划、产业布局规划按照"大重合、小衔接"的原则进行充分整合与衔接,基于现有基础和未来发展需要,适度调整城市功能布局,注重临港产业空间与生活空间互动发展,建议以春晓、梅山为试点实践产城融合。要重视工业生产安全,对具有较大污染和较高安全隐患的小微企业进行用地整合,便于集中管理和整治,节约用地空间,对于中、大型危化品经营企业,要在其周边规划预留出充足的安全屏障。加快公建配套设施建设,尤其加大对医院、学校、开放游憩空间等方面的建设力度,并逐步优化教育、医疗、养老、文化、就业、公共安全等公共服务制度。营造高品质的

居住和生活环境,完善城市生态系统,推进临港工业区与主城区间的生态隔离带建设,同时通过旧城改造、三改一拆、新农村建设等完善主城区居住生活条件,提升临港区域的宜居宜业品质。

(三)创新土地利用制度与政策,推动工业用地二次开发

工业用地的二次开发是促进土地优化配置和内部挖潜的主要手段,也是提高用地产出效益和集约利用水平的重要途径。围绕提高工业用地效益、优化产业结构两大目标,结合宁波"海洋经济圈战略",编制工业用地二次开发的专项规划,为临港区域低效工业用地再开发提供工作依据。合理调整政府、原用地单位以及再开发单位之间的利益分配格局,使参与的每一方都可以获得合理的增值收益。对重点区域、重点地块的再开发给予更多的政策倾斜。通过相关税费减免、税收优惠等政策调动企业二次开发的积极性。将盘活工业区低效用地的情况与该区下一年的新增建设用地指标分配进行挂钩,倒逼地方政府推进工业用地二次开发和产业转型。

(四)协同调整产业及其用地的结构与布局,促进临港产业转型升级

从国内外工业区的发展经验来看,工业区发展到后期会逐渐演变为两大类型:一类是以发展高科技产品加工或创造为主的研发制造型园区,另一类则是带动更大地域范围转型功能更加完善的工业新区。结合宁波临港工业区的实际情况,建议走两类转型融合发展之路。适当增加教育科研用地比例,可通过合作办学、联合建院、人才引进等方式引入优质科技研发资源,依托高校、科研院所、院士工作站等科研机构,培育高新技术产业研发基地,促进形成创新创业的长效机制。建立强势的工业用地退出机制,淘汰落后产能,加快推进工业用地的"退二优二""退二进三"和"腾笼换鸟"工作,建议将传统工业用地占工业用地总面积的比例减至 40%～50%。加大小微企业用地的整合力度,通过龙头企业的带动和辐射,促进形成布局合理,特色鲜明,能与现有优势产业良性互动、配套互补的小微企业集聚区。调整土地供应结构和次序,优先发展与临港工业互动较好的服务业,发挥好土地对临港产业转型、港口经济发展的支撑和调控作用。

作者单位:宁波工程学院
宁波市港城关系研究基地项目
(宁波市社会科学院党建研究所整理)

"互联网＋"背景下重构宁波媒体文化的若干建议

朱春阳　　谢安良　　陈　琼

摘　要:当前传统报业的影响力加速下滑,互联网新媒体飞速发展,中国传媒业面临融合发展和改革转型。传统媒体与互联网新媒体的融合发展,关系到主流舆论阵地的巩固壮大。企业文化作为文化传媒集团的软实力,是未来集团保持竞争力的核心要素。传媒文化创新与重构的效果,在很大程度上决定着文化传媒集团融合转型的成功与否。本课题以宁波日报报业集团为主要研究对象,研判了媒体文化发展格局与存在的问题,建议从重构人本文化、导入互联网文化、弘扬创新文化等三个方面入手,明确核心价值定位,加快融合转型,推进制度改革,及时协调文化冲突,确保传媒集团发展效率,巩固壮大主流舆论阵地。

关键词:"互联网＋"　重构　宁波媒体文化

一、"互联网＋"时代重构媒体文化的重要性

(一)响应媒体发展趋势的战略需要

2014 年 8 月,中央全面深化改革领导小组审议通过《关于推动传统媒体和新兴媒体融合发展的指导意见》,媒介融合被确定为媒体发展的战略目

标；2015年，中央将"互联网＋"确定为未来我国支柱产业发展的基本方向。媒体融合发展不仅是大势所趋，而且是国家战略所需。与传统报业不同，"互联网＋"时代媒体的运营思维、工作流程、生产方式等都发生了巨大的变革。新的媒体格局意味着全面的革新，因此，如何在新的媒体生态和产业格局中引领传统报业转型发展，如何推进以互联网思维为导向的传媒创新，构建适应"互联网＋"的传媒文化，已经成为文化传媒集团面临的全新挑战。

(二)解决媒体现实困境的有力抓手

目前，在媒介融合的作用下，文化传媒集团传统与现代两个层面的内在文化冲突正相互影响、相互放大，如果不能及时协调，将导致集团发展效率严重降低。传统层面上，我国传媒业存在"事业单位、企业化管理"的内部价值取向冲突。2015年上半年我国报业产出出现了"断崖式"的下滑；同时，主流媒体运营僵化，面临丧失传播话语权的严重政治危机。现代层面上，传统媒体因为与旧的社会关系相适应，在技术、理念上都与新媒体格格不入，尤其是在企业文化上更是冲突不断。在"互联网＋"潮流之下，传统媒体企业文化的内核受到严峻的挑战，文化上的对立冲突将会导致文化传媒集团内部各个业务单元之间很难形成高效率的协作，更不用说基于统一的文化诉求而进行深层次的融合发展了。

(三)增强宁波传媒集团竞争力的重要途径

国内一些优秀的传媒集团已经在企业文化与转型发展的协调中做出了诸多尝试，并获得一定成功。比如杭州日报报业集团大力倡导创新意识和开拓精神，2006年率先在全国报业提出数字报业战略，成功打造了杭州网、19楼等一系列新媒体平台，其推行的"赶超战略""领先战略"，促进了集团产业发展不断提速，综合实力稳步提升。南方传媒集团是国内传媒集团中最早意识到企业文化重要性并强力打造与众不同的企业文化的传媒集团，其企业文化的核心就是南方报人所持有的社会责任感和历史使命感，通过推进媒体内部组织结构的重组及采编流程的再造，它在推动传统媒体与新媒体融合方面走在了全国报业的前列。

二、当前宁波文化传媒集团企业文化建设存在的问题

(一)文化向心力不足

企业文化建设的目标之一就是在集团内部营造归属感,形成向心力。地域与行业的特征强化会带来文化传媒集团发展的角色定位和内部员工的自豪感,这是在融合发展中保持自我特色的关键所在。但从宁波文化传媒集团目前的情况来看,文化建设对于地域文化与行业文化特质的吸纳相对薄弱。宁波文化、甬商文化源远流长,激励了一代代宁波人创业拓展;文化传媒行业文化则强调社会责任与道义担当,不能等同于一般性的商业机构。

(二)文化时代感不强

从调查结果来看,目前宁波日报报业集团内部谈到比较多的典范人物几乎都是互联网前时代的老一代员工,而面对媒介融合的新时代背景,代表新兴企业文化的典范人物却很难找到。从对企业文化的认知来看,主要集中于传统媒体主导的时代,对新媒体,尤其是互联网精神的吸纳显得明显不足。

(三)"创新性"文化不足

在"互联网+"时代,创新是文化传媒集团企业文化建设的核心。从调查结果来看,尽管宁波日报报业集团对于文化创新已经有了较高的认同,但和新型文化传媒集团要求的以用户、市场为主导的管理创新、产品创新还有很大差距。同时,宁波日报报业集团内部的协同创新机制尚未形成,资源整合能力有限,未能形成以互联网思维为导向的融合传播平台和推动全员创业创新的管理制度、激励机制,更多的还是"传统内容+互联网"的模式,极大地限制了集团资源的有效整合,影响了推动融合转型的步伐。

(四)文化"空心化"显现

企业文化建设更多地集中于工会活动等层面,未能对文化传媒集团数十年沉淀的文化基因进行有效梳理和发扬光大。对宁波日报报业集团的一项调查显示,年龄较大(主要是 45～55 岁)、工作年限较长的员工对新闻事业普遍怀有使命感和理想情怀,对报业集团有着紧密的情感联系,注重人际关系联络,认同企业文化的仪式感,但近年来随着报业的迅速衰落,以及以

改革之名对老员工的裁员,老员工对集团企业文化各个层面的评价都在明显降低。年轻员工群体思路活跃,创新欲望强,但因为缺乏上升通道和激励机制,普遍缺乏职业归属感和文化认同感,与报业集团的情感联系比较淡漠,缺乏向心力。从员工年龄结构看,其中 30~45 岁之间的业务骨干出现明显的断层,年轻群体(20~30 岁)和年长群体(45~55 岁)之间的文化割裂明显,内部分化明显,已经出现企业文化"空心化"危机。

(五)文化创新边界不明

调查发现,文化传媒集团的事业单位性质、企业化管理面临新的冲突,主要表现为意识形态管理与创新思维之间的内在关系紧张。意识形态管理事关政权存亡,意义重大,是第一位的。但意识形态管理如果不注重管理的艺术,就会形成强烈的"服从文化",而抹杀内部员工的"创业创新精神"。僵化的意识形态管理会导致媒体创新力的衰退,最终会导致传播话语权的丧失。中央"8·18"指导意见提出要建设"新型主流媒体"和"现代传播体系",这要求我们处理好意识形态管理与创新思维关系紧张的问题,在互联网新媒体背景下,创新意识形态管理理念思路与体制机制;在保证主流舆论阵地的前提下,提高管理艺术,激发媒体创新思维,不断提升媒体的传播力、公信力和主流舆论的影响力。

三、推进宁波文化传媒集团文化建设的几点建议

(一)明确核心价值定位,重构人本文化

1. 坚守人本文化

文化传媒集团作为社会核心价值观念的守望者,必然要承担塑造、引导社会价值观念的文化责任。因此,宁波文化传媒企业文化建设的核心价值定位应该是强调人文关怀,推动社会共识,使其成为文化传媒集团社会价值实现的精神内核与价值旗帜。

2. 发扬宁波"港通天下、书藏古今"的历史人文精神

吸取宁波企业"务实进取"的甬商精神,为文化传媒集团文化提供崭新的思维空间和建设总体方向,推动宁波的文化传媒集团文化逐渐发展成为城市形象和地域特色的标志,演变为地域文化的重要组成部分。

3.注重典型人物在新型文化建设中的旗帜作用

设立"宁波传媒文化时代典范人物"专项奖励,将那些勇于探索、积极创新的典范人物树立为时代创新的旗帜,不仅要大力宣传,而且要给予精神、物质等多方面的激励。建议全市每年评选出 3～5 位传媒文化时代典范人物,以传媒集团中层一线青年骨干(30～45 岁)为主体,提供专项津贴奖励。

(二)加快融合转型,导入互联网文化

1.推进组织架构再造,保障新型文化支撑

推进组织架构再造,实行"扁平化"组织架构,是构建新型企业文化的组织支撑。要真正导入互联网文化,首先要在文化传媒企业内部推行扁平化管理,减少管理层级,推行团队化、项目化管理,根据项目搭建组织架构,建立小而灵活的团队;在媒体管理层面,适度简政放权,在发展新兴媒体过程中,充分尊重新媒体发展规律,尊重市场规律,尊重个体创新热情;要加强人才服务,为创新人才创造一个适宜成长创业的环境,引导形成尊重人才、尊重创新的企业文化氛围。

2.建立协同创新机制,实现互联网文化嫁接

鉴于目前宁波的文化传媒企业与互联网企业间的交流合作并未做到完全通畅,建议由政府部门牵头,推进两者间交流的力度与深度,导向性地进行文化嫁接。可每年设立一定数量的项目,以互访、论坛等多种形式,推进宁波文化传媒企业与本地及国内外知名互联网企业交流合作,引导双方建立创新项目协同机制。

(三)推动制度改革,弘扬创新文化

1.成立"传媒创新智库",推进业务转型和文化提升

以博士后工作站、宁波市传媒研究基地、新闻研究所等为载体,依托宁波日报报业集团与复旦大学、宁波大学等高校的战略合作关系,建立"宁波市传媒发展智库"。该智库致力于媒介融合背景下文化传媒集团发展战略与企业文化建设创新课题的研究,每年设立若干以应用为导向的课题;设立宁波企业文化建设数据库,每年组织主题调研,使其成为企业文化创新转型的数据资源支持平台;依托智库,由宁波市委宣传部、宁波市记协与文化传媒集团合作,建立传媒培训基地,每年定期分批次对文化传媒集团全体采编人员进行新媒体素养与传媒创新方面的培训,邀请知名专家、新媒体发展成功单位、互联网创业创新标兵和国内外文化传媒集团企业文化建设优秀单

位传授经验、开展交流。

2.建立"创新孵化基金",保障创新项目的实验与实施

创业创新项目往往有一个实验的过程,为了更好地营造企业创业创新的文化氛围,在项目实验与实施的过程中,除了文化传媒企业内部支撑外,政府部门要在体制机制、人力物力上予以大力支持。可考虑建立创新孵化基金,支持和保障创业创新项目的实施,择优选择一批创客人才项目,给予创业创新企业补助。建议该基金每年投入 500 万元,由市委宣传部、财政局牵头,联合高校、科研部门等联合评审,提高宁波文化传媒集团文化建设的积极性,引导企业文化建设健康有序地发展。

作者单位:宁波日报报业集团
宁波市传媒研究基地项目
(宁波市社会科学院文化研究所整理)

建立宁波海域使用权交易体系的对策建议

余妙宏　刘春香

摘　要:海域使用权交易体系包括海域使用权的管理、宏观指导、信息发布及交流、实体交易体系与资金服务等内容。该体系的建立将促进海域使用权的流转,盘活海域使用权的流通。宁波应在现有的基础上,加快落实国务院办公厅印发的《整合建立统一规范的公共资源交易平台工作方案》中"有序推进体系整合"的要求,构建海域使用权交易体系,即设立宁波市海洋资源管理中心,负责辖区内海域使用权等海洋资源利用的监督管理;将海域使用权的一级流转(招拍挂)纳入到各县(市、区)的公共资源交易中心,实行属地管辖,跨县(市、区)的海域使用权的招拍挂纳入到市级公共资源交易中心;设立宁波市海洋使用权交易服务中心,服务于全市海域使用权的二级交易。

"十三五"时期,宁波将进一步加大对海洋资源的开发和利用,同时相应的海域使用权流转市场也将逐渐成长。只有建立完善的海域使用权流转制度,通过海域使用权的合法有序流转,才能充分发挥有限海域资源的效用,增强海洋开发的资本运作能力。

关键词:宁波　海域使用权　交易体系　对策建议

一、宁波构建海域使用权交易体系具有必要性

海域使用权的流转包括海域使用权一级市场、海域使用权二级市场和

海域使用权中间市场等三个层次。一级海域市场的流转方式包括行政审批、招标、拍卖、挂牌交易等,二级海域市场的流转方式主要有转让、继承、出资入股、出租、抵押等。依法建立海域使用权出让、出租、转让等流转机制,对落实海域使用人的经济自主权、优化配置海域资源、提高海域资源的利用效率等都具有重要意义。

落实《浙江省海域使用管理条例》要求加快相关配套制度建设。《浙江省海域使用管理条例》于 2013 年 3 月 1 日开始实施,该条例对海域使用权流转制度进行了具体规范,率先建立了经营性用海项目海域使用权全部实行"招拍挂""海域使用权直通车"等制度,规定了海域使用权依法转让的条件及程序。但要落实该条例有关海域使用权依法转让的规定,尚需要相关的配套制度保障,只有这样才能使海域使用权交易真正活起来。

从海域管理实际来看,构建海域使用权流转体系并赋予其相应的工作职责,是顺利推行并实现海域使用权市场化流转的重要保证。构建海域使用权交易体系,其目标在于促进海域使用权的流转,盘活海域使用权的流通,其基本功能应包括海域使用权的管理、宏观指导、信息发布及交流、实体交易体系与资金服务等方面。但到目前为止,宁波市尚无清晰的海域使用权流转管理与服务机制,尚无统一的海域使用权交易体系。因此,有必要在借鉴其他省市的经验和做法的基础上,加快构建适应宁波实际情况的海域使用权交易体系。

二、宁波构建海域使用权交易体系的条件已经成熟

(一)我国沿海省市的实践与经验借鉴

从全国来看,我国首家海域使用权交易服务中心于 2010 年 2 月 2 日在江苏南通成立,这标志着我国海域使用权交易开始实行市场化运作。该中心主要负责南通海域使用权与海上构筑物出让、转让、出租、抵押等交易条件的初审,海域与海上构筑物权属、交易鉴定等业务,通过收回、收购、置换和征收等方式实施海域储备。

2010 年 12 月 28 日,全国第二家关于海域使用权交易的专业机构——连云港市海域使用权交易中心成立,负责该市海域使用权市场交易运作。同时,为全面推进海域使用权属规范管理,连云港连续出台了《海域使用权

出让招标拍卖实施办法》《海域使用权管理暂行办法》《海域使用权抵押贷款暂行办法》等政策文件。

从浙江省内来看,2013 年 8 月 19 日,舟山海域海岛使用权储备(交易)中心成立。储备(交易)中心将对规划开发海域海岛进行收储,并进行基础设施建设,对相邻海域海岛进行整体储备、规划,在符合规划的前提下实行分块出让,对其储备的海域海岛以招标、拍卖、挂牌等方式公开出让使用权。

(二)宁波各地的积极探索为构建市级交易体系奠定了基础

作为浙江省启动海域使用权"直通车"改革的试点城市,2011 年 11 月 4 日,象山县开全国之先河,在海洋资源管理中心的基础上成立了海洋产权交易中心,依托海洋产权交易体系,就海域海岛等海洋使用权属和相关产权的交易流转等问题,探索开展了海域使用权抵押登记、无居民海岛使用权收储、出让等一系列工作。2012 年底,象山推出鹤浦镇盘基塘 1 号宗海海域使用权的挂牌出让工作,该海域用海面积约为 19.8 公顷,成交价为 2536 万元,在全国尚属首次。

在象山试点的带动下,2013 年,宁波市余姚、慈溪、奉化、宁海等地也相继成立了海洋资源管理中心。2013 年 9 月,宁海成功出让了横山旅游码头、白石山旅游码头、铁沙旅游码头、铜山旅游码头等 4 宗旅游码头的海域使用权,均位于宁海县象山港底部的强蛟群岛海域内,总用海面积为 3.25 公顷,用海方式为旅游娱乐用海,用海年限为 25 年。

象山、宁海等地的探索为宁波海域使用权交易奠定了扎实的实践基础。此外,宁波市招投标中心(宁波市公共资源交易中心)于 2002 年底挂牌设立,2008 年增挂宁波市公共资源交易中心牌子,中心隶属于市行政审批管理办公室,可为海洋资源流转交易提供高效、便利的服务。

三、构建宁波海域使用权交易体系的几点建议

(一)设立宁波市海洋资源管理中心

鉴于宁波市多地均成立了海洋资源管理中心,建议由市海洋与渔业局牵头,成立统筹谋划全市海域资源利用的宁波市海洋资源管理中心。作为政府职能部门,海洋资源管理中心负责本辖区内海域使用权等海洋资源利用的监督管理;根据《中华人民共和国海域使用管理法》以及《浙江省海域使

用管理条例》的规定,接受用海项目的个人与组织的申请与审批;负责招标、拍卖、挂牌方式的具体实施;负责对海域海岛的收储;同时,对一级市场与二级市场海域使用权流转的公共资源交易中心及交易服务中心进行业务指导与监督。

与此同时,切实加强相关专业人才队伍的建设。据了解,目前宁波市从事海洋资源管理的人才仅 20~30 人,人才较为缺乏。相对于土地监管部门而言,缺口过大。为此,应根据海域使用权流转发展的需要,进一步加大对全市海洋金融专业人才的培养与配置。

(二)一级市场交易纳入到公共资源交易中心

海域使用权流转的一级市场,其主体是代表国家拥有海域所有权的政府和依据一定的程序取得海域使用权的单位或个人。政府依据相对人申请或通过招标、拍卖等程序,将海域使用权转让给单位或个人并收取海域使用金。由于有政府这个特殊的当事人,规范一级海域市场的法律就带有一定的公法性质。一级海域使用权流转市场的运行规则,包括海域使用权的行政审批和招标、拍卖程序、规范与细则,以及海洋功能区划制度、登记制度、流转制度和禁止性规范。

目前,宁波各地除象山以外,都没有设立相应的海洋产权交易中心,海域使用权一级市场交易大部分都纳入到各县(市、区)的公共资源交易中心交易体系。例如,2013 年,宁海的海域使用权流转交易就是通过公共资源交易中心完成的。为此,建议海域使用权交易采取属地管辖原则,在县(市、区)内的海域使用权"招拍挂"交易由各地公共资源交易中心(或海洋产权交易中心)负责,而涉及跨县(市、区)的交易应该交由宁波市公共资源交易中心负责组织。

(三)设立宁波市海域使用权交易服务中心作为二级交易市场

二级海域使用权流转市场的流转方式包括买卖、出租、抵押、入股、继承等,其交易双方都属于民事主体性质。为此,建议在宁波市这一层级,由市海洋和渔业局牵头,设立宁波市海域使用权交易服务中心,其职能主要包括交易规则制定、线上线下信息发布、交易服务、融资担保等与交易相关的各个方面,其目标是尽可能提高服务的覆盖面和效能,以满足全市海域使用权二级交易的现实需要。具体从实践来看,海域使用权交易服务中心有两个重要功能:

1. 海域使用权资产评估

这是一项专业性比较强的工作,也是制约海域使用权交易的重要因素。位置不同、用途不同的海域,其使用权的价值千差万别,这个价值应由有一定专业知识、具有一定权威性的专门机构进行评估。为确保海域价值评估顺利开展,推动海域使用权抵押工作规范进行,建议市海域使用权交易服务中心设立专业的评估机构,培养相关的评估人才,构建科学的海域价值评估机制。

2. 海域使用权交易融资服务

抵押融资是交易的重要表现形式,而抵押通常需要提供有效的担保。由于担保配套制度的落后,海域使用权的融资功能受到了极大的制约。鉴于目前海域使用权流转市场化程度不高的情况,建议由市海洋使用权交易服务中心牵头组织,成立专业化的担保机构或担保基金。担保机构或担保基金在市场化运作的同时,承担一部分政策性业务,对符合政策性业务的海域使用权的抵押进行再担保。如果发生融资风险,在海域使用权流转不畅的情况下,可由担保机构或担保基金进行资产收购,在合适的情况下再进行资产流转或者处置,从而保证抵押融资各个环节的畅通。

最后,政府作为市场监管者,要更好地发挥自身作用。其主要职责是从宏观的角度进行监督和引导,包括构建二级海域使用权流转方式、交易规则、参与海域使用权流转市场的民事主体(单位和个人)的条件、海域使用权流转程序等法律、法规和规章。此外,除了入场交易一般规则外,还应积极完善与海域流转相适应的配套规则,例如海域使用权流转办法、海域使用权转让出租管理办法等,为全市海域使用权的交易流转构筑有竞争、有序、公正的市场环境。

作者单位:浙江万里学院

宁波海洋经济发展研究基地项目

(宁波市社会科学院经济研究所宋炳林整理)

提高乡镇党委引领发展能力的几点建议

——基于江北区慈城镇的调查

熊　彬　王　勇

　　摘　要:江北区慈城镇既是城区,又是农村,是当前可能发展变化最大的一类区域。近年来,该镇党委树立可持续发展理念,实施"文化立镇、经济强镇、开放兴镇、生态美镇"战略,推进城镇向城市、历史古镇向旅游名镇、有色产业大镇向新兴产业强镇转型,形成产城互动、环境友好的发展趋势,经济社会协调发展的效果逐步显现出来。鉴于此,课题组总结近几年慈城镇党委引领发展的经验举措,并结合当前政策导向,提出应积极借鉴慈城实践经验,从实际出发,以提高乡镇党委的调控力、增强基层党组织的战斗力、提升党员干部依法办事的执行力为方向,深化改革,创新举措,全面提升乡镇党委引领发展的能力。

　　关键词:提高　乡镇党委　引领发展能力　调查

一、慈城镇经济社会发展情况比较分析

　　慈城镇近5年经济总量和经济效益大幅提高,产业结构明显优化,有利于自身的可持续性发展,成为宁波市发展较为迅速的区域(见表1)。

表 1　慈城镇 2009—2014 年可持续发展的经济指标比较

指标分类	具体指标	慈城镇			宁波市		
		2009 年	2014 年	对比	2009 年	2014 年	对比
经济总量指标	地区生产总值/亿元	13.5	55.0	↑307.4%	4214.6	7602.5	↑80.4%
	固定资产投资总额/亿元	13.8	35.9	↑160.1%	2004.2	3989.5	↑99.1%
	地区财政收入/亿元	5.9	9.2	↑55.9%	966.2	860.6	↓10.9%
经济结构指标	工业总产值/亿元	115.1	228.1	↑98.2%	10309.0	13789.0	↑33.8%
	第一产业比重/%	17.9	5.0	↓12.9 点	4.4	3.6	↓0.8 点
	第二产业比重/%	71.3	60.0	↓11.3 点	53.3	51.8	↓1.5 点
	第三产业比重/%	10.8	35.0	↑24.2 点	42.3	44.6	↑2.3 点
经济效益指标	GDP 增长率/%	−10.2	10.0	↑20.2 点	8.6	7.6	↓1.0 点
	人均 GDP/元	16875.0	62077.0	↑267.9%	73998.0	98972.0	↑33.7%

慈城镇人口状况指标不高,有较大的承载力空间,居民生活水平和公共服务指标不断提升,促进了社会可持续发展水平的平稳推进(见表 2)。

表 2　慈城镇 2009—2014 年可持续发展的社会指标比较

指标分类	具体指标	慈城镇			宁波市		
		2009 年	2014 年	对比	2009 年	2014 年	对比
人口状况指标	户籍人口总量/万人	5.1	5.8	↑13.7%	571.0	583.8	↑2.2%
	人口密度/(人/千米²)	500	568	↑13.6%	590	604	↑2.4%
	城镇化率/%	44.0	54.0	↑10.0 点	63.7	69.8	↑6.1 点

续表

指标分类	具体指标	慈城镇			宁波市		
		2009 年	2014 年	对比	2009 年	2014 年	对比
生活水平指标	农村居民人均纯收入/元	10876	22062	↑102.9%	12641	24283	↑92.1%
	城镇居民人均可支配收入/元	22422	36803	↑64.1%	27368	44155	↑61.3%
	新增就业人数/人	1015	2085	↑105.4%	142000	175000	↑23.2%
公共服务指标	农村居民养老保险参保人数/人	17400	21155	↑21.6%	137000	373000	↑172.3%
	每万人拥有医院床位数/张	4.1	23.1	↑463.4%	40	52	↑30.0%
	社会救助金支出/万元	607	1397	↑130.1%	50000	60000	↑20.0%

慈城镇开发利用资源稳定,作为历史文化名镇,不断加大环境治理和保护投入力度,实现了环境质量的稳步提升(见表3)。

表3 慈城镇 2009—2014 年可持续发展的资源环境指标比较

指标分类	具体指标	慈城镇			宁波市		
		2009 年	2014 年	对比	2009 年	2014 年	对比
资源状况指标	人均耕地面积/(公顷/人)	0.06	0.05	↓16.7%	0.59	0.45	↓23.7%
	森林覆盖率/%	35.60	35.30	↓0.30 点	50.20	50.35	↑0.15 点
环境治理指标	人均公园绿地面积/米²	37.40	48.30	↑29.1%	11.84	12.83	↑8.4%
	绿化覆盖率/%	18.90	24.20	↑5.30 点	37.51	45.57	↑8.06 点

续表

指标分类	具体指标	慈城镇			宁波市		
		2009 年	2014 年	对比	2009 年	2014 年	对比
环境保护指标	城镇污水处理率/%	60.00	90.00	↑30.00 点	75.00	90.00	↑15.00 点
	城镇生活垃圾无害化处理率/%	60.00	90.00	↑30.00 点	92.59	97.61	↑5.02 点
	历史文化遗产保护投入总额/万元	10000.00	80000.00	↑700.0%	—	—	—

二、慈城镇党委引领发展的着力点

近年来,慈城镇党委大力发挥基层党组织在引领发展中的示范作用,努力把党的政治优势和组织优势转化为推动产业升级、产业绿色发展、城乡一体化发展的动力,取得了显著的成绩。

(一)在战略上统筹,坚定绿色发展的方向

1. 集约土地发展高科技产业

建设宁波国家高新技术产业开发区江北园,打造联东 U 谷工业地产,吸引长阳科技等 15 家高新技术企业入住,大宗商贸 106 家企业推进"互联网＋"行动,宁波精达、艾能锂电 IPO 上市。

2. 推进传统产业转型升级

推进机器换人、电商换市、腾笼换鸟、空间换地和创名企、名品、名家"四换三名"工程,龙头企业金田集团加大技术创新力度,成为国家城市矿产示范基地和省级绿色企业;私营工业城 166 家企业通过转让产权、淘汰落后工艺等方式,2014 年工业增加值能耗同比下降 17.1%。

3. 发展三产融合现代农业

建立慈城镇农村资源流转交易平台,帮助 150 余户农民实现土地交易增值;通过村企支部联合共建,引入工商资本开展绿色投资,培育农业龙头企业 4 家、农民专业合作社 98 家、家庭农场 24 家,基本形成年糕、盆景、杨

梅、茶叶等传统优势产业和大鲵、精品果蔬、中药材等新兴产业并重的现代农业发展格局。

(二)在机制上创新,激活经济发展的动力

1.高举党旗,引领绿色发展

发挥镇党委班子成员的带领作用,通过包片联户,推进农村生活污水管网建设、河道整治等重点绿色项目,扫清绿色发展障碍;发挥党支部战斗堡垒作用,引导村支部书记谋发展、绘蓝图,培育省市级森林村庄 12 个、市级生态村 11 个;发挥党员致富示范作用,形成 16 个党员创业示范户、3 个党员致富示范基地。

2.引入市场机制,破解发展瓶颈

组建江北富民村镇银行,构建村镇金融便利站式的现代零售银行;探索金融支农机制,推出红色信贷,为 70 余位党员创业授信 5000 万元;推行农村"两权一房"抵(质)押贷款,发放给 139 家农户 1342 万元创业资金。

3.发展休闲经济,传承历史文脉

实行慈城古县城保护与新城建设捆绑滚动开发,累计投入 33 亿元,成为国家 AAAA 级旅游景区,受到中央电视台《走遍中国》栏目的青睐和吸引20 余部影视剧的拍摄。盘活半浦古村等生态资源,建成纵跨 9 村、长 62 千米的北山游步道,打造都市田园休闲旅游线。近 3 年,全镇农家乐接待游客258 余万人次,直接经济收入 5900 余万元,促进农民就业 600 余人。

(三)在需求上作为,回应群众对社会发展的期待

1.厉行群众急需的公共服务项目

实施 BT 建设模式(建设—移交模式),建设慈湖人家和枫湾家园大型安置社区;探索夹田桥等低洼地危房原拆原建整治,配套建设公共基础设施;推行路网、桥梁等公共设施整体外包,政府、企业、村社三位一体大物业管理模式;建成六三学制的新城外国语学校、180 张床位的慈城步韬益寿院,依托市妇儿医院在慈城开设 600 张床位的北部院区等,努力维护群众的切身利益。

2.推行组团式公共服务

将社区划分为网格状片区,推行片区经理人服务群众制度;建立组团式家庭医生签约服务模式,推出 4G 家庭医生进村服务;以每 10 户左右为一

组,共组成 623 个互助小组群,通过电话联通社区民警及派出所,构建农村治安防范网络。

3.实施基层权力阳光运行

建立基层权力清单,镇政务 166 项权力厘清权限,村(社区)全部权力编制成流程图,同步公开;设立行政审批服务中心,实行一站式办公,镇辖区开发建设中小项目的一般审批时间可节省 3～6 个月;成立镇公共资源交易中心,对工程项目招投标实现阳光交易;建立"三资"管理中心,为村代理会计和出纳业务,从源头上杜绝资金违规支出。

三、提高慈城镇党委引领发展能力的几点建议

(一)切实提高乡镇党委的调控力

县(市、区)党委政府要确保乡镇责权利相统一、人财事相配套,解决"小马拉大车""看得见的管不着"等权责不对称、关系不顺畅的问题。根据法律法规的要求,科学细化乡镇职能,合理划分县乡两级事权,调整和完善乡镇财政体制,建立规范的政府间分配体系,从制度上给予乡镇一级较为充裕的财力,明确责任主体和职责分工。尤其是在安全生产、环境保护、市场监管、村镇规划与建设、公共卫生、食品安全、劳动和社会保障等方面,切实解决职责交叉、权责不一致的问题。乡镇党委要依法进行基层党组织和各类自治组织选举,将优秀党员推荐或选拔进党组织和各类自治组织、民间组织,合理划分乡镇党委与村社党支部、乡镇政府与村居委会各自的权限,根据有关法律法规和政策规范各自的行为,在为人民群众服务中体现党委的调控力。慈城镇党委把握城乡一体综合配套改革和卫星城改革两大机遇,发挥县一级部分经济社会管理权限和镇党委书记由江北区委常委兼任的优势,实施坚强的政治领导和政策引导,全面推进资源节约型社会和环境友好型社会建设,其聚焦绿色发展的韧劲为该镇由做准备、打基础进入抓品质、出成效的新阶段赢得了优势。

(二)切实增强基层党组织的战斗力

乡镇基层党组织是具有穿透性、组织严密、动员能力强的组织体系,其对资源的调动和掌握能力无可替代,是促进农村生产力发展最现实的有生力量。作为基层政权的乡镇,政治和行政都是混合运作的,政治过程往往要

借助行政过程,而行政过程也要借助政治过程。农村经济形式多元化发展,要求基层党组织提高其领导经济工作的能力;农民迫切要求改善生产生活条件的愿望,要求基层党组织提高为民办事的能力;新旧体制转轨过程中产生的矛盾,要求基层党组织具备妥善做好群众工作的能力;农村由封闭走向开放,要求基层党组织不断加强先进文化建设,满足群众文化需求;农民民主意识不断增强,要求基层党组织改变传统的领导方式,适应新形势的发展。这都要求基层党组织认真落实《中国共产党章程》,发挥领导核心和战斗堡垒作用,切实具有人民群众认可的能力,具有贯彻落实党的理论、路线、方针、政策和策略的能力,具有保持党组织自身坚强有力和清正廉洁的能力。慈城镇党委深入开展"红色党旗引领绿色发展"行动,逐步形成了一套完善的、可操作性强的领头雁培育机制,一套新组织、新业态的党支部组建、发展的鼓励机制,一套产业发展引导、欠发达村帮扶、农民稳步增收的保障机制,这是慈城经济保持活力的组织保证。

(三)切实提升党员干部依法办事的执行力

在全面依法治国战略思想的指引下,依法办事应是基层干部工作的常态。基层党员干部是落实工作的先锋官和联系群众的排头兵,是农村城镇化建设的组织者、推动者与实践者,提升基层党员干部依法办事的执行力尤显重要。一是健全乡镇干部的教育培训机制,按照依法执政的要求,法定职责必须为、法无授权不可为,推进从素质培训向素质与能力培训相结合转变,消除不作为、乱作为现象。二是改革乡镇干部的选拔任用机制,把遵守法律、依法办事作为考察、提升干部的重要内容,真正把懂法律、能力强、素质高的优秀人才选拔到乡镇领导班子中来。三是完善乡镇干部的监督管理机制,重点应放在贯彻执行党的路线、方针、政策的情况上,放在密切联系群众,实现、维护、发展人民群众根本利益的情况上,放在廉洁自律和抓党风廉政建设的情况上。慈城镇党委凡涉及全镇经济和社会发展全局利益的重要问题,都通过民主恳谈会等形式进行协商,通过慈城政网、镇人大和政协联络会等制度化的形式落实政务公开,通过镇干部长期挂靠村庄联系农民个体。这些社会治理机制适用于有强烈熟人社会特征的乡村,提高了乡镇治理的透明度和参与度,为社会的可持续发展提供了可复制的经验。

作者单位:宁波市社会科学院
江北区慈城镇人民政府

新形势下促进宁波外贸服务平台
建设的对策建议

冀春贤

摘　要:信息网络技术的飞速发展和互联网的应用普及催生了新一轮平台经济的浪潮。平台经济在现代经济系统中的作用越来越大,诸如百度、腾讯、淘宝、携程等平台已经成为引领新经济时代的重要经济体。宁波是外贸大市,中小微外贸企业数量众多,它们号称"蚂蚁雄兵"。宁波拥有催生外贸服务平台的良好"土壤",涌现了一批外贸综合服务平台,但是总体来看,平台企业成长较慢,影响力和知名度不足。在国家大力倡导"互联网＋"、发展跨境贸易的背景下,宁波建设一批线上线下联动的外贸综合服务平台仍在机遇期,应加大政策扶持力度,创优发展环境,鼓励平台做大做强。

关键词:新形势下　宁波　外贸服务平台建设

2015 年 7 月,宁波市委常委会在专题分析上半年经济社会形势、研究部署下半年经济社会发展工作会议中指出:要在推动出口回升上有更大作为,制定完善外贸扶持政策,调整优化出口市场结构,引进扶持一批专业化的外贸大企业,建设一批线上线下联动的外贸综合服务平台。而互联网行业极易产生马太效应,即"赢者通吃,输家出局"。无论是基于发展"互联网＋"产业,还是为了更好地服务外贸强市建设,宁波都应努力发展壮大外贸综合服务平台。

一、宁波外贸服务平台发展现状

平台经济是指依托一种虚拟的交易空间或真实的交易场所,吸引商家和消费者加入,促成双方或多方客户之间进行供求交易或信息交换的商业模式。宁波外贸服务平台主要体现在电子商务交易平台与电商产业园区方面。

(一)电子商务交易平台各具特点,但是规模影响力不足

目前宁波有电子商务交易平台 10 多家,包括世贸通(国家电子商务试点项目)、全球贸易通、全球废料网、海商网、宁波对外贸易公共服务平台、出口通海外电子商务平台、宁波进出口商品网上交易会、大掌柜国际物流商务平台(宁波市智慧城市试点项目)、船货网、中国宁波国际招商网、宁波大宗商品交易网等著名平台。这些服务平台各有特色,其中,宁波世贸通是宁波市唯一一家为中小外贸企业提供进出口从头到尾一站式外贸综合服务的平台。

(二)电商产业园区布局较广,但是核心功能不明显

截至 2015 年 3 月,宁波市电商产业园区已超过 13 家,包括宁波电子商务城(江北园区、海曙园区)、望春电子产业园区、厚力网购智慧园、e 淘电商园、宁波文山电子商务产业园、慈溪 e 点电子商务产业园、厚持电子商务产业基地、宁波一舟跨境电商园、宁波澳洲电商园、恒达高电子商务产业园、镇海世创电商园、江北 801 电商园、鄞州(首南)跨境母婴电商创业园,加上宁波其他县(市、区)大大小小的电商园区总共将近 50 个。但是园区都在建设之中,核心功能不明显,距离园区规划目标尚有距离。

二、宁波外贸服务平台存在的问题

(一)外贸服务平台缺乏影响力且平台间缺乏协作

上述外贸服务平台企业只在宁波业内有一定知名度;并且企业间业务彼此分离,独立运作,缺乏联系,关联度不高,没有形成一个为客户服务的综合平台系统。

(二)外贸服务平台运作存在诸多困难和不确定因素

一是会员信息的甄别核实困难；二是平台功能拓展受海关、出入境检验检疫、国税、外管等政策影响大；三是存在数据丢失或者资料泄露等信息安全风险，特别是初创期的平台企业；四是商业信用机制不健全，导致买方、卖方和商务平台三者之间存在信用风险。

(三)跨境电商产业园区布局偏散且功能不完善

宁波市已有电商园区近50个，大多是近两年建起，有的地方还在继续筹划建设，如此分散布局，很可能导致要素投入零散，难以形成发展合力。从入园企业来看，不少企业的经营与外贸无关，有的跨境电商经营也仅限于海淘，局限于一些小商品，很少开展大型的跨境商品交易，也很少为本地生产者营销服务。

(四)跨境电商贸易物流配送体系尚处于建设之中

跨境电商国内物流配送体系尚在建设之中，与跨境电商的需要仍有差距。此外，跨境电商产业园区所开展的网上销售的商品无法快速出境，出境后缺乏境外物流配送渠道。

三、搭建宁波新型外贸服务平台的建议

(一)鼓励企业整合资源，做大做强品牌外贸服务平台

加强大市内平台企业之间的联系，在金融、人才、项目等方面出台政策，鼓励平台企业间的收购、兼并、重组等合作，通过资本运作，不断整合资源，扩大平台规模，为客户提供科学、快捷、安全、优质的网上交易全程服务。

(二)搭建好"政企合作服务平台"，帮助企业化解可能出现的问题

1. 为企业提供政策、法律咨询等服务，防范平台触碰政策与法律风险

加强对国家外贸相关政策、法律法规的研究，以及对新颁布的政策、法律的实时跟踪分析，加强对外贸平台企业外贸政策流程的合法性评估，确保平台经营"法无禁止皆可为"。

2. 为外贸服务平台提供信用信息支持

在法律允许的范围内，为平台提供会员企业及个人的信息查询，确保平

台会员用户发布信息的准确性、完整性、即时性、合法性。

3.尽可能为企业化解信用风险

可考虑由工商局、税务局、财务局、公安局等作为第三方对企业资质的相关信息进行审定,反馈到平台交易中心,平台也应建立会员信用等级制度,为交易方提供信用参考,以确保平台交易的正常运作和平台良好声誉的树立。

(三)整合跨境电商产业园区资源,形成大的战略平台

1.培育跨境电子商务"特区"

整合电商企业,组建跨境电子商务"特区",铺设高速网络光纤,免费建设并开放 WiFi 无线热点。培育一批既懂电子商务又懂对外贸易,集报关、退税、国际物流、海外仓储、汇兑、侵权诉讼等服务于一体的跨境电子商务服务企业,帮助企业开展跨境贸易,培育和打造一批跨境电商龙头企业,使其具有引领作用。

2.推进电子商务集聚

应引导已有电商园区进行资源整合,聚指成拳,形成几个大型的电商战略平台,发挥集聚效应优势。另外,对新申请建立电商产业园区的企业或地方政府,要组织专家团队进行项目评估,防止企业大批冒进,防止公共资源的闲置和浪费。

3.鼓励支持企业加快境外物流渠道建设

要对设立海外仓、提供海外仓储服务、海外客服等业务的企业给予政策支持,鼓励跨境电商外销量大的企业在主销区采取"一般贸易＋海外备货仓＋境外物流企业"的模式,利用和发挥境外优质物流企业的作用,缩短商品到达消费者的时间,减少企业费用,节约人力成本。

作者单位:浙江万里学院
宁波甬商研究基地项目

进一步完善宁波市政党协商机制的建议

"治理现代化视角下的协商民主"课题组

摘　要：政党协商是社会主义政党制度的重要优势和显著特色，是协商民主的首要形式。近年来，宁波市积极推进政治协商制度化、规范化、程序化，努力探索政党协商的有效实现形式，取得了明显成效。但由于"政党协商"这一概念提出的时间不长，全国尚未有可借鉴的成熟经验，宁波市关于政党协商的工作机制也存在一些不完善之处，具体表现在：缺乏具体的计划与流程、规范性要求未落实到位、工作机制不完善、对口联系工作制度执行不理想、区县级政党协商开展难度较大等。基于治理现代化的要求，建议进一步完善政党协商的工作流程，尽快建立协商成果的办理和反馈机制。

关键词：完善　政党协商机制

一、当前宁波市政党协商机制存在的主要问题

当前宁波市政党协商的制度是明确的，市委出台的相关文件中，具体规定了重大事项通报制度、专题协商制度、对口联系制度、考察调研制度、民主监督制度等，同时市委要不断完善"党委出题、党派调研、政协搭台、政府采纳、部门落实"的工作机制，市委统战部也制定了对市直部门统战工作的目

标考核管理制度。但是到具体的落实层面,一些规定还不全面、不精细,一些具体工作机制还不够完善,一些制度在实施过程中体现的效果也不够理想。

(一)有顶层设计,但缺乏具体的计划与流程

1.没有专门的年度政党协商计划

宁波市的政党协商主要体现在市委政治协商的年度工作计划中,这个计划关于政党协商的内容过于简单和宽泛,政党协商的议题、时间、形式、参加范围等不够具体,不便于民主党派及时开展针对性的调研,而且协商议题一般都限于党代会报告、政府工作报告、党风廉政建设报告、市委年度民主生活会等常规性工作,关于经济社会发展方面的专门议题较为欠缺。

2.政党协商的工作流程不够具体

宁波市之前出台了政治协商的一些程序性制度,比如,在 2005 年出台了《关于进一步推进人民政协履行职能制度化规范化程序化建设的实施意见》,在 2006 年出台了《政府有关部门与民主党派对口联系制度的意见》,在 2014 年出台了《加强人民政协政治协商的办法》。但这些相关规定还停留在原则上,尤其是在政党协商方面没有具体的、可操作性的规定。

3.工作的组织协调尚不够顺畅

市委文件规定,市委办公厅和统战部之间要加强协调,并制定相应的工作制度。但在实际组织实施中,并没有这方面具体而规范的制度,致使一些具体工作协调推进的难度较大。

4.一些规范性要求未落实到位

市委〔2005〕17 号文件规定:"市委根据年度工作重点,在市委全委会召开后两周内提出全年政治协商计划,并通报民主党派和无党派代表人士。"但是,此项规定并没有很好地得到落实。该文件还规定:"每次协商的议题和相关材料一般应提前 10 天送达各民主党派和无党派代表人士","临时性会议议题(除人事协商议题外)和相关材料一般应提前 3 天送达"。但在具体操作中,一些议题和材料都按临时性议题处理,这造成民主党派市委会集体研究比较仓促,难以深入调查研究,从而影响了协商的质量。

(二)有工作机制,但现行机制尚不完善

1.知情明政机制存在单一化倾向

知情明政是民主党派参政议政、民主监督的重要基础。民主党派和无

党派代表人士提出有价值的意见建议,必须建立在日常参与、过程参与的基础上,因此要经常性地向他们通报经济社会发展的有关情况,政府召开全体会议和有关会议要邀请其列席,政府组织的有关检查和重点项目视察活动要邀请其参加。但在实际工作中,往往缺少这种过程性的参与,大多以简单的情况通报或征求意见代之。由于信息掌握不充分,民主党派和无党派代表人士对全局工作和重大事项难以提出科学、有针对性的意见建议。

2. 考察调研存在任务化倾向

宁波市已经建立了民主党派和无党派代表人士的考察调研制度,但调研工作重任务、轻咨询,重可行性研究、轻不可行性探讨,民主党派似乎成为党委的一个综合研究部门,缺乏政党协商的特色。特别是调研选题没有处理好党派界别特点与协商议题多元性的矛盾,党派的调研课题更多依靠机关人员的力量而非界别内专业人员的力量。民主党派若要组织界别内的专业人士承担调研课题,又因人力、时间、经费等原因,而缺乏动力与约束力。

3. 意见建议的办理和反馈机制尚未真正建立

根据相关文件规定,对民主党派和无党派代表人士提出的意见建议,要由市委及时批转有关部门认真研究办理,办理情况要在1个月内进行反馈。但实际上并未建立起相关的办理、反馈机制,从而在很大程度上影响了民主党派参加政党协商的积极性。

(三)有对口联系工作制度,但具体执行不理想

1. 一些部门领导的对口联系意识不强

没有将对口联系工作作为政府部门一项日常性的工作,一些部门无对口联系的年度工作计划,主动沟通不够,每年召开1~2次联席会议的制度也未能完全落实。

2. 对口交流未成为常态

按制度规定,对口双方要及时抄送和交换有关文件、简报、资料,但实际情况往往是民主党派和工商联做到了,政府部门做得不够好,一些部门的重要会议、重大活动没有邀请对口联系的市级民主党派和工商联参加。

3. 对口合作流于形式

一般来说,对市级民主党派组织的调查、考察等活动,部门还是配合得较好。但是,在重大课题的联合调研上,部门却缺少联合的动力,因为部门的专业力量和可调动的资源大大超过民主党派机关,因此,部门主动就重大事项征求民主党派和工商联的意见也就成了一种形式。

(四)区县级政党协商开展难度较大

政党协商应该是指相同层级的政党组织之间的平等协商,但由于宁波市的民主党派基本没有建立县(市、区)地方组织(因特殊原因,仅民革宁波市委在奉化市建有地方组织),市级民主党派在县(市、区)只有基层组织,因此在县(市、区)级层面也就不存在真正意义上的政党协商。

市委文件明确规定,有民主党派基层组织的县(市、区),党委要开展相关的协商工作。因此县(市、区)级层面的多党合作,主要表现为中共的县(市、区)委与民主党派的基层组织之间的协商,这就存在着很大的不对等性,造成县(市、区)级的多党协商只能是征求意见、通报情况,更谈不上重要人事的协商。

浙江省杭州、温州等地的一些民主党派已经在县(市、区)建立了地方组织,宁波市如果能根据实际需要,在有条件的县(市、区)建立民主党派地方组织,则会更有利于政党协商工作的开展。

二、完善政党协商机制的几点建议

(一)进一步明确政党协商的基本原则

协商民主是合作民主、共识民主,也是程序民主,就是说协商必须在决策之前和决策实施之中,否则协商就失去了应有的意义。政党协商作为协商民主的首要形式,同样必须坚持协商于决策之前和决策实施之中,这是一条基本原则。

(二)进一步强化工作统筹

明确由市委办公厅牵头负责政党协商工作,市委办公厅增设协调落实政党协商工作的职能处室,每年由市委牵头,召集民主党派和相关部门参加,研究提出全年协商计划,商定协商议题、时间、形式、参加范围等具体事项;市委统战部要积极配合抓好落实并具体做好与民主党派和无党派代表人士的协调联系工作。

(三)进一步完善政党协商的工作流程

建议市委制定出台政党协商工作规程,进一步细化各种形式政党协商的实施步骤和工作流程,使政党协商有制可依、有规可守、有章可循、有序可遵,全面推进宁波市政党协商的制度化、规范化、程序化,实现政党协商从"关心协商"到"自觉协商""领导协商"再到"程序协商"的转变。同时,对政府与民主党派的联系制度要有刚性的规定,进一步加大对部门联系制度的考核力度。

(四)尽快建立协商成果的办理和反馈机制

对通过会议、书面、约谈等形式形成的政党协商成果、民主党派和无党派代表人士的调研成果和提出的意见建议,可参照人大代表建议和政协委员提案的办理流程,由市委督查室及时分解并批转职能部门办理,办理结果要及时反馈。

(五)进一步完善民主党派调研课题的立项和成果转化机制

将民主党派主委的年度调研课题纳入全市重点调研课题计划,由市委常委会统一研究,并由市委政研室统一管理;每年召开由各民主党派、工商联和无党派代表人士参加的参政议政调研成果汇报会,党委主要领导或分管领导参加会议,听取年度调研成果汇报,并通报上年度调研成果采纳情况。鼓励民主党派、工商联和无党派代表人士充分利用界别内的专家资源,建立各自的智库机构。

(六)进一步加强协商能力建设

协商的能力直接决定协商的成效。各级党政领导干部要提高协商能力,带头学习掌握政党协商理论,把握政党协商工作规律,熟悉政党协商工作方法,努力成为政党协商的积极组织者、有力促进者、自觉实践者。建议对全市的各级党政主要领导干部进行社会主义协商民主理论和实务的培训。同时,各级党政领导要支持民主党派加强协商能力建设,协助民主党派组织培养高素质的人才。

作者单位:中共宁波市委党校
宁波市马克思主义理论与实践研究基地项目
(宁波市社会科学院党建研究所整理)

加快宁波农产品批发市场功能
改造的若干建议

王若明

　　摘　要:近年来,以物流配送、连锁经营和电子商务为标志的现代流通业态日渐兴起;农产品市场的全面放开也对目前仍占据流通主导地位的传统农产品批发市场(简称"农批市场")提出了更高的要求。从调研来看,宁波传统农批市场的功能尚不完备,在空间布局规划、经营管理理念、市场主体培育、信息网络建设、交易物流体系等方面比较滞后。为此,宁波应多措并举,加快对农批市场进行全面的功能升级改造,建立一个以批发市场为枢纽,以具备一定组织化程度的农产品经营者为主体,以规范化的集贸市场和超市为末端的较为现代化的农产品流通体系,切实提升农批市场的辐射半径与发展能级,从而进一步满足宁波市"菜篮子"工程健康发展的需要。

　　关键词:宁波　农产品批发市场　功能改造

　　近年来,随着市场经济转型及农村经济的快速发展,宁波农批市场的规模不断扩大,数量不断增加,宁波市蔬菜副食品批发交易市场的年成交量超过 90 万吨,交易品种达 120 多种,宁波路林水产批发市场的水产品年交易量达 40 多万吨,蔬菜、水产两大市场的交易量占市区零售总量的 85％ 以上。另外,宁南物流中心规划建设项目启动。可以说,宁波已基本形成以销地大宗农批市场为主体,产地专业批发市场为基础,中转集散型批发市场为补充的农批市场网络体系。随着市场功能的不断完善,信息传递、商品储运手段的日益改进,农批市场在保证城市农产品供应的稳定性和持续性上都有显著的提高,有效满足了城镇居民对农产品的常年需求。但是要更好地满足市场发展需要和市民需求,必须针对现有问题,对市场功能进行全面的升级改造。

一、宁波农批市场功能发展仍存在"五个滞后"

当前,宁波市农批市场的运作模式,主要是以批发市场作为农产品供应链的核心企业,通过与农产品供应基地、专业合作社、农业公司、连锁超市或零售商等的连接,形成农产品生产、采购、加工、储存、配送以及提供市场信息的运作模式。这对保障农产品的稳定供应起到了积极作用,但与现代市场发展的趋势相比,仍存在发展滞后的问题。

(一)空间布局规划滞后,与城市功能存在冲突

宁波市农批市场是伴随着城乡经济发展而发展的,最初按照"谁投资,谁管理,谁收益"的原则来兴办市场,对激励社会力量办市场起到促进作用。但城市的快速扩展、规划的长远性不足等导致布局与发展不相适应。随着城市边缘逐步扩展,部分集贸市场、批发市场所在地成了闹市区,对城市运作造成不小压力。其中,一个典型的例子就是宁波市蔬菜副食品交易市场。作为宁波最大的蔬菜批发市场,该市场每天的蔬菜交易量多达 2000 吨左右,从外省运到宁波的蔬菜有 80% 直接在这里卸货,每天进出该市场的车辆就有 500 多辆次。但由于其位于城区中心位置,由此造成的交通拥堵、环境脏乱、噪声扰民等问题已经不堪重负,亟待加快搬迁步伐。

(二)经营管理理念滞后,服务功能配套尚不健全

由于经营观念滞后,宁波市大部分批发市场的经营管理仍停留在初级阶段,仅仅只是提供集中交易的场所而已,而没有将经营服务链条向批发市场的两头延伸,导致经营效益不高。例如,宁波市蔬菜副食品批发市场尽管近年来加大了配套功能建设力度,但是对于保鲜要求较高的农副产品,其对应的分级、筛选、包装、冷藏保鲜、加工配送、检验检测、质量监控、信息服务等环节跟不上,农产品在储藏过程中品质下降、损失率提高,进入市场交易的农产品质量难以充分把控。此外,虽然也引进少量必需的服务机构,如银行、运输公司等,但也多由客商自行办理,并不具备较为完善的配套功能,难以适应现代农产品的流通需要。

(三)市场主体培育滞后,组织化程度整体偏低

以宁波市蔬菜批发市场为例,农批市场主体主要分三类:第一类是在外地和宁波之间从事蔬菜收购批发的大批发商。他们从全国各生产基地收购蔬菜,起到生产与市场的连接作用。相对来说,他们经营规模较大,但也担负了更大的压力和风险;第二类是在市场大蔬菜商与菜市场摊贩之间从事二级批发的小批发商。他们的货源主要是从市场的大蔬菜商批发而来,然后转批发给一般菜市场的摊贩,以满足他们需求量少、品种相对多的要求;第三类是往来奔波于市场和本市农地之间的蔬菜商,即俗称的"菜贩子"。他们主要是将各地菜农手中收购来的蔬菜"化零为整",转卖给一般集贸市场商贩。当前,除了第一类以外,宁波市各农批市场仍然存在大量第二类、第三类的分散的小批发商,他们普遍经营规模较小,缺乏专门的经营知识,大都不具备法人资格,在业务经营上存在着一定的自发性和盲目性。

(四)信息网络建设滞后,现代化传播渠道不畅

宁波市农产品市场信息化工作尽管取得了很大进展,但与互联网的飞速发展相比仍显滞后。例如,宁波市三大农批市场中,仅蔬菜副食品批发市场设有专业网站,其余两家——水果批发市场与水产品批发市场至今没有设立网站,这对批发市场的相关交易信息传播造成了一定程度的制约。而且,蔬菜副食品批发市场网站也主要停留在业务介绍层面,缺乏对批发市场农产品行情以及相关行业资讯的实时披露,与其作为交易市场的地位不相匹配。除此以外,各相关管理部门也都成立了相关信息平台。例如,与宁波市农产品相关的网站就有以市供销社为主设立的农产品营销网、农产品展销中心,以市农业局为主设立的农业信息网,以市商务委为主设立的菜篮子网等。由于这些信息网络隶属于不同的部门,资源共享程度比较低,信息收集的质量与信息传播的效果也相应打了折扣。

(五)交易物流体系滞后,专业化水平有待提升

移动互联网时代,农产品电子商务等现代化交易逐步成为一种潮流。但目前,宁波除了M6生鲜、天胜农牧、三掌柜网上商城等线上商城外,大多数水果蔬菜是原果、原菜销售,现代营销和交易方式仍处在发展阶段。尤其是在农批市场这块,基本上还是采取以现场交易为主、委托交易为辅,以现金支付为主、IC卡支付为辅,100％即期交易,远期交易缺位的交易模式,日益面临产销溯源、资金安全、价格波动等各方面的不利影响。不仅如此,农产品产后环节发展滞后,有相当一部分果品未经过清洗、打蜡、分级、包装就

投放市场,分级、清洗、预冷、冷藏、运输等产后处理系统仍没有形成,致使加工、贮藏、保鲜等产后环节严重滞后,这一方面导致农产品加工量不足,加工增值率低,另一方面导致农产品流通过程中损失浪费严重。

二、加快宁波市农批市场功能改造的几点建议

(一)统筹谋划全市农批市场的发展重点

建议在坚持目前属地管理体制的基础上,成立市农批市场建设管理和发展工作领导小组,市商务、发改、规划、国资、农业、国土等部门加大协调力度,共同做好全市农批市场的统筹和规划。在此基础上,积极推进"农改超"工程,重点培育和发展一批承担产地分类、加工整理、预冷保鲜、冷链物流、质量标准化检验和服务引导等功能的农产品初加工企业,进一步推进海产品、笋竹、杨梅、茶叶、枇杷、葡萄、花卉苗木、双低油菜、食用菌、中药材等宁波特色优势农产品的农超对接与网上分销,提升宁波特色农副产品的知名度,扩大宁波特色农副产品的辐射面。

(二)对市蔬菜副食品批发市场搬迁改造予以更大支持

市蔬菜副食品批发市场是宁波区域辐射能力强、服务面广、对周围其他小市场有较大带动和影响作用的大型农批市场,应该对其搬迁予以更大支持。特别是在市场整体搬迁的过程中,做好相关的稳定、宣传和引导工作,制定切实可行的利益补偿机制,以打消市场运营主体、摊位经营者在新市场人气聚集及运营效益方面的顾虑,争取尽早实现市场的物理空间搬迁和运营模式提升。并以此为带动,早日推动市水果批发市场、水产品批发市场等有序搬迁或转型升级。

(三)以宁南农副产品物流中心建设为重点,加快完善功能设施

加快现代化仓储设施的建设,引进先进的装卸和搬运设备,实现仓管作业的机械化和自动化,降低农产品的损耗率;积极推广和应用冷链物流技术,不断完善冷藏物流设备,逐步建立高效率、无污染、低成本的冷链物流体系;加快信息基础设施建设,健全覆盖全市、连接舟山的农产品物流信息网络和价格采集体系,有效实现信息发布和共享,为推动农产品远程交易奠定技术基础;加快农产品检验检测设施建设,特别是加强快速定性检测的设备升级与技术改进,确保农产品的质量与安全。

(四)探索推进宁波市农产品市场交易方式创新

当前,在我国广东、山东等地的区域中心农批市场,诸如信用交易、委托交易、电话交易、网上交易、远期交易等新型交易形式已开始逐步出现,甚至一些农产品的拍卖市场也应运而生。为此,建议宁波市农批市场顺应交易方式创新的大趋势,运用互联网、大数据、云计算等新一代信息技术,健全物流信息系统与第三方支付平台,并逐步建立农产品的标准化体系,从而探索推进农产品交易方式创新,鼓励拍卖、订单、远程交易和远期合约等新型交易方式的试行与推广,以进一步扩大宁波市农批市场的辐射范围,提高交易效率。

(五)加快农批市场运作体制机制改革

改革的总体方向是要推动农批市场的投资和经营,使其成为一个相对独立的产业,并形成专业化的运营公司。为此,建议推动混合所有制改革,可由市蔬菜批发市场先行试点,引进类似于深圳布吉等的全国性的专业农产品运营公司,建立全国范围内的合作网络。同时,也可与生产基地进行股权合作,构建一体化的利益纽带,提高农产品基地供应的稳定性和成本的可控性;建议推动"连锁化"运作,可由市蔬菜批发公司通过市场控股方式,对各县(市、区)乃至周边地市的若干蔬菜市场进行集团化连锁运作,引入三江购物、加贝物流等具备完善配送网络的第三方物流企业,切实扩大本地农产品市场的规模和辐射范围。

(六)加强财税政策引导和支持

农批市场在社会功能上具有较强的公益性质,市场建设用地面积较大,但很大一部分土地被食品安全检测中心、信息发布中心、污水处理站、道路、停车场和绿化带等非营利性辅助设施占用,且很多市场主要以棚区为主。为此,建议在政策允许的前提下,适当研究将企业非营利性土地部分的土地使用税和房产税通过财政补助方式予以补贴;建议对农批市场的能源费用给予优惠。农批市场冷藏库、水产、净菜业务水电需求巨大。目前市场的水、电以商业标准缴纳,企业反映经营成本很大,建议将农批市场水、电纳入农用标准,以减轻企业的压力。

作者单位:浙江工商职业技术学院
宁波市生产性服务业发展研究基地项目
(宁波市社会科学院经济研究所整理)

关于宁波工业小企业发展的调查及建议

郭瑜桥　唐新贵

　　摘　要:宁波工业小企业数量众多,地位突出,是宁波市经济保持蓬勃发展和旺盛活力的重要微观基础。同时,在"大众创业、万众创新"的时代背景下,工业小企业在培育创业创新主体、壮大产业发展源头等方面起到举足轻重的作用,是宁波建设工业强市、努力跻身大城市第一方阵的坚实基础。当前,在经济下行压力下,宁波工业小企业面临市场需求不足、要素保障不力、创新能力不强、盈利状况不佳、政策效果不彰等问题。为此,应继续在促进工业小企业健康发展上下功夫,进一步提高中小企业服务平台的实效性,大力推动电商换市,着力贯通产业创新链条,提高宁波市小微企业扶持政策的普惠性效果,切实减轻企业发展负担,在拓市场、促创新、保要素过程中增强企业的盈利能力。

　　关键词:宁波　工业小企业发展　调查建议

一、工业小企业在宁波工业经济发展中占据重要地位

　　从规模结构来看,宁波工业小企业的作用和地位不断提升。2013 年,宁波工业小企业数量占宁波工业企业的 28.1%,从业人员数占宁波工业从业人数的 52.7%,营业收入和企业资产总量分别占宁波工业企业总量的 40%(分行业占比见图 1)和 42%,远远高于其他规模工业企业。

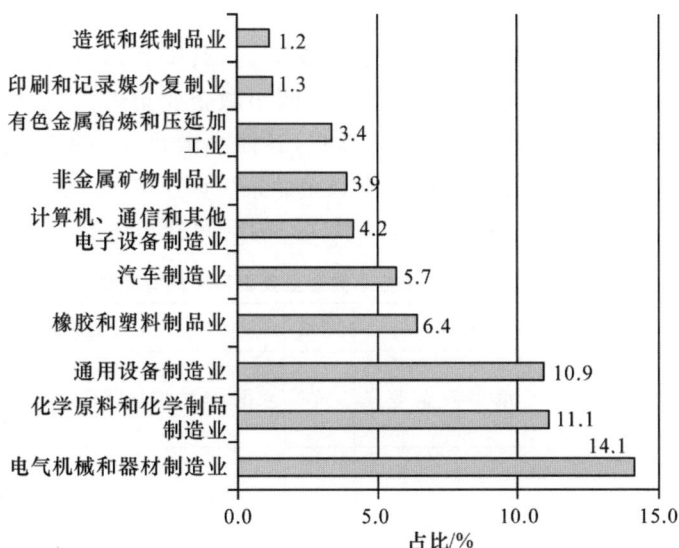

图1 2013年宁波工业小企业行业营业收入占制造业总营业收入比重

从生命周期来看,宁波工业小企业整体稳步发展。通过调查走访发现,受调查的工业小企业大多处于发展阶段和稳定阶段,其中有43.3%的企业处于发展阶段,处于初创阶段以及转型阶段的小企业数量较少(见图2)。如果加入成立20年以上的限制条件,则满足条件的38家企业中多数处于稳定阶段,仅少数在考虑转型。

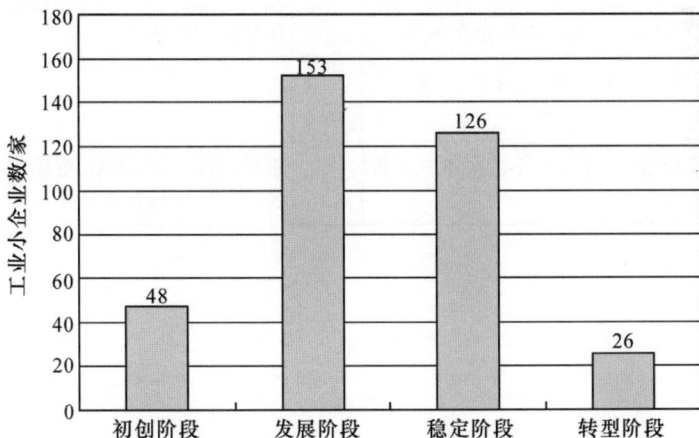

图2 宁波工业小企业的成长阶段

从空间布局来看,宁波工业小企业集聚发展特征明显。自2012年开始,在宁波市新增建设用地计划指标总量中安排 5％专项用地指标,在 9 个县(市、区)共规划建设了 27 个小微企业集聚区,其中鄞州区滨海开发区、宁波(江北)高新园区、北仑区大碶街道模具园小微企业集聚区、宁海县宁东新城小微企业集聚区等采用"园中园"形式,其他小微企业集聚区采用在重点乡镇新建方式设立(见表 1)。这些小微企业集聚区虽未完全建成,但体现了宁波不同工业行业的小企业在各县(市、区)的空间分布情况。

表 1 宁波市 27 个工业小微企业集聚区空间分布情况

地区	小微企业集聚区名称	数量	产业集聚
余姚	阳明街道、陆埠镇、低塘街道、朗霞街道、三七市镇、丈亭镇小微企业集聚区	6	家电、铸造模具、照明灯、塑料化工等
慈溪	附海镇、周巷镇、宗汉街道、观海卫镇、匡堰镇小微企业集聚区	5	小家电、厨卫洁具、纺织、汽车配件等
奉化	岳林街道、经济开发区小微企业集聚区	2	纺织服装、汽车摩托车及零部件、气动元件、厨卫洁具
宁海	西店镇滨海、宁东新城小微企业集聚区	2	机械、电器、铸造模具、汽配
象山	泗洲头镇、西周镇、贤庠镇小微企业集聚区	3	机电汽配、铸造模具、机械电器制造
鄞州	首南街道、横街镇、滨海投资创业中心小微企业集聚区	3	优先保障节能环保、高端装备制造、新材料、新能源、新一代信息技术
江北	宁波(江北)高新区小微企业集聚区	1	医疗器械产业等
镇海	蛟川街道、澥浦镇、九龙湖小微企业集聚区	3	紧固件产业、机械装备制造
北仑	大碶街道模具园区、小港街道顾家桥小微企业集聚区	2	机械制造、文教用品、电线电缆、纺织服装、模具、压铸相关产业

二、宁波工业小企业发展正面临"五大问题"

(一)市场需求不足

宁波市工业小企业正面临的"去库存化""去产能化"任务仍然艰巨。调查显示,28％的制造业产能闲置,35.5％的制造业企业产能利用率在 75％或以下,从低端到高端、从内需到外需、从传统到新兴,均面临不同程度的"二次"产能过剩问题。从深层次原因看,产能过剩受前期宏观经济政策刺激、全球需求不足、贸易壁垒上升、生产成本提高等多种因素叠加影响,并有常态化的趋势。

(二)要素保障不力

根据调查,宁波工业小企业急需的资源主要是人才、资金和技术,三者的需求程度相差无几。其中,有 71.2% 的工业小企业表示研发、技术人才最难找,而资金贷款满足率为 90%～100% 的企业仅占 15%。相比之下,小企业对土地资源的需求并不大,因为小企业通常采用厂房租赁的形式解决土地资源需求。

(三)创新能力不强

根据调查,一半以上的工业小企业将主要生产设备水平定位为国内一般水平,只有 4.8% 的工业小企业认为自己企业的主要生产设备已达到国际先进水平。尽管近年来大多数工业小企业都开始创新尝试,但是无论是研发支出的投入、新产品的开发,还是企业创新的选择等,都表现出技术创新的积极性和主动性还不够的问题。42% 的企业的研发支出占销售收入的 6%～10%,39% 的企业的开支占销售收入的 5% 以下。可见,宁波工业小企业的创新投入力度和创新能力仍有待加强。

(四)盈利状况不佳

受制于多方面的原因,宁波工业小企业 2014 年的经营状况不太乐观。在调研的 353 家工业小企业中,73% 的小企业 2014 年利润率在 20% 以下,47.6% 的小企业利润率在 10% 以下,利润率超过 50% 以上的企业较少,只有 6 家。而且,大多数工业小企业对 2015 年企业盈利能力的预期普遍保持谨慎态度。在所调查的宁波工业小企业中,绝大多数企业认为 2015 年企业的盈利能力将会下降,只有 4.7% 的企业预期 2015 年企业的盈利能力不会下降。

(五)政策效果不彰

金融危机以来,宁波相继出台了许多针对工业小企业的政策。但调查发现,政府各类优惠扶持政策很难被小企业全面获知,有些小企业甚至知之甚少,部分政策可操作性不强,执行程序和手续复杂,各部门政策各自为政,缺乏整体性。根据调查,74.9% 的企业获得了政策支持,但 45.1% 的企业觉得这些政策的帮助较小,只有29.7%的企业认为政府政策支持给经营带来了较大的帮助。

三、多措并举推动宁波工业小企业健康发展

(一)大力推进电商换市,拓展工业小企业市场需求

发挥宁波作为国家首批5个跨境电子商务试点城市之一的优势,加大对世贸通、宁兴云、中基惠通、凯越小树通等电子商务平台的扶持力度,加快引进"一达通"等电商平台。扩大北仑进出口商品采购贸易改革示范区试点成效,推进宁波保税区电商进口商品分销基地和海曙电商出口基地建设,培育宁波空港一般进口跨境电商模式,支持工业小企业利用电商平台提升市场开拓能力。

(二)贯通产业创新链条,提升工业小企业创新能力

全面建设宁波科技大市场,统筹现有平台资源,构建网上网下互动技术交易与转移体系,加快推进制造业研发设计分离,支持工业小企业通过科技市场探索拍卖、挂牌、招投标等公开交易方式提升产业创新能力。探索众包研发新业态发展,鼓励工业小企业利用创客平台提升研发设计能力。创新政府采购方式,支持小企业参与本土有标志性和影响力的关键技术应用和示范工程,推动新产品的市场应用。

(三)强化要素保障,增强工业小企业资源供给

全面落实支持小微企业发展的各项金融政策,积极探索建立政府、银行、担保机构风险共担机制,引导和鼓励各金融机构加强和改善对重点培育工业小企业的金融服务。完善多层次创业投资引导基金体系,通过天使投资、风险投资、战略投资、产业基金、科技银行等多种方式,丰富对工业小企业的资金支持。借助最近出台的"人才新政",搭建一站式、分布式人才服务平台,集成各类人才服务资源。加快创新研修学院建设,培育符合小企业发展需要和区域产业发展导向的实用型人才。

(四)切实减轻企业负担,缓解工业小企业盈利状况问题

要实现国家相关税费优惠减免的全覆盖,严格落实小微企业微利企业税费优惠政策,切实做到"应抵尽抵、应免尽免、应退尽退",深入实施企业所

得税申报代替小型微利企业优惠政策备案制度,不断优化网厅和CTAIS系统"所得税优惠提醒"功能,把落实小微企业税收优惠列入各级税务机关绩效考核项目,委托第三方社会评估机构对年度小微企业税收优惠政策落实情况开展评估。同时建立和实施涉企收费目录清单制度和动态调整制度,对违规收费的部门和单位,要予以严肃查处,并追究责任人的行政责任。

(五)强化公共服务建设,增强小微企业政策普惠效果

在现有8718平台的基础上,进一步完善中小企业公共服务平台网络建设,以政府购买服务的方式,优化"公益性、公共性"服务提供,在政策宣传、问题解答、困难流转、培训服务等方面提升服务质量。以宁波市促进中小微企业发展工作领导小组为核心,全面统筹协调工业小企业发展工作。同时要建立责任机制,将工业小企业年度目标任务分解落实到各县(市、区)乃至乡镇(街道),从基层源头抓工业小企业发展工作,切实形成层层落实的工作责任机制。

作者单位:宁波工程学院
宁波市小企业成长研究基地项目
(宁波市社会科学院经济研究所整理)

推进宁波基础教育国际化的对策建议

赵建华　　陈国明

摘　要:在国家实施"一带一路"战略和宁波加快跻身全国大城市第一方队的背景下,提升基础教育的国际化水平,将有助于培养城市具有世界视野的未来一代,为城市的发展奠定更高的定位、更远的前景、更深的底蕴。从实践来看,宁波基础教育国际化有了明显进展,但是从素质教育的角度来看,仍存在着活动偏少、范围偏窄、"走出去多引进来少"、引导和评价机制不健全等问题。为此,宁波应站在提升城市国际化水平的高度,不断引导和调动基础教育学校推进教育国际化,拓展基础教育国际化的深度和广度,提升基础教育的功能水平,从而创优宁波城市综合服务功能。

关键词:推进　宁波　基础教育国际化

一、宁波基础教育国际化的现状

近年来,宁波实施基础教育国际化战略,积极推动中小学对外交流与合作,打造了与美国、英国、德国、韩国、新西兰等国的多个综合性交流平台,全面实施国际化特色示范学校创建计划,着力引进境外优质教育资源。2012年,宁波与教育部共建教育国际合作与交流综合改革试验区,成为全国首批2个试验区之一。2014年,宁波被中国教育国际交流协会列为全国第2个中外师生国际文化交流项目基地。

目前,宁波中小学与境外学校结对达 377 对,效实中学等 5 所学校被评为省级"千校结好"特色学校,200 多名外籍教师在全市各中小学任教,来自 20 多个国家的 750 多名国际学生在宁波 2 所国际学校和中小学留学,年师生双向交流总数达 3500 余人次,近 3 年有 30 多批、500 余名中小学教师和校长赴境外进修和培训。

二、宁波在基础教育国际化过程中面临的问题

(一)学校开展国际交流总量偏少,涉及范围偏窄

宁波基础教育学校国际交流的总体水平偏低,与港口城市定位不相适应。与境外学校开展各类交流的中小学,在数量上虽然较之前有了明显的增加,但在宁波中小学中仍只占少数;开展交流的学校,主要集中在一些名校,城市学校远远多于农村学校,高中明显多于义务教育段学校,普通高中多于中职学校;每次交流的时间很短,大多为几天至十几天的游学、互访式的短期交流;参加交流的师生虽达一定规模,但在全体师生中所占比重仍非常低,教师主要限于英语学科教师,学生主要限于家长有国际化意识、家庭经济状况较好的高中学生。

(二)学校开展国际交流浅尝辄止,缺乏活学活用

宁波多数中小学校开展的国际交流处于较浅层面,常限于与外国学校缔结友谊校、姐妹校,组织两校间师生短期互访,开展学生夏令营、冬令营等交流,在对方学校的滞留时间往往只有 1、2 天至 1 周,这不利于对境外学校的教育管理制度、课程设计实施、校园文化、教学理念、学习方法的深度接触和全面了解。由于缺乏对教育管理和教学活动的具体学习、交流和对国际课程和教学模式的比较、移植少,宁波中小学很难借鉴国外学校的一些成熟经验以突破基础教育改革的难点问题,这导致有些国际交流的形式大于实质影响。

(三)学校开展国际交流重在"走出去",忽视"引进来"

国际化原本应该是一个双向互动、合作共赢的过程,但宁波基础教育国际交流多为人才流出、文化输入式的被动接受境外文化,而忽视中国优秀传统文化的向外传播,犹如国际贸易中的"进出口逆差"。不少开展国际交流的学校,只重视安排师生出境学习,不把邀请境外学校到校交流活动当回事,抱着形式主义走过场的态度敷衍了事;宁波一些开展国际化人才培养的

本土学校,重视引进国际化课程和考评方式来吸引更多的优秀学生,然后把许多本土学生送到国外留学,未考虑吸引境外学生到校就读。

(四)本土学校国际化课程偏少,而国际学校发展乏力

宁波本土学校对国际化关注不够,即使名校开设国际班的也不多。在最新一轮高中段课改和义务教育段课改中,多数学校很少开设与国际化有关的选修课和拓展性课程。随着宁波外向型经济发展和现代化国际港口城市建设的推进,外籍专家的人数在逐年增长。相当数量的外籍人士并不把子女送到宁波的本土学校就学,而宁愿将他们送到上海等国际化程度更高的城市的学校就学。尽管宁波已开设了 2 所面向外籍人士子女的国际学校,但入读人数一直不足,这不仅影响了学校的持续发展,也严重影响了宁波对高水平、国际化人才的吸引力,不利于外籍专家在宁波长期居留工作。

(五)对基础教育国际化的支持引导不足,也缺乏相应的评价机制

相对减负、择校等基础教育热点问题,国际化并未为多数公众所关注。相对于高等教育国际化,政府部门对基础教育国际化尚缺乏有力的政策支持,也未将其纳入中小学校评价的常规性考核体系。一些名校更乐意追求在国内基础教育中的口碑和话语权,把举办的国际班视为鸡肋,在打造本土基础教育品牌和特色时,缺乏对外教育输出的战略设想和规划。在政府咨询决策研究和教育规划研究中,基础教育国际化少有课题关注。在宁波中小学中,也少有学校尝试引入国际基础教育课程作为课程改革实验选题。多年来,宁波民资兴办了多所学校,但宁波基础教育几乎无外资进入,也少见民资投向基础教育国际化项目。

三、提升宁波基础教育国际化水平的几点建议

没有教育的国际化,就没有城市的现代化。提升基础教育国际化水平,不仅有利于提升宁波公共服务水平,增强城市综合服务功能,还有利于提升宁波国际化水平,理应是宁波跻身全国大城市第一方队的重要建设内容。

(一)完善国际化的配套政策制度,继续加大基础教育的开放力度

把国际化视为城市发展战略,把基础教育国际化列入城市国际化战略的有机组成部分,在城市发展"十三五"规划中予以体现。强化顶层设计,统一部署本土学校的国际化发展战略,积极培育和扶持本土学校国际化实践,

将宁波部分名校打造成为具有国际化特色的窗口学校。制定和完善基础教育国际化的配套政策制度,规范对本土学校国际交流事务和输入宁波的国际基础教育资源的管理,发挥市场配置的功能,做大、做强、做优国际基础教育资源,支持国际学校建设。

(二)丰富国际交流的形式和渠道,拓展基础教育国际化的深度和广度

大力推进宁波基础教育的对外交流。力求在 3 年内,有不少于 1/4 的宁波中小学校与各国各地区的学校建立友好学校关系,其中每所高中原则上都要开展各具特色的国际化合作项目,高中段举办国际班的学校数较目前增加 50% 以上。稳步提升每年出国交流的宁波师生数,同时争取每年不少于 1000 名海外师生来宁波学习中国文化和国际课程。创新和拓展国际交流渠道,探索举办中外科普视频连线、中外学生创客大赛等新的国际交流形式。发挥欧美同学会、归国人员联谊组织等的桥梁作用,以全国中外师生国际文化交流项目宁波基地为平台,开展来华留学生项目、出国留学与交流项目、教师进修与培训项目以及专业的国际论坛、研讨会等大型活动。

(三)增强开展国际交流的有效性,提升宁波基础教育的国际影响力

增强对外交流促进基础教育内涵建设和创新发展的功能。依托名校建设高水平的中外合作国际高中,做好 IB、A-level、AP 等 7 个普通高中国际课程项目以及 5 个中职层次的中外合作办学项目,打造一批有特色、有高度和有影响力的对外交流品牌项目。积极探索中小学国际理解教育新模式、新途径,促进中外教育理念、教学模式及评价方式等的融合发展,加强国际与国内课程的互学互鉴。进一步规范学生国(境)外游学的组织管理,加强中外师生在文化、教育和艺术等多个领域的交流,培养教师和学生的国际视野和素养。推动师生的国际流动,设立外国留学生奖学金,吸引更多国际学生来宁波留学。实施高中段教师境外深度培训计划和"校校聘外教"计划,探索专业教师国际培训本土化新机制。

(四)强化对学校的国际化程度评价,调动学校实施教育国际化的积极性

改变目前中小学发展性评价中缺少国际化刚性评价指标的局面,将教育国际化进展纳入学校发展性评价基本指标体系。制定基础教育学校国际化的分级考核标准,并使其成为现代化达纲学校创建的重要内容。发挥宁波教育国际交流协会等第三方组织的作用,为宁波中小学开展国际交流拓展更为广泛的渠道。建立本土基础教育学校国际化的信息分享与交流机

制,搭建交流研讨平台,总结推广教育国际化的成功经验,将更多的国外现代教育创新举措渗透到宁波中小学教育改革探索中。

作者单位:宁波教育学院
宁波市基础教育发展研究基地项目
(宁波市社会科学院党建研究所整理)

"一带一路"背景下宁波高等教育国际化发展对策建议

邵光华　徐建平　晏成步　周国平　施春阳

摘　要：在"一带一路"国家战略背景下，宁波市的高等教育需要承担更多的历史使命，通过提升国际化水平自觉融入和服务"一带一路"建设。但是当前宁波市的高等教育总体水平偏低，高等教育国际化尚不能满足城市国际化发展的需要和人才培养国际化的需求。通过谋划建设3～5所高端中外合作特色学院，培育5～8个特色专业的中外合作产学研基地，迅速提升宁波高等教育国际化的层次和水平。以宁波国际海洋生态科技城为依托，切实增强与"一带一路"沿线国家重点大学的合作。充分发挥宁波高等职业技术教育的优势，与"一带一路"沿线国家开展职业技能培训与开发合作项目，支持有特色、有条件的高职院校在境外开办分校，推动高等职业技术教育的转型升级。

关键词："一带一路"　宁波　高等教育国际化　发展对策

宁波是"一带一路"战略支点城市，而加强文化交流、学术往来、人才合作、教育培训等方面的工作，尤其是开展高等教育国际交流和对国际化技术人才的培养，是切实融入国家"一带一路"战略的有效举措，也是有助于提升宁波国际化水平和城市竞争力的有效举措。

一、"一带一路"背景下宁波高等教育国际化现状分析

从地缘来看,宁波处于"一路"的发源地,经济社会发展与西亚、中东欧和非洲等沿线国家的往来相对频繁,已与"一带一路"沿线 45 个国家的城市缔结了友城关系,建立了非常紧密的通航通商关系,具有显著的外向型特征。

从高等教育自身看,宁波的新材料科学、海洋科学、纺织服装等学科专业在国内排名靠前,高等职业教育国际合作较多且处于领先地位,宁波大学、宁波诺丁汉大学等一批在甬高校办学的国际化程度位于浙江省前列。

从融入和服务"一带一路"建设看,近期宁波国际海洋生态科技城授牌成立,作为其中重大项目之一的宁波大学梅山海洋科教园项目正式签约,随之将建立宁波大学国际联合研究生院、麻省理工学院(MIT)物流创新学院、中美海洋生物医药研究中心,以"一研究院、两学院、三基地"为创新载体,汇聚各类创新要素。宁波国际海洋生态科技城将成为高新技术的研发平台、高层次人才的集聚地、创新人才的培养基地、国际教育科技合作的重要窗口。

二、宁波市高等教育国际化存在的问题分析

(一)宁波市高等教育总体水平偏低

缺乏高水平大学是宁波市高等教育发展面临的"瓶颈"。类比相似的副省级计划单列市,大连、青岛、厦门等城市都拥有"985 工程"或"211 工程"高校。以青岛为例,具有"985 工程"高校 1 所、"211 工程"高校 2 所,国家重点学科 17 个。到目前为止,宁波市尚无"211 工程"高校,无国家重点学科,无国家重点实验室。面对基础较为薄弱的高等教育,在合作办学方面,宁波市也没显现出强劲的势头。以深圳市为例,大力引进世界名校发展高等教育,启动了"1+1+1"国际化特色学院建设,即 1 所国外一流大学,1 所国内"985 工程"大学,外加深圳市政府。其中深圳北理莫斯科大学 2016 年开始招生,清华-伯克利深圳学院,湖南大学与美国罗切斯特理工合作的深圳学院,华南理工大学与美国罗斯大学、华盛顿大学、墨尔本大学等在深圳的合作办学

项目也已经开始启动。

（二）宁波市高等教育国际化尚不能满足城市国际化发展的需要和人才培养国际化的需求

从模式上看，宁波市仍以纵向引进型国际化为主，即在国际化的过程中，宁波市高校主要是借鉴、学习国外或境外的先进经验和做法，属于引进者、模拟者、从属者或复制者，而非主导者、输出者、领先者或创新者。总体上"引进来"的多，"走出去"的少，教育国际化层次不够高、范围不够广、目标不够清晰、内容不够扎实，和"一带一路"战略的要求还有不小的差距。高等教育国际合作中"逆差"较大。从宁波高等教育国际化人才培养项目可以看出，项目多为零星项目，机构类型的合作较少，招生过于集中在金融、物流、国际会计和旅游管理等专业，国外留学生生源质量不高。这些问题的存在使得宁波高等教育还难以满足城市国际化发展的需要和"一带一路"多方面人才培养国际化的需求。

（三）宁波高等教育国际化投入偏少

上海市 3 年投入 36 亿元实施高峰高原学科建设计划；北京市 5 年投入近 100 亿元在高校建设 20 个高精尖创新中心；福建省为建设 3 所高水平大学每年每所投入 2.8 亿元；在广东省仅东莞理工学院今后 5 年就将获得省市财政投入 20 亿元，之前所述的深圳市所建的国际化特色学院每年将获得 10 亿元的投入。与这些省市相比，浙江省高等教育的财政经费投入相对偏少。就近年来浙江省开展的重点大学建设工程来看，宁波大学作为重点建设大学每年从省和市仅获得 1 亿元的经费投入，其中用于高等教育国际化发展的经费就更少了。

三、"一带一路"背景下高等教育国际化发展建议

（一）建立特色研究院及产学研基地

（1）对接宁波重点发展的新材料、新一代信息技术、新能源、新装备、海洋高技术、节能环保、生命健康、创意设计等 8 大战略性新兴产业，遴选 3~5 个学科或学科群，建立 3~5 所"1＋X"模式的特色研究院。具体做法是：由宁波市财政投入，吸引 1 所国内一流大学嫁接 1 所国外一流大学来甬办学，国外大学可优先选择"一带一路"沿线国家的大学；或者宁波市高校中排在

国内前列的学科嫁接国外一流大学合作办学；又或者直接建设起点高、国际化、小而精的研究型学院，以招收培养博士、硕士研究生为主。特色研究院立足于为宁波社会经济发展培养高水平应用型人才，迅速且有效地提升宁波高等教育的层次和水平。(2)建立 5～8 个"国际化的产学研基地"。借鉴宁波大学与多国专家打造的科技部"新型通信与信息技术国际科技合作基地"的成功经验，参考"国际博士创新研究中心"与 50 多家企业建立的校企合作伙伴新模式，对接宁波市电子信息材料、新型纺织材料、海洋工程装备、物联装备等重点产业的发展需求，遴选 5～8 个学科专业，建设国际化的产学研基地或中心，吸引世界一流大学和海上丝绸之路国家参与，满足产业经济转型后的人力资源需求，促进国际性、创新性的产业升级。

(二)依托北仑宁波国际海洋生态科技城吸引"一带一路"沿线国家重点大学来甬开展合作办学和创新创业

(1)建设国际化社区，创设好的生活环境，为国外专家提供舒适的居住服务，营造更好的人文环境。(2)引导重点发展与"一带一路"沿线国家的合作关系，加强学术交流、合作培养、合作项目的研究，助推"一带一路"建设。(3)鼓励借助科技城建设，增强与沿线国家或地区的科技合作，共建联合实验室(研究中心)、国际技术转移中心，促进科技人员交流，共同提升科技创新能力，争取在国家重点实验室方面实现零的突破。

(三)构建宁波市现有高等职业教育机构以及潜在的民间培训机构共同参与职业教育服务供给的新机制

(1)政府主导建立基于 PPP 模式的高等职业教育国际化多元投融资新机制。政府投入一定比例的种子基金，推动民间资本、社会资本和国际资本进入职业教育培训领域，利用合同方式约定和保障各参与方的权益。努力构建服务对象多元、融资渠道多元、收费方式多元的高等职业教育服务提供新机制，为"一带一路"建设培养优质职业技术人才。(2)在具有一定竞争性和营利性的职业教育领域，大力鼓励各类非政府资金进入。引导现有高等职业类院校紧跟宁波"一带一路"发展需要，积极谋求职业培训内容和方式的变革与转型。能够符合学生就业需求的培训费用由学生及家长付费；能够为中资企业走出去提供的职业类培训费用可采取与企业联办的方式由企业付费；为普通宁波市民提供的职业技能培训费用可采取政府购买服务方式进行，由市财政资金负担。(3)充分发挥宁波高等职业技术教育的优势，为"一带一路"国家进行职业技术人才培训。各高职院校根据自己的专业优势,集全校力量成立职业技能培训基地,寻求和对接"一带一路"沿线国家的职业技术实用型人才的培训。

(四)努力提高宁波高等职业教育培养的质量和层次

(1)以国家职业教育与产业协同创新试验区建设为契机,积极扶持港口、物流、会展、模具、卫生保健等特色专业建设,进一步推动高等职业技术教育改革,调整、优化专业结构,创立与"一带一路"国际化相吻合、相适应的专业及专业课程体系,尽快提升其培养质量和层次,使专业和课程更加符合"一带一路"建设的人才需求。(2)鼓励支持高职院校优势与特色专业升格或者国际化合作办学,通过试点逐步开展本科生和硕士生层次的职业教育,提升职业教育规格和水平。如浙江纺织职业技术学院开办的中英时尚学院,进行一定比例的本科生与硕士生的试点招生与培养。(3)支持沿线国家小语种语言专业人才的培养。"一带一路"建设离不开沿线国家和地区小语种人才的培养。要引导、支持宁波现有高校相关专业课程设置中注入小语种元素,为在校大学生增设亚洲小语种选修课程,为国际贸易、工程设计等专业增设小语种必修课,为其今后服务亚太区域发展奠定基础,为未来亚太区域交流、合作与宣传工作的顺利开展奠定基础。鼓励在甬高校根据自身的情况,扩建小语种专业。

(五)鼓励高等职业技术教育品牌特色专业"走出去"

(1)政府协助将职业教育推向国际市场,重点投入建设经费。建立2～3个有国际影响力的一流职业院校或重点专业,形成具有国际竞争力的人才培养高地,提升其"走出去""融进去"的能力与水平。(2)推动高等职业院校与已经"走出去"的中国企业合作,联合建立海外职业技能培训中心或人才培养基地,为学生提供境外实习锻炼的机会,共同培养适应境外工作需要的、综合素质高的技术劳动者和职业人才。如海天、贝发、中策、春和等境外生产基地都可作为海外实习基地。同时也可对接当地职业教育和职业培训需求,为当地培养新一代产业工人。(3)鼓励有条件、有特色的高等职业技术院校、学科专业"走出去"。开展境外办学,设立海外分校,尤其是在相对落后而对职业教育有着旺盛需求的非洲、西亚国家开办分校。

(六)扩大"一带一路"沿线国家留学生规模

(1)就大学而言,鼓励招收"一带一路"沿线国家或地区的学生来华留学,与国外或境外相关研究机构开展师生互换和科研合作等。未来宁波高等教育国际化合作院校可重点选择"一带一路"沿线国家或地区的高校。

(2)扩大"一带一路"沿线国家的留学生招生宣传工作,增进"一带一路"沿线国家对宁波高等教育的了解,扩大教育合作,寻求教育合作的可能性,吸引更多的留学生来甬就读。(3)面向"一带一路"沿线国家留学生特别设置"一带一路"奖学金,向中亚、西亚、东非等地区的欠发达国家留学生倾斜。

作者单位:宁波大学
宁波市高等教育发展研究基地项目
(宁波市社会科学院社会研究所整理)

甬派 APP 使用调查与进一步完善的对策建议

季爱娟

　　摘　要：2015 年 7 月 8 日，宁波市移动互联网时代的新闻客户端——甬派正式上线，运行 3 个多月，用户突破 60 万人，已具有一定规模。新闻客户端是否发挥作用，既要看用户下载量，更要看用户使用情况。为此，课题组于 2015 年 10 月向本市党政干部、国家工作人员和城市利益相关者等发放了问卷，对甬派用户使用黏性展开调查。调研显示，甬派基本得到了受众的认可，但仍存在地域特色不明晰、互动不够、信息不全、用户体验欠佳等诸多亟须解决的问题，建议下一步应坚持党管新闻的基本原则，推动新闻原创化、本土化，加强与用户之间的相互沟通，完善栏目设置，优化用户体验和改进新闻管理。

　　关键词：甬派APP　使用调查与完善　对策建议

　　为了调研甬派用户的使用黏性，课题组于 2015 年 10 月 18 至 22 日期间，向本市党政干部、国家工作人员和城市利益相关者等体制内特定群体发放问卷，展开调研，共发放问卷 300 份，收回有效问卷 278 份，回收率为 92.7%，有效样本地域来源覆盖宁波大市；被调查者的男女比例为 4.9：5.1，年龄多在 30～59 岁之间(75.09%)，教育程度多为大专及以上学历(94.9%)。

一、甬派 APP 使用现状与满意度调查

(一)超过 75％的受访者注册了甬派

在回答"是否为注册用户"时,有 209 人表示已注册,占 75.18％,渗透率远超半数以上,说明甬派已拥有相对稳定的受众群。在回答"您一般在什么情况下使用甬派APP?"时,23.74％的人选择早上起床或晚上睡前使用,有 20.86％的人选择一有空就用,有 21.58％的人选择无事可做时使用,有 33.81％的人选择有特定需求时才用(如关注重大事件、台风消息等)。这表明用户对甬派有一定的使用依赖性,但忠实用户数并不多。

(二)绝大多数用户使用频率在每日 5 次以内

问卷调查显示,97.12％ 的用户平均每天使用甬派的次数在 5 次以内,37.43％的用户使用时间在 15 至 30 分钟以内,半数以上的用户使用时间在 15 分钟以内。

(三)大多数用户使用甬派是为了获取本地新闻资讯

84.4％的用户使用甬派是为了获取新闻资讯,特别是本地新闻资讯。这也表明甬派能否吸引住用户的核心在于能否生产有价值、贴近生活、贴近用户的新闻。此外,调研结果显示,在使用者中,不少人是为了打发时间,这在一定程度上提高了甬派 APP 的使用率,但此类用户的稳定性较差,易流失。

(四)绝大多数用户支持甬派开发

在回答"您认为建设好甬派 APP 的必要性如何?"时,49.28％的受访者认定"有必要",36.69％的受访者认为"非常必要",5.4％的受访者选择"没有必要",8.63％的受访者选择"不知道"。这表明宁波市民对于本地新闻APP 有明确需求,如果办好了,也愿意使用。

(五)用户对甬派的影响力存在分歧

在回答"您认为甬派 APP 的社会影响力如何?"时,调查结果如下:33.57％的受访者选择"较大",36.46％的受访者选择"一般",15.88％的受访者选择"不知道"。可见,扩大甬派 APP 的社会影响力任重而道远。

(六)用户对甬派栏目总体评价良好

调研发现,在不涉及栏目内容的前提下,用户喜欢的栏目排名前 3 位的是焦点(67.27％)、生活(50.36％)、身边(42.81％)。这样的结果也是符合甬派APP定位的。在回答"栏目总体印象"时,42.81％的受访者选择"比较满意",31.29％的受众选择"一般",3.24％的受访者选择"不太满意",其余受访者选择"没印象"。

二、甬派 APP 存在的问题分析

(一)地域特色不明显

29.86％的受访者认为甬派"地域特色不明显"。目前,甬派APP 亟待解决的问题至少有两方面:一是重信息聚合,轻个性匹配;二是内容多同质化,少差异化。甬派如果无法走出一条与其他新闻渠道特征迥异的道路,无法凸显宁波地域特色,无法独家策划传播宁波本地信息资讯,用户随时可能流失。

(二)与受众的沟通不够,互动性不强

28.42％的受访者认为甬派"与受众的沟通不够,互动性不强";12.59％的受访用户认为甬派"不够贴近用户,与用户有距离"。这表明甬派APP 尚未摆脱传统媒体的局限,未很好地践行新媒体的平等理念与 APP 平易近人的风格,对新媒体运用仍相对初级。

(三)内容缺少时尚感

26.98％的用户认为甬派APP "内容缺少时尚感";16.55％的用户选择了"栏目设计不到位"。这表明甬派在栏目创新、内容创新等方面仍有改进的空间。

(四)提供的资讯过于大众

调研显示,20.86％的用户认为甬派APP "服务信息不够";58.35％的用户选择了"传播的信息吸引力不足"。这需要通过优化信息内容、加强独家本地新闻策划等措施来加以应对。

(五)界面设计运行体验欠佳

有 16.55％的用户认为"界面设计水平欠佳"。在涉及甬派APP 使用过

程中常遇到的技术问题时,41.37％的用户选择"网速慢",特别是反映3G环境下的响应速度偏慢。另有30.22％的用户选择"分享功能不够完善",20.5％的用户选择"注册难度大"。

三、进一步完善甬派APP的几点建议

甬派APP满足了目标用户随时随地、碎片化的新闻阅读需要,得到了受众的普遍接受与认可。但由于上线时间短,存在的问题也不容忽视。如何实现人与媒介的有机融合,是甬派APP终极目标所在。

(一)推动新闻原创化和本土化

借鉴"澎湃新闻"的原创精神,对社会上的热点、难点问题持有鲜明的观点和明确的定论。坚持精品栏目策略,汇聚采编力量,立足自身特点,开设独特的原创栏目,形成相对忠实的用户群和差异化竞争。建议开设类似于《宁波故事》的栏目,有声有色、形象生动地演绎宁波的历史事件、知名人物、风土人情、社会故事等,以增强地域文化特色,凸显个性。从用户的个性需求入手,根据用户的阅读爱好、使用习惯和地域职业等基本特征,推送高匹配度的多元信息,为用户提供精准的新闻资讯(如用户是体育迷,定时推送相关体育新闻)和便利的生活服务。

(二)加强与用户之间的相互沟通

要从用户角度出发,多考虑用户的需求,解决用户的实际困难。可借鉴"知乎"和"澎湃新闻"的"新闻问答""新闻跟踪"模式,改善手机新闻客户端的关系经营。网易新闻客户端为用户设计了颇有趣味的"网易跟帖局的官衔"(用户可以随着经验值的增长沿着副科长、科长、副处长、处长、副局长、局长的晋升路线而成长。这种等级制实际上也是建立用户关系的一种努力),值得学习。建议可先借助宁波15所高校的大学生群体,策划一些互动活动,提高学生的使用率和参与度,开发策划一些群众喜闻乐见的栏目,增强用户黏性。

(三)进一步完善栏目设置

切实将《焦点》作为主打,真正将其办成聚焦甬城内外社会热点、难点和疑点问题的重点栏目。要以宁波人的独特视角,实时反映与跟踪各类动态信息,并力求在碎片化报道的基础上,尽快整合相关事实性信息,适时推出

相关的深度报道与足以反映意见性信息的评价与议论,实现新媒体舆论引导的基本功能。建议尝试打造《互动》栏目,为用户评议相关信息提供机会与载体,并利用这一栏目开展多种形式的交互式活动。

(四)着力优化用户体验

要注重版本更新。国内商业网站新闻客户端都不断在进行版本更新。版本更新涉及频道的更新、新功能的增加、bug 的修复等,每次版本更新都带来了更优异、舒适的用户体验(例如,今日头条客户端从 1.0 到 2014 年 8 月的 3.5.6,中间就经历了 30 多次的版本更新)。要不断完善界面设计。视觉设计要更加人性化,给用户一个良好的使用情景,在细节上做出改进,比如提升网速,快捷注册,完善分享功能、字号放大功能等。

(五)创新新闻管理模式

要强化新媒体新闻传播的底线,严守 APP 信息传递的禁区,真正做到"亮明底色,筑牢底线"。同时,要努力创优新闻客户端环境,可借鉴澎湃新闻的发布尺度,秉持"内容为王"理念,在书写社会万象时恪守关键立场,坚持原创新闻,并且专题化,实行深度新闻与时效性并进,打造"时政+思想"的移动新闻客户端。

(六)努力实现渠道的全覆盖

要实现在 iOS、Android 两大主流手机平台上发布客户端,加上微博账号、微信公共号的渠道全覆盖。下一步应拓展体制外用户群,加快扩大社会影响,探索更加多元化的途径。特别要重视年轻读者群的培养,可以从时尚、前卫、新颖等方面完善栏目构成,吸引 80、90 后用户。

作者单位:浙江大学宁波理工学院
宁波市文化产业研究基地项目
(宁波市社会科学院文化研究所整理)

加强社会治理立法 推进宁波社会治理法治化

郑曙光 胡新建

摘 要:宁波作为具有地方立法权的较大城市,20 多年来围绕社会公共服务体系构建和社会管理创新的实际需要,社会治理地方立法从无到有、逐步发展,初步形成了符合地方经济社会改革发展要求、具有鲜明地方特色的社会治理地方立法体系架构。近年来,宁波通过社会治理地方立法,在推进社会治理创新方面进行了许多有益的尝试,也积累了一定的经验。可以说,社会治理地方立法为社会治理实践和创新提供了必要的法制引领和保障,应当成为推进宁波社会治理法治化的根本途径和持续动力。

关键词:宁波 社会治理 法制化

一、宁波社会治理地方立法实践状况和主要成效

(一)推动了社会组织培育中"宁波经验"的固化和彰显

改革开放以来,宁波一直十分重视对社会组织的培育和发展,社会组织呈现良性发展态势,目前已基本形成门类齐全、层次有别、覆盖广泛的社会组织体系。2008 年海曙区率先建立全国首个区级社会工作协会,2010 年又试点建立了浙江省首个区域性社会组织服务中心。江东区则紧紧依靠社区,着力解决社会组织发展中的乱、小、慢现象,通过探索推进社区邻里互助

中心(社会组织服务站)建设,为分散在各个社区的社会组织找到了依靠。2011 年 10 月,宁波市社会组织促进会正式成立,标志着宁波市社会组织培育迈入了更高的发展阶段。截至 2013 年 6 月底,宁波市社会组织总数已达16445 个,每万人拥有社会组织 21 个,远高于全国每万人 2.7 个的平均水平,会员总数达 400 余万人,在全国形成了社会组织培育的"宁波经验"。

与此同时,一系列鼓励和扶持社会组织发展的地方性法规、规章和其他规范性文件相继出台,促进了社会组织发展和运行的规范化、制度化。2001年,为了规范民办非企业单位的登记行为,保障民办非企业单位的合法权益,宁波市政府办公厅印发了《宁波市民办非企业单位登记管理若干规定》。2010 年,为了增强社会组织服务社会功能,提高社会组织公信力,促进社会组织健康有序发展,宁波市民政局制定了《宁波市社会组织评估暂行办法》,在此基础上,建立了宁波市社会组织管理系统,实现了社会组织日常管理和服务工作的信息化、便利化、高效化。2013 年,宁波市政府发布《关于加快建立现代社会组织体制促进社会组织健康有序发展的意见》,对建立现代社会组织体制和促进社会组织健康发展做出了系统规定。目前,宁波虽然没有对社会组织培育和发展进行专门地方立法,但不少地方性法规、规章的内容涉及公益性组织、行业协会等有关社会组织的规范化管理和促进,如《宁波市志愿服务条例》对志愿服务组织的设立、职责内容等做了专章规定;《宁波市慈善事业促进条例》对慈善组织的设立、管理体制、权利和义务等做了专章规定;《宁波市医疗纠纷预防和处置条例》规定,"市和县(市)区司法行政部门会同卫生等有关部门根据人民调解的有关法律规定,指导当地有关社会团体、组织设立医疗纠纷人民调解委员会",同时,对医疗纠纷人民调解委员会的组成、职责、调解程序、调解效力等做了详细规定。地方性法规、规章和其他规范性文件为宁波市社会组织的稳定、健康发展创造了良好的制度环境,在引领和保障社会组织发展过程中发挥了重要作用。

(二)推动了社会事业促进中"宁波模式"的形成和发展

构建政府主导、覆盖城乡、可持续的基本公共服务和社会保障体系,是社会事业进步的重要标志,也是社会治理工作的重心。近年来,宁波经济发展取得的巨大成就为社会事业建设奠定了扎实的基础,教育、科技、文化、公共卫生、体育等以提供公共服务产品为主的社会事业领域,公共服务产品的数量、品种和质量均有了基本保障和进一步提升。同时,包括就业和再就业、社会保险、住房保障、社会救助、社会福利以及社会优抚在内的社会保障体系基本建立,初步形成了一套较为严密的社会保障安全网,逐步形成了促进社会事业发展的"宁波模式"。

作为长三角南翼重要经济中心,宁波经济发展一直处于全国前列,由此也吸引了大量外来务工人员在宁波求职发展。为有效解决宁波外来人口管理和服务中面临的突出问题,提高外来务工人员参加社会保险的比例,宁波市政府于 2007 年制定了《宁波市外来务工人员社会保险暂行办法》。宁波市所创设的这种外来务工人员社会保险制度的特点是"个人不缴费,企业少缴费",提高了外来务工人员的参保率,使广大外来务工人员成为这项重大政策的直接受益者,企业也因此减轻了缴费负担,提高了企业竞争力和发展活力。宁波独创的这种外来务工人员"社保新模式"一经推出,很快引起了广泛关注和影响。有全国人大代表专门在两会上面向全国介绍推广这种模式,时任国务委员兼国务院秘书长、国务院农民工工作联席会议总召集人的华建敏曾先后两次批示,肯定了宁波的做法,浙江省委、省政府也积极总结推广宁波针对农民工社会保险的这种创新举措。尽管后来由于相关制度的调整以及《中华人民共和国社会保险法》的颁布实施,这种社保新模式根据国家法律进行了调整,但在当时缺乏全国性统一立法的背景下,"宁波模式"在一定时期内发挥的独特作用是不能否定的。

宁波市人大及其常委会一直将促进民生改善和社会事业进步作为地方立法改革创新的重要内容。十届市人大常委会制定了中等职业教育条例、职工教育条例;十一届市人大常委会制定了献血条例、遗体捐献条例、青年志愿服务条例;十二届市人大常委会制定了公共汽车客运条例、燃气管理条例、民办教育促进条例、爱国卫生条例;十三届市人大常委会制定了职业教育校企合作促进条例、慈善事业促进条例、志愿服务条例、学前教育促进条例等。近些年来,市人大常委会在编制五年立法规划项目库和年度立法计划时,更加重视涉及民生改善、社会事业进步的立法项目,尽量给予优先安排。

(三)推动了社会矛盾解决中"宁波解法"的确立和推广

作为全国社会管理创新综合试点城市,近年来,宁波在创新和完善社会化公共服务保障体系、多元化社会矛盾调处体系、动态化社会治安防控体系、系统化综合信息管理体系等方面已经取得了初步成效。"十二五"规划进一步确定了 12 项社会管理创新综合试点重点项目,社会管理创新的大量实践探索和卓有成效的工作成果为地方立法提供了广阔空间。

医患纠纷一直是困扰我国社会建设、影响社会和谐的重要难题。为破解医患纠纷这个难题,2007 年 12 月宁波市人民政府在广泛调研和论证的基础上,制定出台了《宁波市医疗纠纷预防和处置暂行办法》。此后,市级相关部门先后出台了《关于全面推行医疗纠纷人民调解工作机制的通知》《宁波市医疗机构医疗纠纷预防预案(样本)》等一批配套规范性文件。2011 年 8 月,宁波市十三届人大常委会第三十四次会议表决通过了《宁波市医疗纠纷预防和处置条例》,将规章上升为地方性法规,这也是国内首个医疗纠纷预防处置的专门地方性法规。根据有关规定,在医疗纠纷的预防和处置中引入医疗保险理赔协商机制和人民调解机制,为医患双方架设了中立、公正的第三方沟通平台,创新了医患纠纷的"社会化多元共治"处置办法,从而构建了具有鲜明特色且行之有效的医疗纠纷的"宁波解法",为迅速有效地解决医患纠纷、化解医患矛盾开辟了切实可行的路径。

创设社会利益协调和矛盾纠纷防控机制,引导群众以理性、合法的形式表达利益需求,一直是地方立法的重要职能。早在 1990 年,宁波市人大常委会就制定了适用于城市国有土地房屋拆迁补偿安置工作的《宁波市城市建设房屋拆迁管理办法》,1995 年、2006 年宁波又在全国率先制定了适用于集体土地房屋拆迁补偿安置工作的《宁波市城市建设征用集体所有土地房屋拆迁管理办法》《宁波市征收集体所有土地房屋拆迁条例》。历届市人大常委会还制定了受理民间纠纷投诉分工、城镇房地产纠纷仲裁、劳动争议处理、学校安全、工会劳动保障法律监督、预防和制止家庭暴力、医疗纠纷预防与处置等地方性法规,从利益协调、诉求表达、权益维护等法治化途径入手,创设了政府主导、公众参与的全方位、多层次、社会化的矛盾纠纷防控机制。

二、加强社会治理地方立法,推进宁波社会治理法治化的建议

(一)把握"社会治理法治化"的发展方向,坚持地方立法先行先试

社会治理创新,需要面对各种各样的矛盾与问题。由于我国各地发展水平、法制建设、地理人文等方面的具体差异,每个地方在社会治理方面遇到的问题也是各式各样、不尽相同的。因此,现有的一些全国性社会治理统一立法很难应对各地纷繁复杂的社会治理问题,需要各地积极探索适合本地情况的社会治理创新,通过地方立法的"先行先试",推进社会治理创新能

力的提高,推进社会治理法治化。

推进社会治理法治化,必须始终坚持社会治理创新的政治方向和政策指导,以法治的要求统领社会治理创新,将社会治理创新工作整体纳入法治化、制度化轨道,以社会治理法治化开创社会治理新局面,促进经济社会全面、协调、可持续发展。党的十八大提出了"在改善民生和创新管理中加强社会建设"的目标,并明确了加强社会建设的具体路径,即"必须以保障和改善民生为重点","必须加快推进社会体制改革"。在社会体制机制改革的具体内容上,"要围绕构建中国特色社会主义社会管理体系,加快形成党委领导、政府负责、社会协同、公众参与、法治保障的社会管理体制,加快形成政府主导、覆盖城乡、可持续的基本公共服务体系,加快形成政社分开、权责明确、依法自治的现代社会组织体制,加快形成源头治理、动态管理、应急处置相结合的社会管理机制"。党的十八大报告立足于"五位一体"总体布局的高度提出的社会建设总目标,为社会治理立法指明了政治方向。党的十八届三中全会提出:"紧紧围绕更好保障和改善民生、促进社会公平正义深化社会体制改革,改革收入分配制度,促进共同富裕,推进社会领域制度创新,推进基本公共服务均等化,加快形成科学有效的社会治理体制,确保社会既充满活力又和谐有序。"党的十八届三中全会首次将"社会管理体制机制"上升到"社会治理体制机制"的高度,并明确提出了"推进社会领域制度创新"的目标和任务,为社会治理立法工作改革创新指明了道路。党的十八届四中全会进一步从促进国家治理体系和治理能力现代化的高度,将社会治理法治化纳入了中国特色社会主义法治体系的宏大范畴,对社会治理体制创新法律制度建设提出了新的、更高的要求。

近年来,宁波在国内率先出台的社会治理先行性法规,如学校安全条例、精神卫生条例、征收集体所有土地房屋拆迁条例、再生资源回收利用管理条例、慈善事业促进条例、医疗纠纷预防与处置条例等,充分体现了宁波作为沿海先进开放城市在经济社会改革发展中的领先优势,是宁波发展成就的体现,也是宁波重视改革创新与法治建设同步推进的体现,在国内产生了良好的示范效应。推进社会治理创新,实现社会治理法治化,将是今后地方立法改革的重要路径。社会建设的顶层政策设计和社会治理创新的实践探索,为地方立法推进社会治理法治化提供了政策指导和广阔空间。为了适应社会转型变迁形势下开拓新领域、培育新观念、创造新方法的客观需要,地方立法应当充分发挥"先行先试"的特色和优势,更加注重从制度上进行顶层设计,发挥地方立法在促进地方社会事业和改革社会治理体制机制中的引领和推动作用。今后,应当进一步发挥地方立法"先行先试"的特有功能,针对社会治理创新实践中创造的许多卓有成效的经验,主动加强立法调研,尽快出台一批先行性法规,再创地方立法事业的新业绩。

(二)围绕社会治理工作的整体规划,确定社会治理领域的重点立法项目

社会治理是一个宏大的系统工程,很难想象一个地方通过几个简单的地方立法,就能大大地提高地方社会治理的能力和水平。地方立法必须根据社会治理工作的整体规划,合理编制立法规划,分清轻重缓急,有计划、有目的、有重点地加快社会治理立法的步伐。党的十八届四中全会通过的《中共中央关于全面推进依法治国若干重大问题的决定》要求"加快保障和改善民生、推进社会治理体制创新法律制度建设",并确定了社会领域法律制度建设的重点,即"依法加强和规范公共服务,完善教育、就业、收入分配、社会保障、医疗卫生、食品安全、扶贫、慈善、社会救助和妇女儿童、老年人、残疾人合法权益保护等方面的法律法规。加强社会组织立法,规范和引导各类社会组织健康发展。制定社区矫正法"。目前,就宁波的具体情况来讲,应当着重加强以下几方面的社会治理立法。

1. 加强和完善社会组织培育与管理的地方立法,促进社会组织和社会公众积极参与社会治理

社会治理创新离不开社会组织的有效参与和健康发展。地方立法机关应当积极履行立法职责,着力引导、规范、促进各类社会组织尤其是非营利性、公益性社会组织,行业协会,基层群众性、服务性、自治性组织的建立和发展,为社会组织的培育和发展提供持续有力的法制保障。地方立法要合理界定和转变政府职能,积极探索将一部分政府职能让渡或委托社会组织承担,从而为社会组织的生存和发展预留足够的制度空间。社会治理是社会多元主体合作共治,在社会治理主体的创设上,地方立法既要确立和保障非政府组织在社会管理和服务中的法律主体地位,充分发挥基层社区群众性组织在社会管理和服务中的自治作用和企事业单位、社会团体在社会管理和服务中的自律作用,促进社会管理和服务中各类社会组织的协同,也要通过聘请(邀请)市民群众担任社会治理监督员、承担社会治理志愿服务工作等途径,保证人民群众在社会治理中的参与权和主体地位,实现社会治理主体的多元化。

2.加强和完善社会保障地方立法,促进公共服务的全覆盖和均等化

民生问题是当前我国社会面临的突出和关键问题。一系列民生问题的解决,不仅关系到全面建成小康社会和构建社会主义和谐社会等战略目标的实现,而且直接影响和决定实现中华民族伟大复兴的"中国梦"的历史进程。习近平总书记曾经指出,实现"中国梦"就是要给予人民更好的生活,让人民群众都能够住上更好的房子,受到更好的教育,享受更好的就业、医疗、养老等社会服务。从宁波当前的地方立法情况来看,虽然自市十一届人大以来,公共服务和民生保障类立法项目有所增加,如志愿服务、慈善事业促进、民办教育促进、学前教育促进、精神卫生等地方性法规,但与宁波市近年来经济社会快速发展和公共事业、社会保障领域实践探索中取得的较为显著的经验成绩相比,社会保险、社会救助、社会福利等方面的地方立法的步伐明显滞后,已经不能适应全面推进依法治国新形势下充分发挥地方立法在地方经济社会全面深化改革事业中的引领、推动和保障作用的实际需要。以改善和保障民生为重点,加快社会保障事业地方立法进程,以法治的思维和方式解决公共服务不到位、不全面、不均衡等问题,促进基本公共服务的全覆盖和均等化,应当成为今后宁波市地方立法的重点。

3.加强和完善流动人口和特殊群体管理服务的地方立法,提升流动人口和特殊群体管理服务的法治化水平

宁波作为沿海开放城市,外来流动人口占有较大比例。大量的外来人口来到宁波,在给宁波经济社会发展带来巨大活力的同时,也对宁波社会治理工作提出了新的挑战。同时,流动人口管理和服务还涉及新型城镇化、城乡一体化建设事业的顺利推进,党的十八届三中全会提出要"创新人口管理,加快户籍制度改革""稳步推进城镇基本公共服务常住人口全覆盖,把进城落户农民完全纳入城镇住房和社会保障体系"等目标和任务,为新型城镇化形势下地方深入推进人口管理尤其是流动人口社会治理工作改革探索指明了方向和道路。鉴于城乡二元社会传统结构下流动人口在城镇居住生活工作方面的权利和义务一直以来缺乏立法的权威界定,因此,在各地改革创新过程中,通过地方立法,合理界定和保障流动人口在就业、计生服务、子女教育、住房医疗等方面的具体权益,既是引领和保障新型城镇化、城乡一体化改革发展事业的现实需要,也是推进城乡人口管理服务法治化的迫切要求。2011年发布的《中共宁波市委关于进一步加强和创新社会管理的决定》提出,要"改进特殊人群的服务管理,加强对刑释解教人员、社区矫正人员、

吸毒人员的帮教管理,建立健全对具有肇事肇祸倾向的精神病人、艾滋病病人等的社会关怀帮扶制度"。党的十八届四中全会明确将完善"妇女儿童、老年人、残疾人合法权益保护等方面法律法规""制定社区矫正法"纳入重点领域立法范畴。今后,宁波地方立法要密切关注国家立法进程,根据本地改革发展的实际需要,加大特殊群体权益保护立法的力度。

4.加强和完善公共安全领域地方立法,增强应对突发事件和自然灾害的能力,确保社会公共安全和稳定

公共安全事件和自然灾害多发是当前我国社会治理面临的突出问题,也是宁波需要极力解决的重要问题。宁波市人大立法一直比较重视公共安全事件、自然灾害的防御和应对,早在1992年,市九届人大就制定了《宁波市人民代表大会常务委员会关于在本市海曙区试行巡警综合执法的决定》(2001年废止),此后,又陆续制定了受理民间纠纷投诉分工暂行条例(2007年废止)、禁止销售燃放烟花爆竹规定(2006年被《宁波市经营燃放烟花爆竹安全管理规定》取代)、劳动争议处理办法、市学校安全条例、城市房屋使用安全管理条例、气象灾害防御条例、医疗纠纷预防与处置条例等地方性法规。但是,与经济社会转型和改革深化时期社会矛盾多元化、复杂化以及自然灾害多发易发的形势对社会治理工作提出的更高要求相比,宁波公共安全领域还存在许多立法空白,如食品药品安全社会监管体系的构建、重大环境污染事件处置、高温干旱等极端天气灾害应对和救济、公共交通安全管理及事故处理、大型公共社会活动安全管理等方面尚缺乏精细化的地方立法,同时,一些现行法规的规定已经不能适应客观环境的发展变化,需要及时修改、完善。公共安全事件和自然灾害预防、处置的法治化是衡量一个国家、地区治理能力现代化水平的重大标准,地方立法应当加强公共安全领域的法治保障力度,确保食品、药品、交通、公共场所活动等公共领域的安全,提高对突发事件和灾害的应急反应能力,完善社会公共安全防范体系,尤其是在社会治安综合治理领域,面对当前暴恐事件多发的严峻形势,地方立法要探索建立重点监控、高效化解、防治结合的社会治安综合治理机制,有效应对各种社会矛盾和突发事件,维护社会公共安全和稳定。

(三)完善地方立法工作机制,扩大社会公众参与

社会治理立法相较于其他领域立法,与广大人民群众利益关系更加密切,也更受社会各界关注,因此,推进社会治理立法,应当更加注重发动和吸收广大人民群众参与到立法工作的各个环节中来。"健全立法机关主导、社

会各方有序参与立法的途径和方式",也是党的十八届四中全会提出的深入推进科学立法、民主立法的要求。地方立法要围绕加大立法信息的社会公开力度和提高立法工作的公众参与效果,着重从以下几方面机制建设入手,强化社会治理立法的民意基础:

1. 扩大立法信息公开的范围

对每一个立法项目,从立项、起草、审议、修改直至最终通过,有关立法工作资料均应及时公开,不仅要公布草案,也要公布草案说明、审议意见、审议报告、立法依据、修改情况等,使公众对法规草案乃至整个立法过程有一个整体认识和把握。

2. 拓宽立法信息公开的途径

综合运用报纸、网站、电视、广播等公共新闻媒体,广场、公园、车站、码头等社会公共场所,基层社区(村)、图书馆、大中学校等社会公共机构宣传和传播公共信息的优势,发挥人大代表联系所在地群众的作用,将征求对立法规划(计划)、法规草案的意见和建议的通告,以及立项调研、起草、审议、公布、立法后评估等各类立法工作信息,及时传递到广大人民群众中。

3. 建立动态化社会调研机制

除了发布通告向社会公众公开征求意见和建议外,还要通过座谈会、听证会、新闻发布会、调查问卷、实地考察、特定对象走访、接待群众来访、委托无利害关系的社会中介机构开展专题调研等形式,征求和听取各方利益关系人的意见和建议,实现社会调研的常态化、长效化。

4. 建立社会化互动交流机制

立法调研过程中,立法机关要以普通、中立、平等的身份听取意见,积极引导、鼓励利益关系人和社会公众表达真实的利益主张和愿望。利益关系人和社会公众对法规草案内容和立法工作提出的意见和建议,要在汇总后及时向社会公布,并根据需要对意见的吸纳情况以及不吸纳的理由等进行说明,通过沟通、交流,促进社会认同,达成社会共识。

作者单位:宁波大学法学院
　　　　　宁波城市职业技术学院
宁波市地方政府治理研究基地项目
(宁波市社会科学院社会研究所整理)

打造地方本科高校转型发展"宁波版"

熊惠平

　　摘　要:打造地方本科高校转型发展"宁波版",具有集范例、案例、样本和新路于一身的示范性意义。要强化政府统筹管理,加快政策推进力度,学习和借鉴国外应用技术大学和我国(专科)高职院校发展的经验,一方面,转型为应用本科的高校,形成与研究型大学和(专科)高职院校的错位竞争格局,实现与地方和市场的对接;另一方面,还要鼓励现有高校转型为职业本科,形成"双向"转型的局面,以此形成和巩固"宁波版"的特色竞争力和核心竞争力。

　　关键词:地方本科高校　转型发展　"宁波版"

　　根据 2015 年 7 月发布的《浙江省教育厅办公室关于公布加强应用型建设试点本科院校名单的通知》,宁波市 5 所高校(宁波大红鹰学院、宁波工程学院、浙江万里学院、浙江大学宁波理工学院、宁波大学科学技术学院)列入"加强应用型建设试点本科院校名单"。宁波大红鹰学院率先向应用技术型高校转型,宁波工程学院的发展目标是转型为工程技术大学,成为培养卓越工程师的摇篮。这表明,宁波本科高校转型发展正在有序推进;而建设具有宁波特色并有全省全国示范效应的本科高校转型发展模式——"宁波模式",具有重要的现实意义。

一、打造地方本科高校转型发展"宁波版"具有示范意义

(一)打造地方本科高校转型发展"宁波版"具有"范例"意义

"范例"意义揭示的是宁波市在破解大学生就业结构性矛盾方面的示范效应。宁波市普通本科高校的就业情况略逊于高职院校但好于全国总体水平就"标示"着这种示范效应。

(二)打造地方本科高校转型发展"宁波版"具有"案例"意义

"案例"意义揭示的是宁波市在确立和巩固普通本科院校在促进宁波发展、产业振兴和技术进步方面重要支撑地位方面的示范效应。大学生就业的结构性矛盾是表象,其实质是宁波经济和产业发展的结构性矛盾及其背后的技术掣肘。对此,"宁波模式"作为典型案例推及全省全国的意义不言而喻。

(三)打造地方本科高校转型发展"宁波版"具有"样本"意义

"样本"意义揭示的是宁波市在构建现代职业教育体系、国民教育体系、高等教育体系方面的示范效应。"职教先锋"宁波,从建设现代教育体系征途再出发,努力在现代职业教育体系、国民教育体系、高等教育体系建设上做出表率。

(四)打造地方本科高校转型发展"宁波版"具有"新路"意义

"新路"意义揭示的是宁波市在探索高校内涵建设、实现社会服务方式转变方面的示范效应。在经济发展方式以及由此引发的教育发展方式亟待根本转变的大背景下,宁波市关于强化高校内涵建设、加强社会服务方式转变建设的创新探索是"先手棋"。

二、宁波市本科高校转型发展要从建设过程所累积的矛盾出发

(一)简要的梳理会使问题的分析更加清晰

梳理宁波市普通高校建设过程中的问题,首先要明确宁波市既有普通本科高校发展的现实格局。宁波市现有高校共17所(含校区),其中本科高

校 9 所,专科高校 8 所。在这些本科高校中,以下学校不在"宁波地方本科高校转型发展讨论问题"之列:宁波公安海警学院不属于地方本科高校;宁波诺丁汉大学作为在中国设立的第一家引进世界一流大学优质教学资源、具有独立法人资格和独立校区的中外合作大学,具有特殊性;宁波大学作为一所地方综合性大学、部省市共建高校、局(国家海洋局)市共建高校,享有不进行应用型转型而进行综合型建设的特权;浙江大学软件学院(宁波校区)尽管仍可计入宁波本地的本科高校,却以培养研究生为主,显然也不是宁波地方本科高校转型发展所要讨论的对象;浙江大学宁波理工学院虽前期有将其整合为浙江大学宁波分校的动议,但这次仍然被省教育厅列入应用型建设高校名单。

因而讨论打造地方本科高校转型发展"宁波版"问题,实际上目前就集中于已经列入"加强应用型建设试点本科院校名单"的上述 5 所学校。

(二)"六大矛盾"具有"标本"性意义

宁波市本科院校发展的现状,折射出我省和我国地方本科高校转型发展中的难题;而存在的问题正是后续强化建设的出发点和着力点。这一现状可以归纳为以下"六大矛盾":在评价机制建设上,存在着学术性评价与地方服务性评价之间的矛盾;在学科专业机制建设上,存在着学科性专业建设(以此形成供给)与职业性或岗位性专业需求之间的矛盾;在教师队伍建设上,存在着学术资格制度与"双师型"制度之间的矛盾;在招录—就业对接机制建设上,存在着分层式一次性录取与"打包式"一次性"投放"、可持续的职业生涯发展教育之间的矛盾;在治理结构布局上,存在着自身封闭性建设和企业行业等参与性建设之间的矛盾;在内部运行机制建设上,存在着以知识性为基础与以真实应用(技术)性为基础之间的矛盾。

将这"六大矛盾"放眼全省和全国,各有不同程度和特点的表现,因而具有"标本"性意义。

三、打造地方本科高校转型发展"宁波版"的几点建议

通过"一个统筹""两个借鉴""两个错位""两个对接",由此形成和巩固"两个竞争力",即特色竞争力和核心竞争力。特色竞争力来自打造"宁波版"所秉持的"'地方'为根、'应用'为本"的宗旨,是核心竞争力的基础;而核

场——这是更高境界的市场对接，也是应用型普通本科高校区别于专科高职院校的主要之处。

由此可见，转型中的地方本科院校与产业和市场的关系，既不同于研究型大学的"重离轻即"，也不同于专科高职院校的"重即轻离"，而是"不即不离"（"若即若离"）。

作者单位：浙江工商职业技术学院
宁波市哲学社会科学规划课题项目

宁波商帮与近代宁波职业教育的
互动影响分析

庄丹华

摘　要:自鸦片战争之后,宁波商帮积极投身近代工商业,发展新兴产业,从封建商人群体衍变为新式工商业资本家群体,为了商帮的持续发展,商帮人士大力支持、投入职业教育,培养家乡子弟。而近代宁波紧贴产业发展、社会需求情况办学,培养商帮所需要的商科、银行科、金工科等专业人才,两者互相促进,共同发展,在中国率先迈入了近代化的行列。

关键词:近代　宁波商帮　职业教育　互动影响

自鸦片战争之后,中国被动地进入了世界工业化革命浪潮之中,在半殖民地半封建经济社会中艰难地开始了民族工商业的近代化进程,传统商帮在这个巨大的转型中大都趋于没落,但宁波商帮却成功地实现了经营方式和经营理念的重大变革,积累了雄厚的金融资本和工商资本,从封建商人群体衍变为新式工商业资本家群体,成为中国第一大商帮。究其原因,有对中西方文化兼收并蓄的胸怀,有与时俱进、善抓时机的能力,也有重视教育的优良传统,使宁波商帮能及时抓住经济社会转型的巨大时机,果断变革传统产业,大量投入新兴产业,培养新的产业发展所需的职业人才,保证了商帮发展的可持续性。而近代宁波职业教育在宁波商帮及其产业发展的推动下,结合社会需要办学,也快速进入近代化的轨道。本文就近代宁波商帮的产业发展情况与宁波职业教育发展情况进行梳理,阐析两者之间的互动关系,以冀对当下的职业教育有一定的启发与借鉴。

一、宁波商帮与近代工商业发展

(一)宁波外滩与买办商人

五口通商之后,宁波被辟为通商口岸。1844 年,宁波江北岸被指定为外国人通商居留地,人称"外滩"。英、法、美、德、俄、日、西班牙、葡萄牙、瑞典、挪威、荷兰等国商人接踵来甬开展贸易,并相继设立太古、恰和、旗昌、美孚、宝隆、华润、花旗、永兴、协和、谦和、正隆、英美烟草公司、正大火柴厂、亚细亚火油公司等 20 多家洋行和洋商企业。同年,英、美、法等国在宁波开办邮政业务。次年,美国长老会在宁波开设美华书馆,经营印刷业。1862 年,美商旗昌轮船公司在宁波建造趸船式浮动码头,经营航运业。1864 年,英商利生银行在宁波开设支行,委托洋行代理汇划业务。同年,宁波设有 5 家外商保险公司。1865 年,英商汇丰银行在宁波开设办事处。1867 年,英商在宁波开办太古轮船公司。1869 年,法商永兴洋行设立宁波分行,经营草帽业务。1874 年,英商设立宝隆旗昌洋行宁波分行,经营航运业。同年,宁波设有 10 家外商海事保险公司。1877 年,英商设立太古公司宁波分公司,该公司的北京号轮船行驶沪甬线。同年,美商在宁波开设大美烟草公司。1890年,英商在宁波开设太古洋行,经营烟草、食糖、保险业务。1895 年,美商在宁波设立美孚火油公司。1902 年,英商在宁波开设亚细亚火油公司。1905年,英美商人在宁波开设英美烟草公司。1910 年,德商在宁波设立礼和洋行、谦信洋行。[1]外国商人在宁波设立洋行,经营新兴行业,特别是轮船业、银行业、保险业和日用洋货业,对宁波商民产生了较大的影响,也使他们对新生事物能够较早地采取接纳的态度。

华洋杂处,不少商民在洋行任职,充任买办的人很多。其中定海人穆炳元熟悉英语,又博得英国人信任,时常担任大宗交易的中间人。他常为宁波同乡向英商推介大宗生意,还广收门徒,传授经纪贸易诀窍。他是宁波籍买办中的老前辈。王槐山、邬挺生、周宗良也是颇负声望的老资格买办。宁波人充任买办者不胜枚举。如定海人朱葆三,任英商平和洋行买办;其长子朱子奎,任日商三井银行买办;次子朱子聪,任英商上海平和洋行买办;三子朱子方,任汉口平和洋行买办,后兼任日商日清轮船公司汉口分公司买办;四子朱子衡,任上海平和洋行买办;长孙朱乃昌,任职于日商三井银行买办间。[1]到 19 世纪七八十年代以后,宁波籍买办在经营活动中逐步积累了相当数量的货币资本,成为殷商巨贾,身家数百万的不在少数,如谦信洋行买办、颜料大王周宗良在 35 年的买办生涯中积资达 1000 万银圆,虞洽卿父子所拥有的财富在 500～1000 万银圆之间,法商永兴洋行买办叶星海拥资几百万,等等。买办的巨额财富为其参与近代工商业活动、投资新式企业奠定了雄厚的物质基础。同时,宁波人在从事买办工作中,也逐渐形成了宁波商人群体。宁波籍买办商人不仅是近代中国新式工商业发展的媒介和桥梁,同时也成为中国开埠初期的第一代新式商人群体。

(二)新兴行业崛起与宁波商帮的发展

宁波商人在五口通商之后,纷纷投入新兴产业,尤其是从买办转型为新式民族资本家的一批商人。世界范围的工业化运动,新兴产业的迅速崛起,传统产业的转型提升,也给了宁波商帮发展壮大的机会。

1. 从钱庄业到银行业

从资本流通来看,宁波商帮在上海钱业界相当活跃。最早在上海开设钱庄的有方氏、李氏家族。方氏家族在 1830 年前后开设履和钱庄(南履和),上海开埠后又设北履和钱庄,此后又陆续创办同裕、尔康、元康、义余等钱庄。李氏家族由沙船业发展至钱庄业,先后开设慎余、崇余、立余、同余、会余等钱庄。继方氏、李氏家族之后,镇海叶家、慈溪董家、宁波秦家等也相继开设钱庄。到 1903 年,上海钱庄南北市共 82 家,其中由宁波籍商人开办的有 22 家,占 26.8%,还涌现出秦润卿等钱业领袖。宁波商帮不仅在上海拥有大量钱庄资本,在天津、汉口、北京也都拥有钱庄,投入不少资本。宁波商帮在北京开设的钱庄资本雄厚,尤其是恒兴、恒利、恒和、恒源钱庄对北京的经济发展起到重要作用。与钱庄相联系的另一金融机构是票号,其中在南帮票汇业中最具声望的源丰润票号就是宁波巨商严信厚所开设的,资本银达 100 万两,总号设在上海,分号设于天津及江南各省,获利丰厚。

随着近代工业的兴起,社会对于通过银行获得大规模资金的需求越来越迫切,宁波商人敏锐地感觉到商机,开始主动投资近代银行业。1897 年,中国第一家银行——中国通商银行建立,在银行兴办、资金筹措与具体事务管理中,宁波商人起到重要作用,后来不少总董都是宁波人。1908 年,宁波商人创办四明银行,资本 150 万两,大大地增加了宁波商帮的经济实力。这是中国最早的民营银行。宁波商帮由钱庄而后向银行转化,再向证券、保险等行业发展,这使宁波商帮在金融界占有极大优势,也是其发展民族工商业的基础。[2]

2.航运业

其次,继沙船业后的现代航运业发展迅速。自欧美轮船入侵我国以后,沙船业日趋衰落。宁波商帮独具慧眼,在沙船余势未衰之时转而经营轮船航运业。我国最早以华商名义兴办的轮船航运企业,是宁波商人与 1895 年创办的外海商轮局和永安商轮局。1907 年,陈志寅购置"德裕"轮,航行于宁波、温州、兴化、厦门、泉州之间。1909 年将总公司迁往上海,另设宁波、烟台、海参崴等分公司,航线延伸到广州,又新增"龙裕""信裕""立裕"三艘轮船,行驶于烟台、营口、龙口、安东、海参崴等地。1908 年虞洽卿、朱葆三等集资创办宁绍商轮公司。1904 年,朱志尧首创求新制造机器轮船厂,至 1910 年制造出数百吨的小火轮 15 艘,成为民营轮船制造业的里程碑。

3.棉纺织业和丝织业

宁波商帮最早创办的出口导向型民用工业为棉纺织厂和丝织厂。1887 年,严信厚在家乡宁波创办了通久源机器轧花厂,这是中国第一家机器轧花厂;7 年后他又投资创办通久源纱厂,是国内首家使用动力机器的纱厂,其生产的"龙门"牌棉纱十分畅销,每周出纱 3 万余磅,"成为与洋商为敌的竞争者"。上海最早的一家棉纺织厂是上海华盛纺织局,于 1891 年创办,主要投资者是宁波巨商严信厚、周晋镳、苏葆生等。1906 年,薛文泰创办益泰轧花厂,顾元琛、戴瑞卿投资 150 万两创办和丰纱厂。贝润生投资厚生纺纱厂,朱志尧投资同昌纺纱厂和同昌协纺纱厂。这些纺纱厂是近代中国最早的一批纺纱企业。同时,宁波商人还纷纷投资丝织业。1892 年,叶澄衷在上海闸北投资 40 万两创办纶华丝厂,有职工 1300 多人,缫丝车 800 部,成为上海缫丝工业翘楚。次年,鄞县(现为鄞州区)人苏宝森创办信昌丝厂。李云书也在上海创办绢丝公司。1910 年,宁波商人在上海投资兴办益昌缫丝厂和云龙丝织厂。[2]

4.五金钢铁业

宁波商帮还投资五金钢铁业,代表人物是镇海商人叶澄衷。1862 年,叶澄衷创办华商第一家五金什货号,还包揽一些外国船上所需的五金器材。1870 年,叶澄衷盘下了德国人开设的可炽煤铁号,并另设南顺记洋货号,后在全国设立分号和联号几十处。当时,叶澄衷的五金业购销几乎可以左右国内同行。

5.进出口贸易等

宁波商帮中有不少人从事进出口贸易,经销五金、颜料、洋油、洋布、钟表、西药等畅销洋货。还有不少人经营房地产业、保险业、证券业、公用事业和新式服务业。在印刷、面粉、榨油、造纸、食品等行业,宁波商帮也都有投资。

第一次世界大战期间,在中国的洋商纷纷回国服役,无暇东顾。这是我国民族工商业的发展的一个难得的机遇,宁波商帮趁机迅速发展。在1911—1936年这20多年间,宁波商人抓住机遇振兴百业,一时名号如林,名牌迭起,名人辈出。著名的有"五金大王"叶澄衷,航运业巨子虞洽卿,"企业大王"刘鸿生,药业兼娱乐业名人黄楚九,橡胶业先驱余芝卿,商务印书馆创办人鲍咸昌,战胜洋商肥皂的项松茂,提倡国货运动的李康年,等等。[3]

当时,宁波商帮不仅在上海等地的金融业、航运业、丝织业中占据支配地位,还支配了上海总商会、上海银行公会、上海钱业公会等许多在全国具有重要影响力的行业组织。其中上海总商会由上海商会发展而来,而上海商会的实际创办者就是宁波商帮代表人物之一的严信厚。宁波商帮不仅创办了上海商会,还长期掌握着上海商会的领导权。在上海钱业公会中,秦润卿先后6次出任会长。上海银行公会从1918年第一届到1931年第八届的6名会长中,宁波籍的就占了4位,而且上海银行公会的发起人和创立者就是余姚人宋汉章。因此,宁波商帮绝对控制着上海金融业的发展方向。而当时全国资本集中于上海,其中以金融为最,宁波商帮在当时的影响力由此可见一斑。民国时期的宁波商帮经历了经营方式和经营理念的重大转型,积累了雄厚的金融资本和工商资本,以上海为中心,宁波商帮成为中国第一大商帮。

二、近代宁波职业教育发展情况

(一)办学情况

五口通商之后,宁波开埠,欧美现代教育制度和教育内容开始进入宁波,宁波原来单一的封建教育模式被打破,出现多种门类和形式的学校。外国教会在宁波城区先后举办小学堂(女塾、义塾、书院)30余所。一些宁波学童从小接受欧化教育。如1844年,美国长老会传教士麦嘉缔来宁波,在佑圣观施医传教,次年创办崇信义塾。同年,英国基督教女传教士奥特绥在宁波创办女塾,后由美国长老会接办,改名为崇德女校。1860年,英国循道公会教士阚斐迪在宁波创办蒙馆。1880 年,美国基督教浸礼会在宁波创办养正书院。这些在客观上为浙东社会带来了西方的科学文化和新的社会气息。

　　1903 年,清政府颁布《奏定学堂章程》,这份关于学制系统的文件成为中国近代化教育的开端。《奏定学堂章程·学务纲要》中强调"农工商各项实业学堂以学成后各得治生之计为主,最有益于邦本",令各省从速办理。1904 年,卢洪昶、陈屺怀创办育德农工小学堂 2 所,成为宁波职业教育的开端。1908 年,经学部考核,均定名为育德初等工业学堂。1906 年,甬东商业学堂成立。1907 年,宁波两等商业学堂、镇海初等商业学堂创办。1908 年,余姚汝湖初等农业学堂开设。当年,根据《浙江教育官报》第十五期记载,除鄞县、镇海 2 所商业学堂因未送报表而未统计外,宁波有实业学堂 4 所、学生 262 人,全省的实业教育学堂有 13 所,有学生 968 人,当时浙江省的职业教育在全国名列前茅,而西部的省份大多全省只有两三所学堂。"众所周知,中国近代职业教育是从沿海和沿长江经济、交通比较发达的地区及北部政治中心开始发展起来的,因为这些地区也是近代工业首先产生的地区,相对来说有适合职业教育发展的土壤和环境。"[4]因此,在我国职业教育发展之初,宁波便已走在了前列。

　　1913 年,民国政府发布《实业学校令》,要求"实业学校以教授农工商业必须之知识技能为目的",分甲、乙两种,甲种招收高小毕业生,实行完全普通实业教育;乙种招收初小毕业生,施以简易普通实业教育。而在此前的1912 年,宁波公立中等工业学校已成立,镇海县立中学改办为县立乙种商业学校。1914 年,宁波公立甲种商业学校成立。1917 年,实业教育改称职业教育。自此到抗日战争前,宁波又创办了多所职业学校。[5]这一时期宁波职业学校创办情况具体如表 1 所示。

表 1　民国宁波职业学校一览表(1912—1936 年)[6]

序号	创办时间	学校名称	创办人	地址	科别
1	1912 年	宁波公立中等工业学校	宁波临时军政分府	江北岸泗洲塘	工科
2	1912 年	宁属县立妇子师范学校	宁属六邑人士集议	月湖竹洲(原辨志精舍和真隐观旧址)	师范
3	1912 年	宁波师范学校	张美翊、陈训正	湖西月湖书院址	师范
4	1914 年	宁波公立甲种商业学校	陈时夏、邬子和等	今解放北路 91 号	商科

续表

序号	创办时间	学校名称	创办人	地址	科别
5	1918年	余姚女子工业学校	陈毓芬	余姚城内	轻工
6	1919年	植智商业学校	(不详)	宁波城区肖家巷	商科
7	1919年	樊氏便蒙乙种商业学校	樊氏	镇海县	商科
8	1920年	务本商业学校	陈仲衡	城区税关前董孝子庙	商科
9	1922年	乙种商业学校	(不详)	城区冷静街轫初小学高小部	商科
10	1922年	私立宁波女子职业学校、幼稚师范学校	(不详)	(不详)	师范
11	1925年	宁波私立华美高级护士职业学校	美国基督教浸礼会	望京路5号	护理
12	1927年	四明女子工读学校	(不详)	(不详)	
13	1927年	余姚私立诚意商业学校	(不详)	余姚泗门蔡元房东	商科
14	1931年	武岭初级农业职业学校	蒋介石	奉化溪口	农科
15	1932年	国文专修学校	(不详)	江北引仙桥5号	国文
16	1933年	镇海县立初级商科职业学校	(不详)	镇海县	商科
17	1935年	省立宁波高级水产职业学校	(不详)	(不详)	水产

这一时期社会相对稳定,工商业快速发展,职业教育也进入高速发展期,其中影响较大、发展较好的是宁波公立甲种商业学校(后改名为鄞县县立商业职业学校)、宁波私立华美高级护士职业学校和宁波公立中等工业学校(后改名为鄞县县立高级工科中学)。

此后,抗日战争爆发,宁波陷入战争,教育受到很大影响,不少学校迁址或者并转,新创办学校的专业集中于医学、护理、无线电等,战后也办有商业补习学校、护士职业学校等(见表2)。

表 2　民国宁波职业学校一览表(1937—1949 年)[6]

序号	创办时间	学校名称	创办人	地址	科别
1	1937 年	宁波国医专门学校	俞佐宸、吴涵秋、董庭瑶等	北郊路 137 号	国医
2	1938 年	鄞县私立电声无线电技术补习学校	(不详)	中正北路 115 号(今解放北路 61 号)	(不详)
3	1939 年	鄞县私立诚信商科职业补习学校	(不详)	旗杆巷	商科
4	1944 年	鄞县私立屠氏竞进商业学校	屠氏	竹林巷	商科
5	1945 年	宁海县初级农业职业学校	谢景祁、谢景郊、谢舜民	宁海县古渡乡文正书院旧址	农科
6	1946 年	鄞县县立中心医院附设护士训练班	(不详)	宁波市县学街 120 号医院内,合并后迁至宁波市广济街 56 号	护士、医士
7	1947 年	鄞县私立育群初级商业补习学校	(不详)	华夏巷	商科
8	1947 年	慈溪私立保黎医院附设保黎高级护士职业学校	慈溪保黎医院	慈溪保黎医院,合并后迁至宁波市广济街 56 号	护理
9	1948 年	鄞县私立崇实站习职业学校	(不详)	云石街 35 号	商科
10	1949 年	宁波私立无线电工程学校	陈觉民	桂芳巷光华小学;后迁至解放北路 96 号屠氏义庄旧址,实验室设在中山西路 40 号	无线电工程科、通信科

(二)专业设置与课程开设情况

从上述办学情况来看,宁波的职业学校办学包括商科、工科、农科、师范、医事、水产等门类,还有个别手工业,设置专业主要集中于商科、银行科、护士、国医、金工、建筑、农事、水产,以及无线电、纺织、刺绣等,各学校专业不多,但少而专,有自己的优势与特色。

下面以办学情况比较好的宁波公立甲种商业学校(后改名为鄞县县立

商业职业学校)、宁波私立华美高级护士职业学校和宁波公立中等工业学校(后改名为鄞县县立高级工科中学)为例,来看看这 3 所学校 1931 年的学制、专业和课程设置情况(见表 3)。

表 3　宁波 3 所高级职业学校学制和课程设置(1931 年)[5]

学校	专业	学制	课　程　设　置
鄞县县立商业职业学校	初级银行科	3 年	公民、体育、军训、国文、英语、商业、商算、银行原理、银行会计、簿记、商史地、银行实务、会计及审计、货币、打字、经济商法、汇兑、金融、统计
	高级银行科	3 年	党义、科学常识、图画、音乐、商业学、算术、银行概要及簿记、商店、统计大意、销售、广告、金融市场、货币概要及验币,体育等 7 门课程同上
宁波私立华美高级护士职业学校	护士	3 年半	第一年:解剖生理学、护士历史、护士伦理学、溶液论、英文、个人卫生、药物学、细菌学、寄生虫病学;第二年:内科学、儿科学、妇科学、产科学、眼科学、五官科学、公共卫生、手术室技术、麻醉学、传染病;第三年:开始全日实习
鄞县县立高级工科中学	金工科	3 年	党义、军事训练、国语、英文、理化、算学、机械制图、工作法、力学、材料力学、机械构造、水力学、汽机、煤油机、机械设计、电工学、体育、实习
	建筑科	3 年	地质学、机械画、图法力学、测量学、道路学、桥梁学、建筑材料学、机工大意、建筑画、铁道学、房屋构造、河海工程、卫生工程、铁筋水泥,余同金工科
	汽车道路科	3 年	建筑画、应用材料学、机工大意、汽车电气学、汽车学、测量学、道路学、桥梁学,余同金工科

就课程设置来看,所开设的大部分专业课程都是学习西方的现代科技,各学校致力于培养近代工商业发展所需要的新型人才,对注重经史的传统教育有较大的突破。另外如鄞县县立商业职业学校的主要专业——普通商业科,其主要学习科目有:修身(包括人伦道德、商业道德)、国文(包括尺牍读文、习楷行书、作记事文、作论说文、商业文)、数学(包括代数、珠算、商业算术、几何)、英语(包括译作读本、会话、文法、译作商业读本)、商业地理(包括中国商业地理、外国商业地理)、商业历史(包括中国商业史、外国商业史)、理科、法制(包括法制概要、民法要论、商法要论)、经济概要、簿记(包括中国记账法、商业簿记、银行簿记)、商品(包括水产品、农林产品、矿产品、制作品)、商事要项、商业实践。[7]可谓"中学为体,西学为用"思想的具体体现。

而且,在职业教育尚不普及的情况下,一些职业学校的办学情况在当时还是不错的。如在1936年,全国学生数量最多的江苏省共有职业教育学生6394人,而鄞县县立商业职业学校该年的学生数也达到了219人,就当时来看,学校发展情况是比较好的。

三、宁波商帮与近代职业教育

宁波商帮的迅速发展,对相关产业的职业人才提出了迫切需求,有不少职业院校在此期间创办,不仅在宁波,还遍及宁波商帮足迹所到之处,如上海、武汉等地,并得到宁波商帮人士的大力支持和资助,职业教育和宁波商帮互相促进,同步发展壮大。

(一)同乡互助,培养人才

宁波商帮整体实力强大的一个重要原因在于其强烈的团结互助意识。在1928年的宁波同乡会的章程中就明确规定,"本会以团结同乡,发挥自治精神为宗旨"。1945年的章程又提到,"集合同乡力量,推进社会建设,发挥自治精神并谋同乡之福利"。章程中的"团结同乡""集合同乡力量",正是宁波商人团结互帮精神的体现。宁波商帮在引荐同乡、提携同乡、资助同乡上都不遗余力。五金大王叶澄衷15岁那年由族叔叶启信带到上海,后受同乡王镇昌(上海洋务局提督)的"识拔","卒以成名起业"。定海人朱葆三14岁那年,他母亲方氏托乡人带他去上海,后结识在上海虹口开设老顺记五金号的叶澄衷,两人成为挚友。朱葆三得到叶澄衷慨允,将慎裕五金号迁到叶氏产业福州路四川路口13号大厦营业,除继续经营大五金外,兼营机械进口业务。13号大厦位于闹市区,且店面恢宏、有气派,朱葆三由此声誉日隆,成为上海滩足以叱咤风云的人物,为中外人士所推崇。所以,宁波商人在事业有成之后,往往知恩图报,注重提携家乡子弟,甚至有的公司员工都是同乡人。如方液仙所创的中国化学工业社的重要职位都由自己家族成员或亲戚如方季扬、李祖范、李名岳等担任,职工也必须经过亲友介绍才能进厂工作,这使该厂几乎成为宁波同乡会。五洲大药房经理项松茂每年都要回宁波一次,以品貌端正、口齿伶俐、有一定文化为标准,挑选同乡子弟入厂习业。这种以宗族、同乡为纽带形成的凝聚力,不仅能够较为有效地化解企业内部的劳资矛盾和纠纷,而且能对应对市场竞争压力起到一定作用。

在这种情况下,他们也更加重视家乡子弟的受教育情况,往往不吝于在家乡投资办学,设置奖助学金,大力培养同宗乃至同乡子弟。前述职业学校,除了政府拨款,办学经费的重要来源是宁波富商的大笔捐助,有的商帮名流甚至直接投资办学。如吴锦堂于1907年回慈溪老家,捐资20多万元,辟田百余亩,创办锦堂学校。这所学校有西式楼房52间,平屋15间,校舍四周凿渠数里,导引清流,景色秀丽。吴氏不惜重金延聘名师,并从海外购置先进教学设备,开设外语课,使用外文教材,资助特优学生去日本深造,吸收国外先进的科学文化,教学质量名重浙东。学校对贫苦学生,不仅减免学费,还赠送文具、书籍;对成绩优异者,发放奖学金。吴锦堂思虑深远,还为学校购买债券3万元、铁路股票6.6万元、汉冶萍煤铁公司股票5万元,以此生息,作为学校常年经费,并立下遗言:"校内产业,后世子孙,不得干预。"以保证学校的长远发展。

也有在创业之地为同乡子弟办学培训职业技能的,如叶澄衷要和洋人做生意,需要学习新的商务知识,他在上海创办夜校,"夕则延西师,聚少年学贾之子弟,课以语言文字,并商务税关各款窍"。后来,这些经过夜校学习的员工不仅促进了叶氏企业的发展,而且也为中国的商业界和实业界输送了人才。在其后发展起来的各省的商务所、机器局、铁政局和南北洋海军等的业务人员中有不少人是从叶澄衷的老顺记出去的。

(二)紧贴社会需要办学

在宁波商帮的创业历程中,他们紧跟世界潮流,变革传统产业,发展新兴产业,如银行业、航运业、五金业、棉纺织业、进出口贸易等,尤其是在金融界,从钱庄业到现代银行业的转换中大显身手,独占鳌头,需要大量熟悉现代银行业知识与技能的人才,于是银行专业应运而生。而从传统的"做生意"到从事进出口贸易,也需要学习现代商业经营管理和进出口贸易相关知识及技能,熟悉英语和欧美国家的贸易规则,所以适合新的需求的商科专业也相应开设起来。五金行业的发展,也需要这方面的人才,于是出现了金工科。诸如此类的情况还不少。而从前文看,这些专业正是宁波职业教育的重点。

以宁波公立甲种商业学校为例,表4是该校1914—1939年的专业设置与招生情况。

表 4　宁波公立甲种商业学校专业设置与招生情况一览表(1914—1939 年)

（单位：人）

时间	普通商业科	初级普通商业科	高级银行簿记科	其他
1914 年	26(预科)			
1915 年				40(别科)
1916 年	30(预科)			60(银行专修科)
1917 年	30(预科)			30(别科)
1918 年	40(预科)			
1919 年	40(预科)			
1920 年	50(预科)			
1921 年	60(预科)			300(交易所所员速成班)
1922 年	60(预科)			
1923 年	60(新学制)			
1924 年	60(预科)			
1925 年	100(五年制)			
1926 年	100(五年制)			
1927 年	100(五年制)			
1928 年	100(五年制)			
1929 年		100(三年制)		
1930 年		120(三年制)		
1931 年		130(三年制)		
1932 年		100(三年制)		始招女生
1933 年		100(三年制)	26(三年制)	
1934 年	93(三年制)	50(二年制)	31(三年制)	
1935 年	91(三年制)	54(二年制)	28(三年制)	
1936 年	108(三年制)	68(二年制)	43(三年制)	
1937 年	39(三年制)		30(三年制)	
1938 年	22(三年制)	77	35(三年制)	
1939 年	43	63		

从该表格内容分析,结合当时相关法规和社会发展情况,该学校在创建之时,按照职业学校实施单科教学的规定,开设普通商科,培养商业人才;1916年,针对各大洋行发展需要大量金融人才,学校又开设了银行专修科;1921年,随着上海交易所兴起,宁波也成立了宁波证券物品交易所,学校开设了交易所所员速成班;1933年增设高级银行簿记科。[7]可以看出,该学校创建初期的专业开设紧贴当时社会发展需要,与该地域经济特征和产业发展情况相一致。而有些当时宁波乃至国内还没有能力创办的专业,如航海专业,到了20世纪70年代,由宁波商帮中的"世界船王"董浩云创办。

四、结　语

综上所述,在由工业化所带来的中国近代产业的发展转型过程中,宁波商帮实现了从封建商人到新式工商业资本家的群体性转型,走向了近代化。由产业发展所带来的人才需求推动了近代宁波职业教育的发展,而职业教育则为宁波商帮转型提供了人才储备,助推其发展产业的后劲,保证其持续性。产业发展与职业教育的兴起成为促进宁波商帮发展的重要动因,而宁波商帮在推进新兴产业和职业教育发展中的积极作用,也加快了职业教育的近代化转型,两者相辅相成,共同迈入近代化行列,成为推进中国社会近代化的积极力量。

参考文献

[1] 林树建,林旻.宁波商帮[M].合肥:黄山书社.2007:15-23.

[2] 金普森,孙善根主编.宁波帮大辞典[M].宁波:宁波出版社,2001:9-25.

[3] 庄丹华主编.宁波商帮文化[M].北京:北京理工大学出版社,2012:18-21.

[4] 曲铁华,白媛媛.试论民国时期职业教育的特征[J].沈阳师范大学学报(社会科学版),2006,30(6):1-6.

[5] 宁波市教育委员会编.宁波教育志[M].杭州:浙江教育出版社,1996:171-172,194-195.

[6] 张菊霞.近代宁波职业教育发展嬗变及其特征研究[J].职教通讯,2014(31):54-58.

[7]《浙江工商职业技术学院志》编委会.浙江工商职业技术学院志(1914—2014)[M].北京:中国水利水电出版社,2014:5,10.

作者单位:浙江工商职业技术学院

前童古镇与中国义文化

童富军　　陈娓娓

　　摘　要:"义"是兼容诸子百家思想的中国传统文化精神,也是前童古镇有别于其他古镇的文化内涵。中国传统的义文化、塔山童氏的宗族源流以及台州的山魂海魄,孕育了一代代具有"台州式硬气"的前童人,滋养了前童古镇的文化之魂——义文化。本文列举了前童古镇大量的史实、传说和民俗民风,使中国传统的义文化是前童古镇的文化之魂成为不争的事实。这对古镇人民自觉地践行社会主义核心价值观,促进古镇的旅游开发和古镇经济与文化的发展都有重要的现实意义。

　　关键词:前童古镇　中国义文化　义现象　文化特征

　　我国的优秀传统文化源远流长,博大精深,中国传统文化的精髓在于"德","德"的具体表现为"义"。古人云:以义修身,则同道而相益;以义事国,则同心而共济。义是中国古代一种含义极广的道德范畴,指公正、合理而应当做的一种文化概念。

　　中国人历来讲究"义",把义作为第一位,《论语》云:"君子义以为上。"既然是合理的、正当的,那自然就要捍卫其价值。故孟子云:"舍生而取义者也。"后经逐渐引申,"义"被进一步赋予相宜、规范、善等概括性更强的抽象内涵,代表着人生中坚决捍卫的崇高价值、庄严境界。

　　义文化作为中华传统文化的主要内容一直延续至今,中国古代文献中最早定义"义"的,应该是老子的《道德经》。他认为人与人、社会与个人关系中的行为准则是智、义、律,智取阴阳、义取和谐、律取方圆。在中国伦理学史上，先秦百家争鸣，思想异常活跃，学说争端纷呈，但众家学说魁首在理论阐述中都不离"义"的内涵。

中华五千年的文明史，也是一部义文化史，不但源远流长，而且博大精深，敦实厚重。

江南古镇多以景观外形见长，而前童古镇却因深厚的历史文化而闻名。前童古镇是浙东地区至今保存最完整、最具儒家文化古韵的小镇，不但有原汁原味的明清古居，而且有积淀深厚的历史文化，2007 年前童古镇荣获"中国历史文化名镇"的称号。那么，前童古镇既然是文化名镇，它的文化在哪里？它的文化又是什么？

前童古镇的文化深藏在古建筑当中，"小桥流水遍庭户，卵巷古院藏艺文"，那一桥、一水、一亭、一坊、一巷、一院都蕴含着厚实精深的文化；前童古镇的文化也深藏在童氏宗族的历史当中，那篇篇精彩的谱文，那口口相传的故事，那件件可歌的风情，都是文化之脉的传承；前童古镇的文化更深藏在童氏族人的骨髓当中，他们不折不挠，前仆后继，义无反顾，以"义"塑造了前童古镇的文化之魂。

前童塔山童氏一直坚守"耕读传家"，族中男丁无论在家种田还是出外经商为官，必读圣贤之书，逐步成为"诗礼名宗"。中国传统的儒学文化深入童氏族人的骨髓，他们爱名节、讲风骨、重操守，凡事以"义"当先，具有"士人"之风骨。前童古属台州，台州的山魂海魄铸就了前童人轻生死重义气的性格，而古代台州两个最具文人气节的硬骨头对前童影响至深。誓不为燕王登基草诏而被夷十族的方孝孺，曾两度到石镜精舍为童氏子弟布道讲学；坚持替吕留良鸣冤而被腰斩的齐周华，曾三载在前童为塔山童氏纂修谱牒。"台州式的硬气"成就了前童族人的傲骨义胆。

细数前童古镇历史上发生的大大小小的事件，无一不体现出与"义"之间千丝万缕的联系。

一、童氏祖先以义建村族

"嵘城卅里厥姓童"，在宁海县城西南 14 千米处有一个 2000 余户人家、近万人口的自然村落——前童村，村民十有八九为同一血统的童姓。村之大，姓之纯，即使在人口稠密的浙东地区也属罕见。这里的童氏族人世代聚居塔山脚下，因此被称为塔山童氏。

（一）因义立足

南宋末，塔山童氏始祖童潢在前往四明山游历途中，发现此地有塔、鹿两峰对峙，有白溪、梁皇两溪环绕，遂感叹"山之灵，水之秀"而生迁居之意。绍定六年（1233年），童潢举家从黄岩丹崖上岙迁徙到宁海西乡的塔山之麓，就在慧民寺前杏树脚下筑庐定居，被叫作"寺前童"。

前童塔山童氏自始祖童潢起到第六世，凡男丁无论在家种田，还是出外经商为官，必读圣贤之书，而成为方孝孺眼里的"诗礼名宗"，逐步形成耕读传家。塔山童氏之所以成为当时宁海西乡"望族"，并不是因为人口众多，而是因为童氏族人都读过圣贤书，讲仁义、知礼仪、善经营，家道殷实，人才出众。

童潢"为人霁颜渊度，周急扶颠，衷肠最热"。朋友曾劝他"以有尽之物供无穷之需，虽河海亦涸"。但他是这样解析的："天地生物之道有存数"，好比桶里之水你不倒掉一些，再加还是一桶。可见塔山童氏族人"仗义疏财"是一种从始祖那里继承的传统。

塔山童氏五世祖童文翁为人和善，仁义处世。当时，慧民寺寺僧与周边佃户发生纠纷，盛怒之下弄出了人命，以致官司缠身。为争取从轻发落，寺僧四处打点，致使"寺资尽空"，期间多次向童文翁借款。最后，寺僧以寺产抵押向童文翁借银一千两交付免罪钱。官司了结之后，寺僧虽减罪从轻，但已无力还贷。童文翁不但没有催讨，反将慧民寺的田契全部归还寺僧，并当众烧毁借条，表示两不相欠。住持感恩童文翁的仁义，"情愿将寺基及四周围园地尽卖与尔有福人作住基。我愿迁至罗家岙倒骑龙山脚，另作寺居"。童文翁深知慧民寺寺僧与周边佃户交恶一时难以冰释，就出钱买下了慧民寺及其寺产。此后，塔山童氏家族便成了此间的真正主人，子子孙孙在这里晴耕雨读，无论遭遇多少劫难依然生生不息，所住之地也不再叫"寺前童"，而是响亮的"前童"。

元明交替之际，塔山童氏家族出了一位不让须眉的杰出女性——童罗氏。方孝孺称童罗氏为童贤母，并为之专门作传，前童后人则称她为罗氏太婆。她孝敬祖母公婆，相夫教子，乐善好施，仗义疏财，为塔山童氏的兴旺做出很大贡献。相传，元末时童氏家人做里正，罗氏太婆体恤贫困乡邻，在每次催收赋税时就吩咐手下人减半收取，不足部分自己贴补。明洪武初年（1368年），宁海及邻近各县都发生灾荒，富有人家每斗麦借出需还二斗三升。罗氏太婆却"减息一斗，以为乡率"。因其家利息低，数百里内人们抢着来借。罗氏太婆还经常给那些贫困乡邻钱财、粮食,并助 20 多人娶妻成家。

(二)因义兴族

1. 建宗立制,童氏房族兴起的根基

前童塔山童氏房族制度始于童伯礼。童伯礼以义治家,效仿浦江郑义门"以德正心、以礼修身、以法齐家、以义济世",为前童童氏房族的形成做了三件大事。一是同居共爨举祀田。1380 年,童伯礼将分家多年的兄弟们重合一家,同时始设祀田。祀田也叫义田,主要是用于祭祀、行会、演戏、造桥铺路等族中公益活动,同时也用于助学与解困。据《塔山童氏宗谱》记载,祀田累计千余石,童氏祀田与私田比例高达 1∶5。二是创办书院兴义学。童氏族人历来讲究"耕读传家",但办书院兴义学始于童伯礼,他先办谨节堂于慧民寺故址,后办石镜精舍于南岙山脚,并两度邀请方孝孺来石镜精舍讲学。童伯礼之后,前童族人先后办了文昌阁、集贤斋、尺木草堂、德邻书院等,以供本族或者本房优秀子弟免费学习。三是修谱建祠立宗法。"宁海塔山童氏,其制度定于正学方公",童伯礼邀请方孝孺为其编纂族谱、制定族规、祭祀制度等,还建造了宗祠,制定了童氏家族组织和道德的规范。

2. 杨柳洪碶,童氏房族兴盛的命脉

明正德三年(1508 年),宁海遭遇大旱,百姓饿死无数。此时,前童塔山童氏已经发展为一个大族,人口近 300,各房派也基本形成。为避灾,族长召集各房商议,准备全族逃离前童。此时,童濠力排众议,提出拦溪凿碶,保障来年丰收。为了救族人于水火,童濠把自家存粮分给族人,率领族人修筑杨柳洪碶。经过数月奋斗,杨柳洪碶及配套工程绕村水渠全部完成。"水利既得,五谷百材所获自丰,由是人安物阜。"清清的白溪水流入百渠千沟,2000余亩贫瘠土地终成良田。溪水还流过千家万户门前屋后,几百年来极大地方便了人们的生活用水。

3. 元宵行会,童氏房族兴旺的标志

正德五年(1510 年)的元宵,为了庆祝杨柳洪碶工程的成功完成,前童首次举办行会,塔山童氏族人也像筑碶那样按"结"组织有序地游行庆贺。自此,每年元宵节前童都要举办行会,经过五百多年的流传,逐渐演变成以鼓亭抬阁为主的特色。族中所有的男丁跟随本房鼓亭之后,队伍长达数里,一路鼓乐齐鸣,炮声震天,人声鼎沸,浩浩荡荡地穿村走巷,附近凡是有塔山童氏居住的村落都要走遍。

18 杠鼓亭、抬阁、秋千,代表着前童童氏 18 个房派,这些鼓亭抬阁背后都有各自的故事。公元 1621 年,努尔哈赤率重兵围沈阳,辽左地区危在旦夕,童氏第十五世祖童应斗毅然应命,领军需十万,前往给发。当军饷到达目的地时,防地已经失守。同去的差官劝童应斗私分军饷,被童应斗严词拒绝,并下令将军饷解回北京如数上交,天启皇帝御笔亲题"公忠"两字褒奖他。因此童应斗所在的房派鼓亭被历代塔山童氏奉为头牌,并以"公忠"来命名,可见童氏族人对忠义的推崇。

前童行会是前童古镇民俗风情的长期积淀,也是童氏族人坚韧不屈的精神体现,更是塔山童氏房族兴盛的文化标识。

二、塔山义士慷慨赴族难

塔山童氏族人是一个特殊的群体,是一批不失"士人"风范的农民,无论大事小节都以"义"为先,必要时能够舍生取义,甚至为了道义能够牺牲一切。他们是维护和弘扬中国传统文化的志士仁人,体现出"以天下为己任"的浩然之气。

明清两朝是塔山童氏宗族发展的鼎盛时期,但就在这一段历史里他们却经历了三次大劫难:一是兵梢案,二是占亲案,三是兵灾案。这三次大劫难之所以会发生在前童,缘起于塔山童氏族人深明大义、坚守道义,也可以说塔山童氏族人是因义遭灾。而当灾难来临之际,许多塔山童氏义士又慷慨赴族难,写就了一章又一章可歌可泣的悲壮的宗族历史。

(一)辛亥之难——"方氏兵梢案"

元朝末年,方国珍首义反元,方与前童近邻的后方村同宗,并与童氏是黄岩老乡,因此塔山童氏义无反顾地支持方国珍。

方国珍归明之后,朱元璋害怕方国珍的旧部东山再起,于洪武四年(1371 年)制造了《明史》上所称的"方氏兵梢案"。宁海为"方氏子弟兵"最多之地,故受"方氏兵梢案"之害也最深。"方氏兵梢案"发后,仅仅塔山童氏族人就有童本、童道翁等九人被收编充军。18 年后,童伯礼也因与方国珍的幕僚詹鼎有书信来往,而被充军南京高邮卫。1371 年为辛亥年,因此前童族人也称"方氏兵梢案"为"辛亥之难"。

(二)壬午之难——"方氏占亲案"

610 年前,方孝孺因不肯为燕王朱棣起草即位诏书而被处以磔刑,同时祸及其家族宗亲"九族",另加门人故旧,共计 873 人,这就是中国历史上空前绝后的"灭十族"事件。

前童童氏方门弟子或充军或逃离,牵连多人。当时,童伯礼已故,其弟童伯谦充卢龙卫,其子童景彝充兴州卫,其侄童景纯、童景庸逃难至白岭根和梅枝。这就是前童历史上有名的"方氏占亲案",1402 年是农历壬午年,因此也称"壬午之难"。

"非童氏不能知先生之忠,非先生何以见童氏之义。""方氏占亲案"对前童来说无疑又是一场"人祸",但塔山童氏族人演绎的一幕幕人间大义却令人难以忘怀。童景彝代兄充军的敦义之举使塔山童氏宗族得以人丁兴旺;童景纯、童景庸兄弟冒死保存先生宏著,"读书种子"精神因此世代长存;童雍睦血泪沾巾参与收集先生遗骸,被后人比作汉朝的义士郭亮。

(三)壬戌之难——"太平兵灾案"

同治元年(1862 年)农历四月十一日,太平军李遇茂部欲借道前童北上遭拒,其先头部队还遇到西乡团民的伏击。次日,李遇茂部数万主力兵分两路攻打前童,一天之内,太平军在前童杀了 1500 多人,其中塔山童氏族人最为惨烈,被杀达 850 多人,70 多户被杀绝。四月十二日正值农历壬戌日,这次劫难被称为"壬戌之难",也就是塔山童氏历史上的"兵灾案"。

两天后,童氏族人含泪殓葬了自己的亲人,并把那些无主的外来客商的遗骸统一安葬在后溪桥头、牌门前等七处,灾难之后也不忘仁义。

"壬戌之难"塔山童氏族人被杀过半,但那种最原始的略带彪悍的民风和儒学的硬气却表露无遗。这不仅仅表现了他们对国家的忠义,更表现了他们对自己信仰的忠诚,也表现了他们对家园的热爱。

三、前童志士奋勇立潮头

从辛亥革命到北伐战争,从抗日战争到解放战争,塔山童氏族人一直站在历史的潮头。

(一)民主意识的觉醒

20 世纪初,不少前童塔山童氏族人积极参加了推翻清朝的专制统治、争取国家的独立和民主的辛亥革命。

前童曾出过一位辛亥骁将,他就是打响杭州光复第一枪的童保暄。童保暄,字伯吹。1911 年,他积极响应武昌起义,义无反顾地担当起起义总指挥,光复浙江。1916 年春,童保暄又在浙江组织护国军讨袁,被称为"浙江之蔡锷"。

除了童保暄,前童童氏族人当中还有童建侯(字伯康)、童德祖(号京柏)、童一秋也积极参加辛亥革命,他们与童保暄合称为"三伯一秋"。"三伯"在辛亥革命前后,为革命事业劳碌奔波,身体长期处于透支状态,而他们身上的"台州式硬气"又造就了愤世嫉俗、刚正不阿的性格,因此导致他们英年早逝,于国于家于革命都是巨大损失。当时前童流传着:"三伯已逝,只剩一秋。"

除了"三伯一秋",参加辛亥革命的前童族人还有一位,他就是童保暄的生死之交童岳川。童保暄在世时,童岳川一直追随其革命;童保暄故世之后,童岳川抚养童保暄幼子,将他视如己出。这份生死情义难能可贵。

辛亥革命之后,前童塔山童氏族人中更多人的民主意识逐渐觉醒,积极投身于民主革命。如黄埔战术教官童保俊、黄埔二期学员童保晖、黄埔四期学员童保昭、宁波四中学生童连浙、一介平民童得航等,他们都积极参加北伐军,投身革命。

(二)民族大义的坚守

前童童氏族人一向走在时代潮流的前列,为大义所激,他们在抗日战争时期为民族存亡做出了巨大的贡献与牺牲。

1. 早期的抗日救亡运动

早在育青中学读书时,前童青年童时校、童日新、童衍孝、童先林、童连昌、童宏德等人就加入了"青年读书会",参与抗日救亡运动。1939 年童时校在前童成立"12·5"学社,1940 年童时校又成立"消费合作社",王惠英与柴从妹等办起了草鞋社,开展抗日救亡运动。此外,族人童岳川为了组织抗战物资,将家里的金银财物全部捐献给国家。

2. 浙东抗日大后方的建立

1941 年 4 月随着杭州被日寇占领,奉化以北的宁波各县县城均遭沦陷,国民党党政机关相继流亡到宁海西南。宁波六区专署——浙东行政专署驻梁皇,后迁前童大宗祠,各县政府分驻前童本村各道地。后因给养的原因,除鄞县县政府仍驻前童本村外,其余各县政府分散到前童村周边的栅下、大溪王、上葛头。此外,郭履洲部驻桥头杨,俞济民部驻梁皇,各县中学和一些工厂也迁往前童。一时间,前童地区成为浙东抗日大后方。当时,前童各村不但为政府、部队、学校以及工厂提供住所,还要提供粮食、被服等生活急需物品,为浙东的抗日做出无私的牺牲。

3.前童童氏族人的正面抗日

据统计,前童全镇抗战期间阵亡将士 43 人,其中童氏族人有 26 人。此外,前童尚有失踪军人 96 人。

比起那些血洒战场、史册无名的抗日军人来说,童德航算是幸运的。1941 年,日寇侵占奉化后,不断袭扰宁海北线。童氏族人童德航任宁海国民自卫队第二中队长,带兵守卫栅墟岭,多次打退日伪进攻,使得家乡免受涂炭。1942 年,岳井沦陷,东线告急,童德航奉命防堵。7 月,日伪 400 余人进犯胡陈,童德航率队阻击,高呼"战则存,不战则死!"终于以少胜多击退日伪。是役,"杀敌之巨,为宁海抗战以来所未有"。

(三)真理与光明的追求

1.早期党活动与支援亭旁起义

童氏族人童中止在宁海中学读书期间入党,并在前童设立党的交通站。1928 年 5 月,亭旁起义爆发,童中止带领数十童氏子弟组成的农民军前往支援,途中伏击"清剿兵",后因起义失败就地解散。童中止与亭旁暴动红军总指挥包定转移到上海,继续参加革命活动。

2.抗战时期的党建活动

童时校、童日新受上级委派回前童,发展了童衍孝、童连昌等人入党,于1938 年 10 月建立前童党支部,1939 年改建为中心支部,童时校任书记。1943 年 6 月,前童中心支部改建为中共宁西区工委,1944 年 3 月,升格为中共宁海县工委。此间,通过前童转移护送的党员干部数以千计。前童党组织还向敌后抗日根据地输送了一批共产党员参加新四军,如童时校、童遵孝、童时枧、童时棉等,同时有岔路的葛明治和桑州的王家扬等。

3.游击根据地建立与解放宁海

为了配合全国的解放战争,夺取最后的胜利,1947 年 2 月,浙东和台州工委在前童西南白岭根村召开"梅花村会议",会议决定建立敌后游击根据地。周松贵、童时大、王惠英、柴从妹、童时雨等负责联络护送工作,杨民奎、童先林等负责内外线的全面保卫工作。

1947 年秋,前童党组织选送杨民奎、童先林、童时钵等 10 名党员干部去铁流部队,后又选派 50 多人参加台州主力武装及县、区武工队。同时,童遵时受前童党组织指派到城区组织师生开展民主运动。

1948 年 8 月,由童先左、章一萍做向导,浙东主力"钢铁"部队与台州主力"铁流"部队在前童梁皇山平溪村会师,合编为浙东人民解放军第四支队。10 月,第四支队与"灵活"部队会师并驻扎前童。11 月,第四支队与东海支队一部在前童洋加山会师。

从 1946 年初到 1949 年 7 月间,前童先后建立了"新纪饭店""三合米行"等联络站,分别由周松贵和童遵锵负责,联络员先后有童中国、童时雨、童西京、童玉贝、童叔谦、童爱芬、童五云等。

1949 年 7 月 4 日,中国人民解放军 21 军 61 师师长胡炜率部驻扎前童。5 日下午,以杨民奎的"洪流"部队为先导向宁海县城发起攻击,当晚 10 时解放宁海县城。6 日上午,童先林率领机关工作人员接管县城。此间,前童党组织不断派出人员侦察、联络,为配合部队提供情报,同时筹集粮食供应主力部队,前童等村动员 200 多名民兵组成运输队和担架队。

4. 前童开明绅士对革命的支持

前童的开明绅士深受中国传统的义文化影响,有心系天下的爱国情愫、礼义仁爱的济世情怀和经权变通的谋略之道,处世原则不唯党派,只唯大义。因此,前童族人中有许多父辈是国民党员,儿辈却是共产党员。童建侯的儿子童中止是前童最早的共产党员,童一秋的侄子童衍孝是中共宁海工委书记,童保俊的儿子童先林、童岳川的两子一女都是中共党员。同时,他们还利用自己在乡村社会素有的威望和地位,掩护和帮助前童族人从事共产党的地下活动。

1939 年,在童一秋的支持下,童连昌任前童小学校长。1940 年春,又在童一秋的帮助下,前童小学在上堪园新建校舍,成为前童地下党的活动中心。

1948 年春,童岳川担任国民党县府秘书,为地下党多次提供情报,为被捕的中共党员童衍孝、童连昌、童时妙、童连查的释放以及王家科的逃脱出了很大的力,并竭力推动宁海旧政府与台州行署的和平谈判。

在童一秋、童岳川的推荐下,前童有许多地下党员担任当地政府的要职,童连昌任乡公所总干事和副乡长,童衍孝任乡人民代表主席,童遵冬任保长,童遵锵任保丁,这有利于地下活动的开展。

童宏曹曾因在家中办戒烟所声名远扬,县长李涵夫题赠"急公好义"匾额予以褒奖,童宏曹家的三合院因此得名"好义堂"。而"好义堂"又先后成为浙东第四支队以及中国人民解放军 21 军 61 师的指挥部。

四、童氏后人倾力弘道义

(一)族人的义行与善举

前童童氏族人忠国家、爱家园、敢担当、讲义气,为人处事都是凭着一股"台州式硬气",这些在当代童氏族人身上得到发扬光大,涌现出更多的义行善举。

"文革"期间,前童村历时 7 年,投入 30 万工劳动力,围垦了远在三四十里地外的白芨塘,为前童增加了 900 余亩耕地。族人童铁策冒着生命危险水中救人 10 多次,被救乡亲达半百。童月根照顾瘫痪姐姐童爱娜 60 多年。童忠勇向县教育基金会捐款百万设立医学大学生专项助学基金。族人童瑞璋之子王万青捐资 300 余万元,以其慈母之名在宁海中学设立童瑞璋奖学金,同时在前童栅下小学建造"童瑞璋教学楼"。童化仁慷慨捐赠 30 万元在前童中学建造"玉竹教学楼",并设立"念慈奖学金"。

(二)古居的保护与修缮

前童古镇以明清古建筑群保存完整而声名鹊起,但古建筑群得以完整保存的幕后更是令人惊奇。

首先,是前童义务消防队百年相传。古建筑最怕的是火灾,前童有一支始于光绪年间的民间义务消防队,百余年来镇守着古镇的一方安宁。这些义务消防队队员都是自发参加的本村居民,多数是父子相传的,目前有 23 名队员,任职最长的已有 40 余年。

其次,是前童族人自发的保护意识。前童塔山童氏是万人大族,这种自发意识往往来自族规祖训,如"鹿山作镇兹土,毋得削掘;两溪树木,毋得剪伐",所以一动鹿山之土就会遭到反对。这种自发意识也来自房族的商讨,在前童无论是谁要做什么都得经过房族通过才行。20 世纪 90 年代,前童老街写满了"拆"字,但最后被童氏族人顶住了。不然,我们今天就见不到那么完整的明清古居了。

(三)非遗的抢救与传承

前童行会始于正德五年(1510 年),盛于清末民初,到 20 世纪 50 年代末之后一度被定性为封建残余而逐渐消亡。但前童族人却把行会最精粹的"鼓亭"完整地保存了下来,即使在"文革"中也未遭损毁。这些"鼓亭"制作精美,造型漂亮,各有名称,各具内涵,如铭恩亭、帝师亭、濠公亭、公忠亭、将军亭、仁义亭等,许多已有近百年的历史。1995 年,前童族人顶住巨大的压力,重新恢复行会活动。2014 年 12 月,前童行会又入选国家级非物质文化遗产名录。

前童行会作为一个家族村落所组织的民间民俗文化盛会,流传五百年而历久弥香,这不能不说是一个奇迹。而前童族人顶住压力抢救文化遗产,更是一个奇迹,也是一种义举。

(四)古镇的开发与蝶变

20 世纪 90 年代中后期,前童后世族人为了开发前童古镇,不遗余力地向外推介前童的文化。

童衍孝、童遵志、童方根、童铁策等多次邀请外面的专家前来考察,通过专家的视野和触角去发现前童、宣传前童;童相兵、童亚飞、童方根、童小谦等写前童、颂前童,通过各种途径把前童的文化向世人展示;童遵锵、童遵志、童全灿、童富铎等前童老人,不顾年迈、不计报酬,一面向来客介绍前童,一面义务做古镇文保员;郑莲亚,一个当时在老街开小店的前童媳妇,没拿一分补贴当起了古镇的第一个义务导游。

目前,前童古镇已经是国家 AAAA 级旅游景区,而且先后被命名为"浙江省历史文化名镇""浙江省旅游城镇"和"中国历史文化名镇"。

通过两年时间的挖掘研究,我们认为:"义"是前童童氏族人的性格,"义文化"是前童古镇文化的特征,中国传统的义文化对前童古镇文化有着本质性的影响。如果脱离了中国优秀传统文化,前童古镇就成了一个空壳大村,同样前童古镇旅游开发离开了文化,就会失去飞翔的翅膀。我们要遵循习近平总书记在全国宣传思想工作会议讲话的精神,"讲好中国故事,传播好中国声音",继续进行前童古镇"义文化"的研究,挖掘好前童古镇更多的义故事,结合社会主义核心价值观来讨论前童古镇义文化的现象。正确认识中国传统的义文化与社会主义核心价值观的关系,大力弘扬中国传统义文化,对促进前童古镇的旅游开发和古镇的经济、文化发展都具有极其重要的现实意义。

参考文献

[1]《宁海塔山童氏谱志》(1995年版)。

[2]《宁海县县志》(明崇祯版)。

[3]《宁海县县志》(清光绪版)。

[4] 顾希佳.前童——古村落的活化石[M].杭州:浙江大学出版社,2009.

[5] 吴建华,阎续瑞.《水浒传》中"义"的文化蕴涵[J].沧桑,2008(5):219-220.

[6] 宋鲲鹏."义"文化浅探[J].太原城市职业技术学院学报,2013(8):200-201.

作者单位:宁波广播电视大学

宁海学院

困境家庭大学生歧视知觉、应对方式、 社会适应性研究

徐　隽

摘　要：本研究采用量表法，就困境家庭视角对最具代表性及本土特色的贫困家庭、家庭关系不利家庭、留守家庭大学生的歧视知觉、应对方式及适应性展开实证研究。结果表明：困境家庭大学生的歧视知觉整体上并不明显，其应对方式尚可，与普通家庭大学生都无显著差异；社会适应整体状况尚可，只是留守经历大学生与普通家庭大学生在社会适应上有显著差异。本研究分析了影响大学生成长的客观因素和保护性因素，提出全方位提升困境家庭学生保护性因素社会支持各维度水平、针对性地提供教育内容和形式、帮助学生形成正确认知的教育对策。

关键词：困境家庭　大学生　歧视知觉　应对方式　社会适应

一、问题的提出

随着改革的不断深化，中国社会的快速转型使得社会分化日益加强，弱势群体问题显得更为突出，无形中催生了不少困境家庭。随着党的十八届三中全会报告明确提出"健全困境儿童分类保障制度"，民政部在儿童福利制度建设上首次提出适度普惠型制度，从以往狭隘的更多关注孤儿到开始

关注困境家庭中的孩子，明确提出必须同样给予困境家庭儿童福利保障，并第一次明确了困境家庭儿童的概念。我国困境家庭儿童主要指：父母重度残疾或重病的儿童、父母长期服刑在押或强制戒毒的儿童、父母一方死亡另一方因其他情况无法履行抚养义务和监护职责的儿童、贫困家庭中的儿童。从中国的实际国情看，外来务工人员子弟、农村留守儿童等都可以广义划入困境家庭儿童范畴。[1]从文献搜索看，国外对困境家庭儿童的定义基本集中在三类上：家庭贫困儿童；家庭关系不利儿童（即由于父母分居、婚姻冲突、离异、再婚、死亡、失踪等各种不稳定人员关系或父母重病、残疾、服刑、吸毒等负面因素导致缺乏必要关爱和照顾的儿童）；受虐待儿童。

以 Bronfenbrenner 家庭生态系统发展观理论为代表的国内外大量研究表明，家庭环境能够显著影响儿童的身心健康发展。许多研究认为社会现实中儿童青少年的学业问题、情绪问题、交往问题、行为问题，如打架、辍学、偷盗、吸毒甚至违法犯罪，从起因上看，大多与不良家庭环境有关，或这些儿童正生活在非正常的家庭环境中。生活在这些家庭环境中的孩子，对社会、对人生将会建构怎样的认知？10 年、20 年后，他们是否能很好地应对环境变化并很好地适应社会？

歧视知觉是指"个体知觉到的由于自己所属的群体而受到的与别人有区别的或不公平的待遇"（Sanchez et al.，1996）。[2]研究发现，个体早期知觉到的歧视和不公平待遇如果得不到重视，不仅影响他们自己的更好发展，还会影响整个社会的稳定及和谐。应对方式主要是指个体对环境变化的调节行为。社会适应是在心理发展过程中逐步成长的一种心理能力，它和应对方式一样，是考察心理健康水平的重要指标。综观文献，国内当前对困境家庭孩子的研究更多地集中在未成年儿童上，尚未有文献研究困境家庭中长大的大学生的歧视知觉、应对方式及适应性状况。基于此，本研究将结合国内外对困境家庭儿童的定义及中国的实际国情，就困境家庭视角对最具代表性及本土特色的贫困家庭、家庭关系不利家庭、留守家庭大学生的歧视知觉、应对方式及适应性展开实证研究，从更客观的角度关注这些群体在歧视知觉、应对方式、社会适应的实际状况，同时本研究将尝试从影响他们成长的客观因素中寻找对困境家庭孩子成长可能的保护性因素或破坏性因素，为有针对性地提出教育对策提供事实依据。

二、研究设计与调研

(一)研究工具的选用与修订

1.歧视知觉量表

借鉴 Sanchez 和 Brock(1996)的 Perceived Discrimination Scale 进行修订。[2] 在前期访谈和调研分析的基础上,初步形成本研究"歧视知觉量表",修订的量表共有 10 道题目。量表的 Cronbach's a 系数为 0.76,量表具有一定的可靠性和稳定性。

2.简易应对方式量表

由解亚宁和张育坤(1995)编制,共 20 道题目,前 12 题为积极应对项目,后 8 题为消极应对项目。采用四级制,该量表广泛应用在精神卫生领域,有较高的信效度。[3]

3.大学生适应性量表

由卢谢峰于 2003 年编制,量表共 66 道题目,分为 7 个维度。分别为学习适应性、人际适应性、角色适应性、职业选择适应性、生活自理适应性、环境认同适应性、身心症状适应性。得分越高表明适应性越好。该量表的 Cronbach's a 系数为 0.72,具有较好的内部一致性。[4]

歧视知觉量表和适应性量表采用 Likert 5 点计分法,从 1"完全不符合"到 5"完全符合"。

4.个人状况调查表

共 11 道题目,包括性别、来源地、高中性质、从小成长方式、家庭月收入、家庭关系状况等基本信息。同时根据前期访谈结果,增加社会支持状况。选用肖水源等于 1990 年修订的社会支持评定量表,该量表包括客观支持、主观支持、社会支持利用度 3 个维度,共 10 个项目,10 个项目得分相加总分反映被测者社会支持的总体状况。[3]

(二)问卷的调研过程

对浙江省宁波市高校学生进行抽样调查,随机发放问卷 800 份,回收有效问卷 726 份,有效率为 90.75%。为保证研究数据的有效性和可靠性,本研究结合中国国情及国内外文献对困境家庭儿童的定义,严格界定样本源。

对有效问卷结构进行样本分析,以宁波市低保月人均收入 588 元为标准界定贫困生,发现家庭处于低保贫困生为 132 人,占 18.2%。根据郝振和崔丽娟(2007)研究确定的"未满 16 周岁前,父母双方或单方从农村流动到外地务工,并与他们分居时间长达 6 个月及以上"的留守儿童划分标准定位留守经历学生[5],发现有留守经历的学生为 355 人,占 48.9%。根据对家庭状况(和睦、父母关系紧张、经常打架、分居、离异、家暴行为、父母重病、残疾或死亡、服刑等)填写的筛选,确定家庭关系不利学生为 123 人,占 16.9%。从有效样本的整体数据看,困境家庭比例为 62.5%。

所有数据运用 SPSS17.0 软件进行描述性统计、独立样本 t 检验、方差分析、相关分析、多元线性回归分析等。

三、结果与分析

(一)困境家庭大学生歧视知觉、应对方式、适应性的总体状况

统计发现(见表 1),困境家庭大学生总体歧视知觉分值为 2.45 ± 0.50,低于理论中值;积极应对得分为 2.66,高于理论中值 2.5;消极应对得分为 2.53,基本维持在中间水平。社会适应各维度除了职业选择适应得分 2.83(与正常家庭学生无显著差异,$t=1.128$,$p>0.05$),略低于理论中值 3 之外,其他各项得分及社会适应总分均稍高于理论中值 3。这些结果说明,困境家庭大学生的歧视知觉并不高,遇事应对方式还算积极,消极应对方式中等。不过消极应对方式的标准差较大,如家庭关系不利大学生和贫困家庭大学生的标准差分别为 0.89、0.85,说明在采用消极应对方式时,这两类家庭的个体差异较大。社会适应尚可,保持在中等略高一点的水平。

表 1　不同困境类型大学生在歧视知觉、应对方式、适应性研究变量上的得分($M\pm SD$)

	困境家庭类型			困境生总
	留守家庭	贫困家庭	家庭关系不利家庭	
歧视知觉	2.45 ± 0.48	2.50 ± 0.60	2.46 ± 0.49	2.45 ± 0.50
积极应对方式	2.67 ± 0.41	2.69 ± 0.38	2.69 ± 0.43	2.66 ± 0.41
消极应对方式	2.53 ± 0.62	2.58 ± 0.85	2.57 ± 0.89	2.53 ± 0.66
学习适应	3.17 ± 0.42	3.18 ± 0.44	3.21 ± 0.46	3.20 ± 0.44

续表

	困境家庭类型			困境生总
	留守家庭	贫困家庭	家庭关系不利家庭	
人际适应	3.07±0.41	3.20±0.43	3.14±0.52	3.13±0.44
角色适应	3.13±0.45	3.21±0.48	3.18±0.51	3.18±0.48
职业选择适应	2.83±0.40	2.81±0.52	2.79±0.48	2.83±0.43
生活自理适应	3.08±0.57	3.37±0.71	3.31±0.60	3.16±0.62
环境总体认同	3.05±0.42	3.11±0.51	3.21±0.44	3.09±0.45
身心症状表现	3.25±0.42	3.32±0.46	3.31±0.43	3.27±0.43
总体社会适应	3.08±0.20	3.17±0.27	3.16±0.26	3.12±0.24

(二)影响困境家庭大学生歧视知觉、应对方式、社会适应的客观因素

1. 困境家庭类型(留守经历、经济贫困、家庭关系不利)对大学生歧视知觉、应对方式、适应性的影响

对困境家庭大学生与普通家庭大学生在歧视知觉、应对方式及社会适应方面进行差异比较,独立样本 t 检验结果显示,贫困困境和家庭关系不利困境大学生在这三大方面与普通家庭大学生无差异,并且这两类家庭的学生的生活自理能力都显著高于普通家庭学生($t=-2.810, p<0.05; t=-2.210, p<0.05$)。留守困境家庭大学生在歧视知觉、应对方式方面与普通家庭学生无差异,但在人际适应、角色适应和总体社会适应性上的得分低于普通家庭大学生,与他们存在显著差异(见表2)。因此,从家庭困境类型看,留守经历对孩子人际适应和角色适应的影响相对较为长远。

2. 其他控制变量对困境家庭大学生歧视知觉、应对方式、适应性的影响

t 检验和单因素方差分析结果是:性别、来源地(城镇、农村)、文理科、父母文化程度、父母职业在歧视知觉、应对方式及社会适应的分维度学习适应、职业选择适应和身心症状适应上均无统计学意义。在人际适应、生活自理上,困境家庭大学生男女有显著差异,男生总体适应状况要显著好于女生。在角色适应、环境认同及总体适应性上,来源地不同的困境家庭大学生之间有显著差异,城镇困境生适应性比农村困境生强(见表2)。

表 2　对困境家庭大学生有影响的控制变量在社会适应及分维度上的差异性检验($M\pm SD$)

控制变量		统计值	人际适应	角色适应	生活自理	环境认同	总社会适应
性别	男生		3.25±0.50	3.32±0.69	3.18±0.28		
	女生		3.06±0.39	3.07±0.55	3.09±0.21		
		t 值	3.117**		3.006**		2.670*
来源	城镇		3.38±0.63	3.35±0.56			
	农村		3.15±0.45	3.06±0.42			
		t 值		2.101*		2.277*	
困境类型	正常		3.18±0.46	3.26±0.46	3.16±0.28		
	留守		3.07±0.41	3.13±0.45	3.08±0.20		
`		t 值	2.086*	2.291*		2.580	

（三）影响困境家庭大学生歧视知觉、应对方式、适应性的保护性因素

在前期问卷修订过程的调查中，就发现困境家庭中成长起来的大多数大学生虽长期生活在困境家庭中，但困境生活并未对他们的认知、应对方式、社会适应造成太多不利的影响。正式调查数据更是证明了这一点。国外一些研究者(Rutter,1987；Werner,1989)发现不是所有糟糕、困难的环境都会给孩子带来不利影响，有的孩子在这样的成长环境中会摆脱不利环境带来的影响。[5,7]究其主要原因，上述研究者认为"一些变量可能具备保护性，它们对危险因素起着调节、缓冲和绝缘的作用"[8]，让一些在不利环境中成长的孩子仍旧有机会得到正常发展。国内学者刘霞等(2008)认为这其中一个重要的保护性因素就是社会支持。[9]因此，前期研究结束进入正式调查时，本研究在控制变量上增加了一个"社会支持"变量，以寻求促进这些困境家庭中长大的孩子走进大学并能与普通家庭孩子一样健康成长的保护性因素。

独立样本 t 检验发现，留守经历困境和家庭关系不利困境大学生的总体社会支持、感受到的主观支持、对支持的利用度和实际得到的客观支持都与普通家庭大学生无显著差异。在主观支持维度上，这两类困境家庭大学生的均值还高于普通家庭大学生。贫困家庭大学生除了客观支持维度与普通家庭存在差异外($t=2.10,p=0.037<0.05$)，普通家庭客观支持为($M=9.67,SD=1.57$)，贫困家庭大学生为($M=9.15,SD=1.65$)，在主观支持、

对支持的利用度两个维度上均与普通家庭大学生无显著差异。

(四)困境家庭大学生歧视知觉、应对方式与社会适应的关系

Pearson 相关分析表明困境家庭大学生歧视知觉与社会适应之间存在显著负相关,积极应对方式与社会适应间存在显著正相关,消极应对方式与社会适应之间呈负相关(见表3)。

表3　研究变量歧视知觉、应对方式、社会适应的相关(r 值)

变　量	歧视知觉	积极应对方式	消极应对方式	社会适应
歧视知觉	1			
积极应对方式	0.026	1		
消极应对方式	0.101	0.001	1	
社会适应	−0.157*	0.424**	−0.426**	1

为了进一步了解困境大学生歧视知觉、应对方式与其社会适应的关系,采用回归分析方法,考察歧视知觉、应对方式对社会适应的预测作用。结果显示,困境家庭大学生歧视知觉对社会适应有预测作用,但解释力较低,为4.8%(见表4)。积极应对方式解释社会适应13.5%的变异量,消极应对方式解释社会适应15%的变异量(见表5、表6)。

表4　困境家庭大学生歧视知觉对其社会适应的回归分析

模型	R	R^2	$Adjusted\ R^2$	标准化的 $Beta$	t	F
歧视知觉	0.218	0.048	0.035	−0.130	−1.979*	3.720*

表5　困境家庭大学生积极应对方式对其社会适应的回归分析

模型	R	R^2	$Adjusted\ R^2$	标准化的 $Beta$	t	F
积极应对	0.368	0.135	0.130	0.367	5.836*	9.797**

表6　困境家庭大学生消极应对方式对其社会适应的回归分析

模型	R	R^2	$Adjusted\ R^2$	标准化的 $Beta$	t	F
消极应对	0.388	0.150	0.143	−0.412	−6.228*	9.863**

四、结论及对教育的启示

研究主要结论如下:(1)困境家庭大学生的歧视知觉整体上并不明显,

其应对方式和社会适应整体状况尚可,并且在歧视知觉、应对方式上与普通大学生无显著差异;在社会适应方面,贫困家庭和家庭关系不利家庭大学生与普通家庭大学生无显著差异。(2)影响困境家庭大学生的歧视知觉、应对方式、社会适应的客观因素有性别、来源地及成长方式。在留守家庭中成长起来的学生总体社会适应与普通家庭大学生存在显著差异,主要表现在人际适应和角色适应方面。(3)社会支持,尤其是对支持的利用度及感受到的主观支持是困境大学生重要的保护性因素,弥补了他们家庭环境的不适,维护了他们的健康发展。(4)困境家庭大学生歧视知觉对他们的社会适应存在明显的消极影响,即歧视知觉越高,他们的社会适应性越差。同时,困境家庭大学生的积极应对方式对他们的社会适应有明显的积极影响,但他们的消极应对方式会影响他们的社会适应。

研究结论对困境学生教育实践的启示:

(一)全方位提升困境家庭学生保护性因素社会支持各维度的水平

1.将客观支持作为对困境家庭学生进行教育的重要的基础工作

客观支持是困境学生社会支持系统的重要组成部分,对困境家庭学生首先要做好解决实际问题的工作,在他们需要帮助时给予及时的、看得见的关心。尤其是贫困困境家庭大学生客观支持与普通家庭大学生存在显著差异,因此对他们更要注意排查,切实做好助学贷款、勤工助学等工作,让他们有正常生活的尊严。

2.积极引导并提升困境家庭学生社会资源利用度

教会困境学生良好的情绪管理办法,在遇到烦恼时要学会倾诉,及时倾倒心理垃圾;自己无法解决问题时要学会向别人求助,明白任何人遇到困境都需要向别人求助,向他人求助不是弱势者的专利,而恰恰是心理健康的重要表现;清晰提供学生学校各类能提供帮助的组织资源的联系方式;鼓励学生积极参加各类健康的团体组织活动,扩大他们社会资源的圈子,提升他们主动利用资源的效能。

3.积极营造有利于提高困境家庭学生主观社会支持的环境氛围

主观支持是指个体主观感受到的社会支持。"多数学者认为主观感受到的支持比客观支持更有意义,因为虽然感受到的支持并不是客观现实,但是被感知到的现实却是心理的现实,而正是这种心理的现实作为实际中介的变量影响到人的行为和发展。"[3]学校应尽可能营造为困境学生提供尊重、支持和理解的环境与条件,培养他们积极的情感体验,通过尽可能多的途径与困境家庭学生在情感层面、精神层面沟通、交流并给予及时的鼓励和支持。这种被需要、被支持、被尊重、被理解的感觉会化为一种温暖、正向的力量,改变困境学生的认知并影响他们的行为。本研究中的困境家庭大学生与普通家庭大学生无显著差异与他们的主观支持得分有关。

(二)针对性地提供符合不同困境家庭学生特点的教育内容和形式

1.针对不同困境家庭类型

对留守困境学生要注重进行人际适应性和角色适应性教育,提高他们尽快融入环境的能力;家庭关系困境学生和贫困学生在消极应对方式方面均存在极大的个体差异,对他们要重视个案排查建档,重视提高个别学生的应对方式,以避免他们消极应对方式可能带来的负面影响。当然对贫困困境的学生还应更多解决实际问题,给予客观上的支持。

2.针对不同性别的困境家庭学生

注重困境家庭女生的人际适应性教育,提高她们的人际交往能力;同时重视贫困家庭困境女生的职业选择适应性教育,帮助她们确立目标,科学地进行职业生涯规划,以尽早做好进入社会的准备。

3.针对不同来源地的困境家庭学生

促进来自农村的困境家庭学生对学校产生积极情感,注重他们的角色适应和环境认同适应性教育;同时对于来自农村的留守经历和家庭不利困境的学生,重点提升他们的人际适应能力;尤其要关注来自城镇的贫困困境家庭学生,他们消极应对方式得分为3.95 ± 1.42,接近"经常采取"消极方式应对挫折,对这个群体要注重提升他们积极面对挫折的能力。无疑,针对性的教育才可能产生事半功倍的效果。困境是一种客观存在,无法改变;歧视知觉是一种主观感受,可以改变。基于困境家庭大学生歧视知觉、应对方式与社会适应的关系,教会困境大学生树立正确的认知,勇于接受家庭困境的现实,改变对困境的认知,树立积极、乐观、向上的心态,引导他们努力看到自己身上的优势,改变就开始了。这就是升华的力量,也是本研究最大的教育启示。

参考文献

［1］郑信军.聚焦处境不利学生：社会性发展研究的对象关注［M］.杭州：浙江大学出版社,2007.

［2］SANCHEZ J I, BROCK P. Outcomes of Perceived Discrimination Among Hispanic Employees：Is Diversity Management a Luxury or a Necessity?［J］. Academy of Management Journal ,1996,39(3)：704-719.

［3］戴晓阳.常用心理评估量表手册［M］.北京：人民军医出版社,2015.

［4］卢谢峰.大学生适应性量表的编制与标准化［D］. 武汉：华中师范大学,2003.

［5］郝振,崔丽娟. 自尊和心理控制源对留守儿童社会适应的影响研究［J］.心理科学,2007,30(5)：1199-1201.

［6］RUTTER M. Psychosocial Resilience and Protective Mechanisms［J］. American Journal of Orthopsychiatry，1987,57(3)：316-331.

［7］WERNER E E. High-risk Children in Young Adulthood：A Longitudinal Study from Birth to 32 Years［J］. American Journal of Orthopsychiatry，1989,59(1)：72-81.

［8］范兴华.家庭处境不利对农村留守儿童心理适应的影响［M］.长沙：湖南师范大学出版社,2012.

［9］刘霞,胡心怡,申继亮. 不同来源社会支持对农村留守儿童孤独感的影响［J］.河南大学学报(社会科学版),2008,48(1)：18-22.

作者单位：浙江工商职业技术学院

公共体育服务供给中政府与民间组织
的互动研究

王　涛　崔世君

　　摘　要:在当今我国政府行政服务改革和体育公共服务改革的背景下,本文通过对我国公共体育服务供给现状的研究与分析,研究公共服务供给过程中政府与民间组织的互动关系,使二者在组织上相互独立,职能上互补、互助、互惠,从而弥补公共体育服务中市场失灵和政府失灵的现象,对于推动政府公共体育服务改革,解决公共体育服务政府供给与社会需求之间的矛盾,加强服务型政府的建设以及和谐社会的建设具有重大的理论意义和实践价值。

　　关键词:公共体育服务　服务供给　政府　民间组织　互动研究

　　当今,中国人民早已经摆脱了体质上的"东亚病夫"和经济上的"贫穷落后"时代,随着改革开放步伐的不断深入、我国居民的物质生活的不断提升、居民消费结构的改善和健康意识的觉醒,体育已经成为人们日常生活的重要组成部分,国人对体育需求的不断增长致使对发展体育的载体——体育服务的需求日益高涨。与此同时,消费者对政府所提供的公共体育服务的丰富性、有效性、专业性提出了更高的要求。

　　然而,当今我国公共体育服务发展却存在诸多问题,由于体育场馆投资大、资金回收慢、市场机制运作不成熟等因素,国内大量体育场馆在建造后不能得到有效利用,造成人力、物力、财力上的浪费,成为许多体育场馆所属部门的负担。而民间组织以其经费自筹性、形式灵活性、活动公益性、服务互补性等基本特征,填补我国政府在公共体育服务中的空白和盲点。因此研究公共服务供给过程中政府与民间组织的互动关系,弥补公共体育服务中市场失灵和政府失灵的现象,对于推动政府公共体育服务改革,解决公共体育服务政府供给与社会需求之间的矛盾,加强服务型政府的建设以及和谐社会的建设具有重大的理论意义和实践价值。

一、我国公共体育服务供给现状及分析

新中国成立以来,我国政府对体育场馆、公共体育服务及体育产品等资源实行的是举国体制下的管理和配置,政府作为公共体育服务的唯一主体,在公共体育服务供给中基本上实行的是"一元"体制,在原有的经济体制下,垄断性公共体育服务供给是我国政府行为的一个特色,一方面作为公共体育服务部门,大多数全额或差额财政拨款的事业单位在经营过程中由于缺乏积极性、约束性、监督性,容易造成经营管理水平低下、经营盈利不足、管理体制僵硬、服务效率很低等现象;另一方面由于我国作为发展中国家,政府财政能力有限,不能实现公共体育服务的迅速发展。据中国体育产业数据显示,我国80%以上的城市存在体育场馆设置落后、体育场馆使用率低下、经营亏损严重和体育服务欠缺等问题,特别是城乡公共体育服务不平衡现象尤为严重。这些情况不仅对体育场馆的使用造成了极大的浪费,而且进一步加剧了公共体育服务需求与供给的矛盾,无法满足我国广大居民的精神文化需求和体育锻炼需求,也严重阻碍了我国从体育大国向体育强国的转变。

在上述历史背景下,我国为了应对公共体育服务政府失灵和市场失灵的现状,政府开始了公共体育服务民营化改革。政府希望借助民间组织扩大公共体育服务的规模,提高效率,缓解政府财政压力,同时为民间组织的发展提供拓展空间。目前我国公共体育服务民营化实践中存在国有民营、公私联营、政府部门市场化等三种形式。(1)国有民营模式。公共体育服务国有民营模式主要是指在保持公共体育场馆所有制的基础上,由民间组织自主经营,使所有权与管理权、经营权相分离,经营管理者拥有独立决策、利益支配等权力。(2)公私联营模式(也叫 PPP 融资模式)。是指政府或体育职能部门和民间组织基于体育场馆经营或体育服务而形成的相互合作的经

营模式。但是公私联营模式目前仍存在着组织形式复杂、合作伙伴选择难、风险识别能力差等缺点。(3)政府部门市场化模式。即指政府以顾客或市场为导向,开放公共服务领域,实现公共管理社会化,然后以市场机制为杠杆,通过多种方式调动民间组织、私营部门和公益组织等的参与,通过特许经营、合同承包等市场运作方式完成公共体育服务的供给。这三种模式尽管由于引入了市场机制、挖掘了一些社会资源从而提高了政府的公共体育服务能力,但也存在着如国有资产流失、政府腐败、个人垄断等问题。

二、政府与民间组织互动关系分析

改革开放以后,在我国经济体制改革,政府职能随之转变的大环境下,民间组织作为一种新型的独立于政府与市场的第三方力量悄然兴起,活动范围涉及经济、文化、科技、教育、医疗卫生、体育、公共事业、公益等各个社会领域,特别是近几年来,随着《社会团体登记管理条例》等规章制度的出台,越来越好的外部环境使民间组织展现出旺盛的生命力,呈现出突飞猛进的发展趋势。

尽管民间组织在参与公共危机、社会服务和提高政府职能等方面取得了一定的成绩,但与此同时我们也应清楚地认识到,民间组织在很大程度上在得到政府与社会的理解、认同与支持方面还将面临一系列问题与挑战,政府与民间组织互动关系最主要的问题是不对等的合作关系。美国学者萨拉蒙在对民间组织进行深入研究的基础上,指出民间组织与政府之间的关系是互补的关系,而不是对立排斥。在我国,由于长期计划经济模式下国家行政的强势主导原因,政府的职能定位、依法行政、管理社会事务等方式方法与社会的需要与诉求不相适应,导致政府与民间组织之间的合作关系出现不对等,民间组织在很长一段时间内扮演或充当着政府助理或政府延伸机构的角色。

民间组织是独立于政府的"第三部门",是政府之外公共体育服务的筹集者、管理者、执行者,它可以广泛发动政府职能和政府财政之外的社会资源进行公共服务,以有效弥补政府在公共体育服务过程中的资源短缺、效率低下。但在我国,民间组织在参与国家或社会事务时往往承担的是帮助国家实现社会治理的任务,究其原因是绝大部分民间组织都是由政府创建,由政府领导并为之服务的,这就使得民间组织常常处于政府的直接或间接控制下,成为政府的附庸或代言人,民间组织在实际活动过程中并不具备独立性、自主性、自治性,资源依赖理论认为,资源与权力的相互依赖关系是促成政府与民间组织互动的过程,不对等的合作是影响我国公共体育服务供给中政府与民间组织互动的主要原因。

(一)政府与民间组织的互动在资源流向上不对等

首先,在组织身份上,根据现有情况,民间组织由于受组织身份、自身能力、政策规制等因素的限制,并不能完全按照自身的意愿和目标开展服务工作,很多民间组织受过去经济、管理体制的影响,还有一部分民间组织为了生存,组织身份上或多或少留有政府的痕迹,明显带有"二政府"的嫌疑。随着习近平总书记"四个全面"的不断深化,各地各级政府在淡化民间组织的政府背景上做出了积极的努力,全面淡化政府身影,禁止政府公职人员在民间组织中兼职,这已经成为中央和不少地方的明确要求。其次,在资源依赖上,民间组织在政策法规、投资融资、场馆设备、人员信息等方面对政府有很大的依赖性,而这种依赖性往往是民间组织自身生存所需要的依赖,而不是在公共体育服务上对政府的依赖,而政府很少依赖民间组织来实现公共体育服务目标。再次,在资源使用上,目前,大部分体育运动场馆和体育设施的所有权和经营权还没有完全分离,政府在公共体育场馆使用上往往是无偿使用,而民间组织则需要以租赁、承包等形式进行经营或生产,因此在资源使用上政府与民间组织是一种非对等的依赖关系。

(二)政府与民间组织的互动在目标性上不对等

公共体育服务作为新型的准公共产品,政府作为满足社会需要的一个系统,它的运行主要是以政治权力而非利益交换为依托的。因此在公共体育服务具体操作过程中,政府就会把社会效益放在第一位,把努力实现社会效益与经济效益的辩证统一作为首要任务,但是财政缺乏、设施破旧、人才流失、技术落后、没有生存的竞争压力、缺乏社会和经济责任感,导致政府在参与公共体育服务中的目标不明确,不能满足广大人民群众日益增加的精神文化需求和体育健身需求。

在市场经济浪潮中,与政府追求社会效益的单一动机不同,民间组织的趋利性是其进入公共体育服务的直接动因,尽管公益性是民间组织进入公共体育服务的另一动因,企业在谋求经济利益的同时也愿意去承担一定的社会责任和社会义务。在这个意义上,民间组织和政府在公共体育服务供给上都以满足社会公共服务为出发点,但二者的首要目标是不对等的。

(三)政府与民间组织的互动在风险层面上不对等

公共体育服务民营化的首要条件是要使所有权和经营权相分离,现行的许多体育法规对政府在体育场馆经营和体育服务的过程都有详细的规定,因此政府方面更多考虑的是公共服务的合法性、原先事业编制中的职工安置问题、公共服务过程中官员的腐败问题以及公众的社会认可度问题。现有的体育法规只是在表述上鼓励民间组织参与公共服务,但还没有民间组织参与公共服务的详细规定,因此,相关部门应尽快出台有关政策,规范民间组织公共体育服务供给,保证政府与民间组织在风险层面的公平。

另外,市场竞争不足也是影响我国公共体育服务供给中政府与民间组织互动运营的主要原因。我国公共体育服务长期受计划经济体制的影响,存在着非常严重的市场竞争不足的现象,历史遗留问题、公共服务资源垄断、政策法规不完善等因素严重导致了公共体育服务竞争不足。具体表现在:

1.经营准入行为

目前,我国公共体育服务的运营管理模式已由政府主导型向民间组织经营型过渡。但在具体操作过程中,部分职能部门未按市场规律允许符合条件的民间组织参与公共体育服务运营管理,无故抬高准入门槛,设置附加要求,使许多优势民间组织或企业无法进入公共服务领域。

2. 单方服务行为

政府在与民间组织合作签约时在不完全掌握或了解供给需求的情况下,按照自身意愿过度强调体育场馆的竞赛、表演等功能,忽视了体育场馆的本体功能,造成体育场馆对公众开放度不足,严重影响了体育场馆公共服务的数量与质量。

3. 行业垄断行为

公共服务类的行业包括教育、体育、医疗、供水、供电以及城市管理和交通等。这些行业由于具有社会公益性强、自然垄断、产业政策导向性强、价格由政府管制、投资规模大和抗风险能力弱等特点,相对其他行业,垄断性更强,在实际经营过程中由于政府公共服务行政管理体制不到位,很多原本属于政府管理的职能用行政手段依靠民间组织来解决,极易形成卖方优势而侵害消费者的利益。

三、促进公共体育服务供给中政府与民间组织互动的对策

互动说到底即呈现为一种良性的关系,从哲学角度看,任何"关系"都不可以由单方面决定,因此政府和民间组织应共同担负起公共体育服务的重任,实现由政府单一主体的经营模式向政府与民间组织二者优势互补、和谐互动的转变。

(一)充分调研,积极培育适合国情的公共体育服务供给市场

市场决定产品的供给与需求。公共服务改革的目的是将过去由政府单一承担的社会公共服务转变为由政府与民间组织共同承担,通过二者的和谐互动来提高公共服务的质量与效率。要实现这一目标,必定需要有一个非常完善的公共体育服务供给市场作为保障。

市场不是自然形成的过程,是需要政府和民间组织精心培育的,而要培育完善的公共体育服务供给市场,首先,政府部门的职能定位要努力实现市场化、国际化、多元化、服务化、信息化等功能,明确市场主体,政府要转变职能,搭建平台,以服务为主,加快政府职能转变,通过落实决策、悉心引导、人性化管理等手段创造更好的社会环境、市场环境,提供更多亲民、亲商服务。其次,民间组织要充分挖掘自身潜能,充分利用社会适应性强的特点,勤练内功,克服对政府的市场依赖性,诚信、守法、文明、尽责地联手政府做好公共体育服务供给市场,促进和谐市场的形成和发展。

(二)明确目标,理顺公共体育服务供给二者的职能关系

权力与利益的再分配是当今社会关系的核心内容,明确政府与民间组织各自的目标,确认政府与民间组织之间的职能关系是两者实现良性互动的必要前提。政府部门在提供公共体育服务方面尽管存在着一定的缺陷与不足,但作为代表国家和全社会利益的政府,其所拥有的代表性、整合性、全面性是民间组织无法替代,也没有能力替代的。因此,在我国社会力量还比较薄弱的前提下,政府在公共体育服务中的主导地位还是比较明确的,作为公共体育服务另一极的民间组织应明确自己的使命,承认政府的主导地位,明确自身的角色定位,这将为构建二者的互动合作关系提供良好的前提条件。

(三)加强与政府的互动沟通,完善民间组织的职能化机制

加强政府与民间组织之间的了解与沟通,消除"官本主义"思想,建立一种平等、公平、互助的合作关系。尽管近几年来民间组织在政府的大力支持与培育下得到了迅速发展,但在自身生存、发展等方面仍然处于弱势地位,还需要政府和全社会的大力支持与培育,因此民间组织在公共体育服务供给体系中要获得政府的支持、培育与信任,就需要民间组织更加主动地与政府联系与沟通,以从多方面获得政府的支持与信任,积极拓展自身的发展空间,完善民间组织的职能化机制。

(四)健全运行机制,积极推进公共体育服务供给内部体制改革

公共体育服务供给的特殊性质造成了政府在公共体育服务供给中的责、权、利关系不明等问题,但在经营管理过程中积极性、目标性和约束性的缺乏导致经营效率低下。针对这一现象,公共体育服务内部改革势在必行。首先,政府和民间组织应建立完善、健全的内部机构和良好的运行机制,注重人事制度改革和职称评审制度改革,实行竞争上岗、能上能下;其次,积极调整经营项目结构,加大公共体育服务市场的拓展力度,实现社会效益和经济效益双丰收;再次,建立激励与约束机制,广泛调动职工的工作积极性,注重对管理人员和技术人员的培养与管理,全面推进公共体育服务供给内部体制改革。

(五)树立危机理念,不断建立健全监管机制

树立危机理念,是决定政府与民间组织互动程度的重要主体条件。政府在加强自身危机意识的同时应注重传播社会危机文化,强化社会危机意识,增强民间组织在公共体育服务供给中的参与意识,明确制定危机应急预案,并明确政府与民间组织各自的责任。

民营化意味着政府在公共体育服务供给过程中的干预减少了,让民间组织更多地参与经营管理,为了保证公众的利益,防止社会效益受到损害,需要有一个健全、完善的监督机制,包括:制度监督机制、政府监督机制、舆论监督机制。政府不仅应建立健全监督监管机制,加强监督力度,还应积极主动引导民间组织开展法制建设,变监督为服务,提高政府工作的效率与透明度,实现二者的良性互动。

四、结　论

作为公共体育服务供给主体的政府与民间组织之间的关系既有互利、互惠、互补、互动的一面,也有彼此矛盾、针锋相对的一面。因此在公共体育服务供给主体多元化的前提下,政府与民间组织在公共体育服务供给过程中的互动关系将对降低政府运行成本、提高运动场馆经济效益、吸纳更多民间组织参与公共服务、促使政府行政职能转变、提高公共体育服务的质量与效率起到越来越重要的作用。

参考文献

[1] 陈振明.公共管理学[M].北京:中国人民大学出版社,2003.

[2] 骆秉全,张力.体育经营理论与实务[M].北京:北京体育大学出版社,2008.

[3] 汪锦军.浙江政府与民间组织的互动机制:资源依赖理论的分析[J].浙江社会科学,2008(9):31-37.

[4] 杨凤华.对我国城市公共体育场馆服务民营化改革的认识[J].首都体育学院学报,2008,20(5):22-24.

[5] 聂永有,王振坤.公共产品供给民营化背景下的政府规制研究[J].中国人口・资源与环境,2012,22(1):167-172.

作者单位:浙江工商职业技术学院

宁波引进港口经济圈国际功能平台相关建议

宋炳林　　徐兆丰

摘　要:近年来,随着亚太地区经济的活跃及我国国际地位的提升,全球功能机构或组织在华落户的意愿高涨,进程加快。宁波若能加强与中央部委的对接,争取成为一批国际性功能组织或者重大活动的常驻地,那无疑是对城市功能能级的有力提升。为此,应按照"引进一批、谋划一批、合作一批"的策略,把国际功能平台建设作为打造"一圈三中心"的重要突破口,以此来发挥宁波在"一带一路"战略中的主要支点作用。

关键词:宁波　港口经济圈　国际功能平台

宁波"港口经济圈"建设离不开一批重大功能平台的支撑。对此,宁波市委、市政府高度重视,围绕港口开发合作、产业合作共建、贸易物流发展、区域科技创新、经贸人文交流等领域谋划了一批功能平台建设。在此基础上,应进一步顺应国际功能机构在华落户的大趋势,结合宁波"十三五"规划编制,按照"引进一批、谋划一批、合作一批"的策略,把国际功能平台建设作为谋划"港口经济圈"的重要突破口,以此来提升宁波在全球化资源布局中的话语权和影响力,争取将宁波打造成为我国集聚配置国际贸易、港航物流、经贸资源的战略高地,使宁波在我国"一带一路"战略中发挥主要支点作用。

一、应抓住国际功能平台在华开拓业务的战略机遇

(一)国际功能平台组织在华"落户"大有空间

一般而言,国际组织会在各成员国设立联络点,但国际组织的总部或常设机构、分支机构的"落户"都是有选择性的。在这方面,由于世界主要的国际组织成立时间较早,其总部和分支机构在中国的数量较少。但随着近年来我国国际地位的提升,国际组织在华落户的意愿高涨,进程加快。与此同时,中央为了维护国家利益,自主发起或创设国际功能组织的进程也在加速。在这样的背景下,宁波若能主动加强与中央部委的对接,争取成为一批国际性功能组织或者重大活动的常驻地,无疑是对城市功能能级的有力提升。

(二)引进国际功能平台"落户"或者设立分支机构成为各港口城市的发展重点

在这方面,上海凭借中央的支持以及自身的优势走在全国前列。例如在港航领域,自 2013 年以来,多家国际航运机构纷纷选择上海落户。全球最大的国际航运组织——波罗的海国际航运公会在上海设立分中心,世界最大的全球性航运交易所——波罗的海交易所在上海设立代表处。不仅如此,国际海事教师联合会全球唯一执行机构、全球第一大穿梭油轮公司、国内首家国际保赔保险巨头美国保赔协会、国内首家取得外资船舶管理执照的船舶管理公司等也已先后在上海开展业务。除了上海以外,广州、深圳、武汉、重庆等地也都将争取国际航运机构落户纳入到"十三五"规划的重要任务。

(三)宁波应重点关注政府组织类、市场交易类国际航运功能平台的落户与培育

作为一个高度国际化的产业,航运业涉及全球各国利益,形成了类型多样的国际平台组织。从功能主体的角度来看,宁波可重点关注两大类:一是政府组织类,其由于拥有政府公信力或者政府间协议作支撑,因而在国际上享有较高的话语权;二是市场交易类,这类组织主要是市场长期自发形成,对全球航运交易拥有广泛的影响力。

二、宁波应加快引进一批国际功能平台

(一)引进波罗的海航交所联合编制海丝航运指数

波罗的海航运交易所(Baltic Exchange)成立于 1900 年,总部位于英国伦敦,是目前全球最大的航运交易服务商。该交易所的一个重要功能就是编制发布各类国际航运指数,目前共发布指数超过 40 条,涉及干散货运价、油轮运价、液化石油气运价、船价及拆船价估计等众多领域。其中最为知名的是 BDI 指数(Baltic Dry Index),即波罗的海指数,是当今世界上衡量国际海运及国际贸易情况最为权威的领先指数。

争取引进波罗的海航运交易所联合编制海丝航运指数,是扩大宁波配置全球航运资源话语权的关键举措。当前,宁波航运交易所推出了宁波出口集装箱运价指数(NCFI),取得了一定的实效。但也应该看到,编制出台指数容易,扩大指数的国际影响力难。目前,国内各类航运指数如雨后春笋般不断涌现,彼此之间的重复竞争态势愈发明显。在此背景下,宁波若能争取与国际顶级交易所合作,进一步健全和优化航运指数编制体系,这对于正确引导航运企业决策、扩大市场对相关指数的接受度等都具有重要意义。

为此,建议借鉴新华社国家金融信息中心指数研究院联合波罗的海航交所编制的"新华·波罗的海国际航运中心发展指数"模式,由宁波航运交易所出面,积极接洽波罗的海航交所上海办事处,在宁波市已有的出口集装箱运价指数(NCFI)的基础上,编制出台信息采集样本涵盖更为广泛、报价生成方式更为科学、市场引导能力与接受度更为权威的"中国宁波·波罗的海海上丝绸之路综合指数",并以此为依托,打造宁波影响国际航运资源优化配置的高端平台。

(二)引进世界海事大学(WMU)在宁波开展合作办学

世界海事大学是由国际海事组织(IMO)于 1983 年建立的一所旨为各国海事当局、航运公司、港航企业及航海院校培养高级管理人才的大学。学校现址在瑞典马尔默市,设有航海教育与培训、海上安全与环境培训、航运管理、港口管理等学科,每年为约 80 个国家培养近 200 名硕士研究生。

引进世界海事大学来宁波开展合作办学具有较强的现实意义。当前,宁波发展"三位一体"港航物流服务体系,其中一个重要的制约因素就在于

高素质专业人才的缺乏。而世界海事大学除了自己培养优秀人才外,目前还与国际上主要的一流海事大学广泛开展合作。例如,我国大连海事大学、上海海事大学、武汉理工大学、天津理工大学等都有其授课点。2011 年,世界海事大学在上海成立代表处,主要是为中国和亚洲其他地区提供航运科研、咨询和教育服务,这为宁波加强与其合作提供了良好的契机。

为此,建议结合当前宁波海洋研究院和海上丝绸之路研究院的建设,争取与世界海事大学开展合作办学。具体可由市教育主管部门牵头,由宁波大学出面,与世界海事大学上海代表处积极接洽,适时在宁波市海洋研究院和海上丝绸之路研究院开设国际运输与物流、航运贸易与金融、海上安全与环境管理等高级培训项目。以此为依托,可邀请国际海事航运领域的知名专家来甬授课指导,或者聘其为海洋研究院和海丝研究院的名誉客座教授,以加快夯实宁波港口人才资源。

(三)引进 APEC 港口服务网络组织(APSN)落户宁波

APEC 港口服务网络组织是由交通运输部主办、外交部协办的机构,是亚太地区交通领域的第一个综合性、开放性组织,成员是部分 APEC 经济体指定的理事会员。该港口服务网络旨在整合并推动 APEC 地区的港口及配套产业的发展,重点为其会员提供优质高效的信息服务、技术服务和经验交流平台,举办港口和航运业的会展、港口推介说明会、专题洽谈会和招商等活动,以提升以港口为节点的物流体系,加快贸易和运输便利化和自由化进程。

APEC 港口服务网络组织与宁波颇有渊源,第一届成立大会就是在宁波召开的,两者至今保持良好的协作关系。目前其秘书处设在交通运输部水运科学研究院,负责促进网络成员之间的交流活动。尽管目前存在一定的障碍,但宁波若能争取将其转移落户到本市,无疑将进一步提升宁波在亚太地区的城市影响力,并可为宁波拓展和扩大"港口经济圈"建设提供良好的交流、协商和合作载体。

为此,建议宁波进一步加强领导,提升工作力度。首先,要由市交通委牵头,抓紧形成专项方案,加快落实场地、经费、人员架构等问题。其次,要提升与中央部委尤其是交通运输部的合作水平,争取得到中央的支持,切实发挥其协调各港口的功能。再次,要善于做好相关兄弟城市的沟通工作,必要时可以考虑争取由省政府出面来加以协商。

三、宁波应加快谋划一批国际功能平台

(一)谋划设立宁波国际友城驻甬办事处集聚区

国际友好城市是指一国的城市与另一国相对应的城市通过正式的协议或制度安排结成伙伴关系。目前,宁波的国际友好城市(包括友好交流城市)有 40 余个,包括德国亚琛、意大利佛罗伦萨、法国鲁昂、英国诺丁汉、美国威尔明顿、比利时安特卫普、韩国大邱等发达城市。

加强与国际友好城市合作,是促进宁波与"一带一路"沿线国家(城市)开展经贸合作和人文交流的务实、可行的选择,也将提升宁波城市的国际化程度。作为副省级城市,宁波参与国家开放战略,要充分利用好现有的各种资源。其中一个重要的途径就是要依托国际友城这一载体,争取其在宁波设立办事处,进一步做实和拓展其在"宁波企业走出去、国外优质资源引进来"过程中的桥梁纽带功能和国际合作渠道,为宁波"港口经济圈"建设发挥特殊的作用。

为此,建议加快谋划设立宁波国际友城驻甬办事处集聚区。具体可在宁波市东部新城门户区设立专门区域,预留相对集中的行政办公用房,为国际友城的入驻提供免费的办公场地及相应的服务保障。同时,市外事部门应加快制定专项方案,积极接洽相关国际友城。尤其是要按照先易后难的顺序,前期重点争取亚琛、大邱、鲁昂、安特卫普等结对时间较长、交流往来较为频繁、业务拓展空间较大的城市成立驻甬办事处,并派驻专人运营维护,并在举办海外宁波周、对接国内外产业信息、公务商务交流等方面开展深入合作。

(二)谋划设立海丝国际港口合作服务组织

海丝国际港口合作服务组织(或称国际港口联盟)的成员主要包括国内沿海沿江港口、"海上丝绸之路"沿线沿带的东盟、东南亚、中西亚、中东欧等国家和地区的港口(无水港),其目的是推动成员港口在基础设施共建共享、国家航线设置、航运价格协调等方面加强互利合作。

谋划设立海丝国际港口合作服务组织,已经纳入到市委、市政府的重要议事日程,并纳入到国家发改委"一带一路"项目库,有利于宁波推动港口航线互联互通,协调各国港口的政策和利益,提升口岸服务水平和资源共享程

度,协商各地的航运政策和航线设定,推动区域间航运业的发展与繁荣,构建跨区域、大容量、高效率的港口交流网络。

为此,宁波应加快制定详细方案,进一步争取由国家发改委牵头,交通运输部、外交部、民政部等相关部委支持并批准同意,由宁波港发起成立"海丝国际港口合作服务组织",在民政部的支持下依法登记注册,并将该组织的总部和秘书处设在宁波。争取到 2020 年,港口成员达到 30 个,内陆"无水港"超过 15 个,新增"一带一路"国际航线 5 条以上,海铁联运比重提高到 2％左右。

(三)谋划设立港航信息交互平台

港航信息交互平台以实现船舶、港口、航道、货物等航运要素的动态信息适时交换为重点,建立港口信息、航道信息、船舶信息、船员信息等航运基础信息资源数据库和相应的标准规范,逐步形成覆盖全国航运各项业务的信息化应用体系,最终实现航运信息资源综合开发利用与共享,全面提升港航业物流组织、综合服务和行业管理的效益。

谋划设立港航信息交互平台,是落实中央关于打造江海陆联运服务中心要求的重要举措。目前,全国各地港口信息化建设呈现出"单兵作战"的态势,全国性的船舶、企业、港口等基础数据库尚未建立,信息系统资源整合不够,信息化的整体效益没有得到充分发挥。如果宁波能够争取中央相关部委的支持,将港航信息交互平台做成综合性、带动性乃至全国性的项目,那么无疑将在全国港航资源的整合、交易、应用、拓展等方面拥有非常有利的话语权。

为此,建议充分发挥宁波港 EDI 信息系统等现有信息平台功能,抓紧编制具体的建设方案及推进思路,争取交通运输部的支持,尽快建立与江海陆联运要求相匹配的跨区域港航信息交互平台。在实施过程中,要按照"应用主导、纵向贯通、横向集成、信息共享"的原则,争取实现与联运城市的信息对接,实现与海关、检验检疫、银行、保险以及物流企业的信息对接,实现与码头、铁路场站等基础设施的信息对接,保障联运服务中心顺畅运行和现代物流服务功能正常发挥。

四、宁波应加快开展一批国际合作活动

(一)争取中国—中东欧国家投资贸易博览会永久落户

中国—中东欧国家投资贸易博览会是中国与中东欧国家首个以投资贸易为主题的综合性博览会,是扩大中国与中东欧国家商贸合作和人文交流的重要平台。宁波应以首次承办为契机,争取将其永久落户。

中东欧博览会在宁波永久落户,不仅可以拓展宁波参与全球价值链的广度与深度,更将在客观上形成宁波与中东欧国家开展交流合作的长效机制,有利于深化宁波贸易便利化、经济全球化、城市国际化的大开放格局。作为我国东南沿海著名的港口城市,宁波外向型经济和商贸经济比较发达,并多次承办大型综合性展会,完全有条件在我国与中东欧国家投资贸易洽谈过程中发挥更重要的作用。

为此,应进一步加强与国家相关部委、浙江省政府的对接与沟通,成立宁波中东欧国家投资贸易博览会办公室(或类似机构),具体负责博览会的筹备、组织、运作和管理等工作,先期在东钱湖度假区建造永临结合的展馆,争取将中国—中东欧国家投资贸易博览会永久落户宁波,并将其打造成全方位的国际贸易对接、对外投资合作和人文交流平台。

(二)争取成为中国航海日固定活动城市

"中国航海日"是由政府主导、全民参与的全国性的法定活动日,既是所有涉及航海、海洋、渔业、船舶工业、航海科研教育等有关行业及其从业人员和海军官兵的共同节日,也是宣传普及航海及海洋知识、推广海洋文化的全民族活动。其定在每年的 7 月 11 日,同时也作为"世界海事日"在中国的实施日期。第十一届"中国航海日"活动于 2015 年在宁波举行。

宁波应在举办 2015 年中国航海日活动的基础上,争取成为该活动的固定承办城市。按照国家"一带一路"战略构想,这不仅有利于提升宁波全民航海意识、海洋意识和海洋国土意识,成为宁波港城文化建设的重要载体,而且有利于进一步扩大宁波在海内外的知名度,为宁波发展带来全球注意力的聚焦效应,是宁波扩大"港口经济圈"影响力的有利契机。

为此,建议在宁波市 2015 年中国航海日活动筹办委员会的基础上,进一步将其升格为由市政府主要领导牵头的、各主要部门参与的协调议事平

台,制定详细的包括会址、经费、活动形式、组织架构等在内的永久落户一揽子方案计划,主动加强同交通运输部、中国航海学会等机构的联系,争取中央部委和省里的支持,成为航海日活动固定承办城市,并以此为契机,加强同世界海事组织的业务联系。

(三)争取国际海运(中国)年会永久落户

国际海运(中国)年会,又称中国国际海运年会,是目前国际航运界规模最大、层次最高、最受瞩目的高峰论坛,在业界享有"海事达沃斯"之美誉。与会人员主要来自国内外企业、行业协会、国际组织以及政府机构的高层领导、行业精英、专家学者,研讨内容涵盖海运、造船、港口、物流、贸易、金融等各方面,是全球航运业界把握市场脉动、洞悉客户需求、创造商机、实现共赢的重大互动平台。

自 2004 年以来,国际海运(中国)年会先后在北京、上海、深圳、重庆等地成功举办了 10 届。宁波是 2013 年国际海运(中国)年会的举办城市,当时共吸引了国际知名专家、全球航运及相关行业的 800 多位代表到会,得到了海内外媒体的广泛关注,有力拓展了宁波港城建设的资源网络和全球影响力。鉴于该年会在业界享有极高的声誉及行业影响力,宁波应积极争取将其永久落户。

为此,建议由宁波交通委牵头,积极跟相关机构进行接洽。目前,该年会采取"三国四方"的联合主办方式,即由国内规模最大、世界第二的航运企业——中远集团(COSCO)、国内主要航运媒体——《中国远洋航务》(MARITIME CHINA)、国际著名航运咨询机构——英国德鲁里航运咨询公司(Drewry)和国际航运界重要媒体——《美国商务日报》(JOC)联合主办。在具体工作中,可采取"上下结合"的方式,一方面,要重点取得与中远集团、《中国远洋航务》等国内企业的支持,另一方面,要从服务国家"一带一路"战略高度出发,积极向上争取交通运输部的支持,推进此项工作取得突破。

五、结　语

总而言之,宁波要发挥在"港口经济圈"建设中的辐射作用,离不开一批有重大影响力的功能平台做支撑。由于该项工作的综合性和政策性都较强,单靠个别部门的努力难以形成工作合力,必须从市级层面切实加强领导。为此,建议成立由市主要领导牵头,市发改、交通、外事、商委、大活动办、宣传等多部门参与的"吸引国际组织入驻宁波领导小组",抽调得力干部、夯实组织和经费保障,努力将其打造成为一个有足够权威、可以在中央政府和地方政府间以及地方政府各部门间充分协调、形成合力的工作班子。

作者单位:宁波市社会科学院

宁波市文化产业公共服务平台建设研究

姜建蓉　　陈珊珊

摘　要:近年来,宁波陆续建立了一些文化产业公共服务平台,呈现以下发展特征:从平台行业分布上看,"文化创意和设计服务"行业服务平台占行业领域首位;从平台服务类型上看,以信息服务平台与交易展示平台为主;从平台建设主体上看,呈现政府、行业协会、园区(基地)、企业多元参与特征;从平台运营成果上看,对文化产业发展的推动作用初步显现。但文化产业公共服务平台建设尚未成为推动宁波文化产业发展的重要抓手,有影响力的大型文化产业共性服务平台稀缺,已建平台小而散,作用发挥不够显著,平台配套尚不完善。下一阶段,建议重点建设综合公共信息服务平台、文化产业投融资服务平台、对外文化贸易平台、文化创意与设计服务平台四大文化产业公共服务平台,并建立相应的平台建设保障机制。

关键词:文化产业公共服务平台　文化产业投融资服务平台对外文化贸易平台　文化创意与设计服务平台

一、文化产业公共服务平台的概念界定

所谓文化产业公共服务平台,是以为文化产业企业提供公共服务为宗旨,以资源共享和产业服务为核心,集聚和整合社会各方资源,通过政府机

构、文化产业园区(基地)、企业、中介组织、科研院所或高校等,搭建物质与非物质的服务平台,建立共享机制和运营管理组织,为文化企业发展提供公共便利,创造开放、共享的服务网络和体系。本文根据主要服务内容,将其分为信息服务平台、技术与研发平台、知识产权保护平台、展示交易平台、投融资服务平台、人才培育与交流平台六大类。

搭建文化产业公共服务平台,对宁波文化产业发展的意义主要表现在以下几个方面:一是可以整合各方公共资源,形成资源共享、优势互补的公共服务能力,提高资源利用水平;二是可以降低文化企业尤其是中小文化企业的生产、创新成本,提升企业的可持续发展能力;三是发挥集聚效应,加强产业链紧密度,优化提升文化企业的盈利能力,壮大文化企业集群,提升文化产业发展质量;四是通过平台布局引导各区域、各行业资源配置,优化文化产业整体布局;五是促进政府文化管理职能和服务方式的转变,可通过服务平台获得关于行业和市场的有效讯息,提高文化产业扶持资金的使用效率和效果,有利于政府做出及时、准确的宏观管理决策。

二、宁波市文化产业公共服务平台特征

近年来,宁波陆续建立了一些文化产业公共服务平台,平台数量呈逐年增加的态势,但由于平台建设起步较晚,仍处于发展初级阶段。课题组调查分析认为,宁波市已建的文化产业公共服务平台呈现如下发展特征:

(一)从平台行业分布上看,"文化创意和设计服务"行业服务平台占行业领域首位,其次为"文化用品的生产"

依据国家统计局《文化及相关产业分类(2012)》标准,文化及相关产业可分为新闻出版发行服务、广播电视电影服务、文化艺术服务、文化信息传输服务、文化创意和设计服务、文化休闲娱乐服务、工艺美术品的生产、文化产品生产的辅助生产、文化用品的生产、文化专用设备的生产十大类。根据课题组不完全统计,宁波"文化创意和设计服务"行业已建 15 个服务平台,"文化用品的生产"行业已建 4 个服务平台(见表 1),其他行业均未建立 3 个以上服务平台,其中文化信息传输服务、工艺美术品的生产、文化专用设备的生产等一些行业尚未建有服务平台。2014 年,宁波文化产业分行业增加值占增加值总额比重最高的是"文化用品的生产"与"文化创意和设计服务",

分别占 47.92%、11.64%,宁波文化产业公共服务平台行业分布与文化产业主导行业分布存在大致的对应关系。从细分行业看,"文化创意和设计服务"类主要集中在动漫游戏、工业设计和广告业,"文化用品的生产"主要集中在文具业。

表1　"文化创意和设计服务"和"文化用品的生产"行业已建服务平台

一、"文化创意和设计服务"行业服务平台

序号	平台名称	平台建设(主办)单位	平台类型
1	宁波市工业设计产业公共服务平台	宁波市经信委、宁波市企业服务领导小组办公室	信息服务
2	中国动漫衍生品交易平台	宁波卡酷动画制作有限公司	交易展示
3	中国动漫设计服务外包公共平台	宁波卡酷动画制作有限公司	交易展示
4	宁波国际动漫展	宁波市经信委	交易展示
5	鄞州动漫创意馆	国家动漫游戏原创产业基地	交易展示
6	和丰创意广场设计交易平台	和丰创意广场	交易展示
7	和丰创意广场信息情报平台	和丰创意广场	信息服务
8	和丰创意广场技术服务平台	和丰创意广场	技术与研发
9	和丰创意广场培训教育平台	和丰创意广场	人才培养与交流
10	和丰创意广场国际交流平台	和丰创意广场	人才培养与交流
11	和丰创意广场融资担保平台	和丰创意广场	投融资服务
12	宁波广告产业园区广告人才实训平台	宁波广告产业园区	人才培养与交流
13	宁波广告产业园区快印、数码特种打印研发平台	宁波广告产业园区	技术与研发
14	宁波广告产业园区创业平台	宁波广告产业园区	信息服务
15	宁波广告产业园区大师培训平台	宁波广告产业园区	人才培养与交流

二、"文化用品的生产"行业服务平台

序号	平台名称	平台建设(主办)单位	平台类型
1	宁波市文具产业公共服务平台	宁波市经信委、宁波市企业服务领导小组办公室	信息服务

续表

序号	平台名称	平台建设(主办)单位	平台类型
2	中国(宁海)文具文化创意产业博览会	中国文教体育用品协会、宁波市经信委、宁海县人民政府	交易展示
3	中国文具供应链服务平台	贝发集团	交易展示
4	宁波市制笔产业公共服务平台	宁波市经信委、宁波市企业服务领导小组办公室	信息服务

注:表中12—15为宁波广告产业园区近期已建或在建平台,另有4个远期建设平台,即时尚品牌研发平台、创意众筹网络交易平台、新媒体在线教育平台和其他专业化技术支持服务平台。

(二)从平台服务类型上看,以信息服务平台与交易展示平台为主

信息服务平台多为线上平台,主要包括:市本级与各县(市、区)建立的文化产业网,如宁波市文化产业网、慈溪市文化产业和信息资源交流平台、鄞州文化产业网等;文化行业信息服务平台,如宁波市文具产业公共服务平台、宁波市工业设计产业公共服务平台、宁波市制笔产业公共服务平台等;文化产业园区信息服务平台,如和丰创意广场信息情报平台等。交易展示平台主要包括:政府扶持举办的相关展会,如中国(宁海)文具文化创意产业博览会、宁波国际动漫展等;企业自发建立的线上交易平台,如中国动漫衍生品交易平台、中国动漫设计服务外包公共平台、中国文具供应链服务平台;文化产业或园区建立的交易展示平台,如鄞州动漫创意馆、和丰创意广场设计交易平台。近两三年来,宁波在推动文化金融融合方面的工作力度较大,试水投融资服务平台建设,探索设立文化金融特色支行——中国农业银行股份有限公司宁波文化创意支行,引进上海文化产权交易所宁波分中心等。宁波建有1个知识产权保护平台,即宁波市科技局宁波科技信息研究院主办的宁波市知识产权服务平台。此外,宁波市一些文化产业园区也建有零星的技术与研发平台、投融资服务平台和人才培养与交流平台,这些平台成立时间较短,影响范围较小,建设成效还不够明显,如宁波广告产业园区在建的快印、数码特种打印研发平台,和丰创意广场融资担保平台,智巢慈溪文化创意园和宁波行知中等职业学校联合创办的慈溪市文化创意后备人才实训基地等。

(三)从平台建设主体上看,呈现政府、行业协会、园区(基地)、企业多元参与特征

以政府为主体建设的代表性平台,如宁波市经信委主办的宁波市文具产业公共服务平台、宁波市工业设计产业公共服务平台、宁波市制笔产业公共服务平台,它们均属于宁波市中小企业公共服务平台的子平台;以行业协会为主体的代表性平台,如宁波市文化产业促进会主办的宁波市文化产业网;以企业为主体建设的代表性平台,如宁波卡酷动画制作有限公司主办的中国动漫衍生品交易平台、中国动漫设计服务外包公共平台。值得注意的是,随着近两年宁波市文化产业园区的发展壮大和规范化运营,园区(基地)作为建设主体的平台的比例在不断上升。2014 年,市文改办对全市 16 个文化产业园区进行调研,结果显示,"大部分园区建有 1 个以上的服务平台,将近一半园区有 3 个以上的园区服务平台。只有 3 个园区没有服务平台"①。由于以上数据由园区自主填报,它们对于"文化产业公共服务平台"的定义与课题组或许存有一定的出入,但反映出园区建设公共服务平台的主动性和积极性在不断提高,园区服务平台的数量在不断攀升。

(四)从平台运营成果上看,对文化产业发展的推动作用初步显现

虽然文化产业服务平台起步较晚,但一些已建平台尤其是交易展示平台已经在优化整合资源,强化创意孵化,提升从业企业、个人和整个产业的盈利能力方面初步发挥了作用。如中国(宁海)文具文化创意产业博览会(以下简称文博会)已连续举办 3 届,展会的规模和影响力不断扩大,2014 年文博会共吸引了 1.3 万余人次参观,达成意向成交额 8900 万元,现场订单达 1300 余万元。参展企业达 148 家,共有展位 400 个,吸引了来自马来西亚、韩国、泰国、印尼等国,以及我国香港地区的专业买家 2520 余人前来采购产品,为宁波文具企业走向世界搭建了一个更高的平台。宁波首家动漫产品交易电子商务平台——中国动漫衍生品交易平台上线半年之后,就创造了 1300 万元的交易额。

---

① 资料来源:《宁波市文化产业园区发展研究报告》,内部资料。

三、宁波市文化产业公共服务平台建设存在的问题

(一)平台建设尚未成为推动文化产业发展的重要抓手

首先,"文化产业公共服务平台是产业服务体系中最重要组成部分之一"的共识没有达成,对平台建设的引擎作用、杠杆作用、倍增器作用没有深刻的认识。其次,缺乏文化产业公共服务平台全市层面的总体和长期规划,建设目标不明确,运作保障机制不健全,政府管理指导机构的权威性不强。再次,引导方向模糊,没有形成平台建设的统一认识,规划的重点方向缺乏指导;产业内的相关政府部门、行业协会、文化产业园区或基地、文化企业、科研院所各方对文化产业发展、对产业公共服务平台建设的重视程度有较大差异。

(二)有影响力的大型文化产业共性服务平台稀缺

当前文化产业各细分子行业之间,以及细分子行业与旅游、金融、科技等产业之间出现了跨界融合的大趋势,细分行业自身的公共服务平台已经无法满足需求,亟须有影响力的共性服务平台。但目前宁波缺少覆盖全市、全产业,在省内、国内有影响力的文化产业共性服务平台。大多数文化产业服务平台规模较小,服务对象局限于某一行业或某一园区(基地),仅有的几个共性服务平台,如宁波文化产业网、宁波市知识产权服务平台,自身建设水平还有待进一步提高,在文化企业中的影响力比较有限。

(三)已建平台小而散,作用发挥不够显著

一是平台资源集约程度低。由于行政管理体制的制约、规划和布局的局限,各类服务资源的社会共享度不高,造成利用效率差、重复建设、资源浪费和地域差距拉大等问题,无法形成集成优势,亟待进一步整合完善。二是平台资源利用率不高。平台建成后,宣传、示范、推广力度不足,知名度低,再加上一些企业尤其是中小企业,缺乏主动利用平台的意识,导致平台资源的效用无法完全发挥。文化行业主管部门在进行资源配置时,也较偏向于发展成熟、运营稳定的大中型文化企业。根据课题组的调查,有超过 2/3 的中小企业不清楚相关的公共服务平台情况,更谈不上利用。

(四)平台配套尚不完善

一是缺少文化产业公共服务平台的认定标准,对于文化产业公共服务

平台的数量、服务质量和水平、平台运营的经济效益和社会效益难以评估和判断。二是平台组织管理体系不健全,缺乏对各类平台统一、规范的管理;平台开发基础薄弱,缺乏与平台建设相适应的专业化人才队伍等。三是缺少科学合理的跟踪评估机制和行之有效的激励机制,一些服务平台建好后基本处于自生自灭的状态,缺乏市场意识、竞争意识,从而影响了平台对外开放共享的积极性和主动性,导致其服务意识落后。

四、宁波市需重点打造的四大文化产业公共服务平台

根据《宁波市文化产业发展三年行动计划(2015—2017 年)》提出的重点发展产业、重点扶持项目、重点打造工程,结合宁波文化产业服务平台建设现状,建议在未来一段时期内重点打造以下几大文化产业公共服务平台。

(一)综合公共信息服务平台

以宁波文化产业促进会主办的宁波市文化产业网为基础,集成各县(市、区)文化产业网和主要文化行业信息服务平台,整合资源,拓展功能,提升层级,成立文化产业公共信息服务平台,向社会各界提供权威、全面的文创产业领域公共信息服务。信息服务平台在功能设计上应包括以下几方面:一是文化产业信息内参服务;二是文化产业对接交流服务;三是重点园区、企业、项目信息公共发布服务。

(二)文化产业投融资服务平台

随着我国文化产业与金融业的深化合作,文化金融作为一种新业态正在成形。文化产业投融资服务平台作为文化金融的服务形态,可以在文化产业资源配置中起到核心杠杠作用。宁波应以争创国家文化金融合作实验区为契机,创新金融服务手段,培育高规格、通用型的文化产业投融资服务平台。一是探索设立文化产业担保基金;二是探索设立文化产业投资基金;三是建设好 2015 年 7 月签约落户的上海文化产权交易所宁波分中心,将之真正打造成为服务文化产业发展的一站式金融服务平台。

(三)对外文化贸易平台

港口是宁波最大的资源,对外贸易是宁波经济增长的主要力量,宁波发展文化产业、建设文化强市也要利用好这一优势,积极推动对外文化贸易发展。目前,宁波保税区正在试水"文化保税区"项目——将保税区功能向文

化产业延伸,使其享受特殊功能、便捷通关模式、产业发展基础和政府服务等政策。2014年国务院《关于加快发展对外文化贸易的意见》指出,要"搭建若干具有较强辐射力的国际文化交易平台,推动文化产品和服务出口交易平台建设"。要积极创造条件,向文化部争取在宁波保税区设立国家级对外文化贸易基地,力争将宁波打造成为我国重要的文化产品和服务的出口基地、对外文化贸易大港。

(四)文化创意与设计服务平台

应优先选取带动能力强、发展前景好、成长性高的文化行业,有重点、有次序地培育若干行业综合公共服务平台。文化创意与设计服务业具有跨界融合功能,能有效促进宁波传统优势产业制造业的转型升级,且目前宁波在工业设计、动漫游戏、广告等领域已零散地建立起一些服务平台,有较好的发展基础,所以建议优先试点培育市级创意设计服务平台。可采用"1+X"模式,1即一个综合性核心平台,X即根据细分行业或具体服务内容,设若干个子平台。力求通过2~3年时间,不断完善功能,对相关企业在整个价值链上提供全方位服务,有效促进宁波市文化创意与设计服务业的发展。

五、加强文化产业公共服务平台建设保障

(一)统筹规划平台建设,建立平台管理办法

一是统筹规划平台建设,制定平台建设总体战略规划。根据宁波市文化产业发展规划要求,结合本市文化产业发展实际,对符合文化产业发展方向的核心领域相关平台实行优先重点发展政策,构建"核心平台为主体、相关平台为辅"的平台网络体系。二是出台平台认定和管理办法,规范平台建设。通过办法规范全市范围内与文化产业公共服务平台资源的投入、管理、调整和使用相关的行为,界定平台主办方、平台管理者、平台使用者之间的关系,明确各方的权利和义务,制定公共服务平台建立、运行和评估等相关规定,做到平台运行规范、严谨、高效。三是制定标准体系,形成统一技术规范。在平台的建设过程中逐步完善相关技术标准和数据标准,并通过共享服务在相关领域和行业中加以应用和推广,便于实现各平台之间的对接与整合,优化平台资源的共享与服务。

(二)整合各方力量积极参与,形成多元投入格局

一是进一步促进平台建设主体的多元化。政府在平台构建中发挥的作用或扮演的角色要灵活,要根据性质对平台进行分门别类,确定相应的建设主体,充分发挥各方资源和能力的优势。对公益性很强的平台,政府应该起主导作用,由政府通过申报评审或招标选择平台的设计、建设和运营机构,并全程进行监管,如知识产权平台、人力资源平台;对公共性和营利性兼具的平台,政府应该起引导作用,由高校和创意机构、园区管理机构、行业协会、文化企业等承办,如管理咨询平台、文献资料平台、成果转化平台、交易展示平台等;对投资大、风险高、专业性强的平台,以龙头文化企业为主导,政府通过市场手段进行扶持,如技术服务平台。二是资金投入的多元化。加大政府财政投入,近年来宁波市文化产业发展专项资金的增长幅度较大,规模从 2008 年的 1000 万元提高到了 2015 年的 1.5 亿元,建议从文化产业发展专项资金中划拨专款用于文化产业公共服务平台建设。并以此为引导,鼓励多方投资,运用市场力量吸引社会团体、企业、个人的资金投入,形成多渠道筹措经费的格局。

(三)完善绩效评价,建立激励或淘汰机制

一是健全绩效评估监督体系。政府投资建设的公共平台需要通过申报评审或招投标制度择优选择运营机构。要重视服务效果和社会效益,确立科学合理的绩效评估标准,形成具有可操作性的评估指标体系。评估内容包括平台运行是否符合预期定位,制定平台管理制度和服务规则是否完备,平台社会服务效果如何,服务对象满意度如何等。二是建立激励或淘汰机制。对政府投入或参与的公共平台,要根据绩效评估体系对平台运行效果进行全面评估,评估结果由文化产业主管部门审议后向社会公告,并对运行效果好的公共服务平台项目或承办单位加大支持力度,对未能按计划实施建设和有效运行平台的单位进行督促整改,或直接淘汰。

参考文献

[1] 彭立勋. 改革开放与城市文化发展:2009 年深圳文化蓝皮书[M]. 北京:中国社会科学出版社,2009.

[2] 花建. 发展我国文化产业的服务平台体系:要求·重点·业态[J]. 同济大学学报(社会科学版),2015(3).

[3] 赵继新,楚江江. 北京文化创意产业公共服务平台构建研究[J]. 北方工业

大学学报，2011，23(2)：1-8.

[4] 卢山山，杨玲. 文化创意产业公共服务平台研究[J]. 渤海大学学报(哲学社会科学版)，2012(4)：136-139.

[5] 程正中. 北京文化创意产业公共服务平台建设问题研究[J]. 北方工业大学学报，2009，21(4)：5-8.

[6] 刘春香. 宁波公共服务平台发展战略研究[J]. 三江论坛，2012(11)：27-31.

作者单位：宁波市社会科学院

从榜单视角看宁波跻身大城市第一方队

宋炳林　陈　琳

摘　要："进入全国大城市第一方队"，既是省委省政府对宁波提出的新要求，也是宁波"十三五"期间创先争优的新标杆。本文基于城市竞争力榜单的视角，从横向和纵向两个维度，综合分析宁波在大城市竞争格局中的位次变化，精准诊断优势、劣势与短板所在，定位宁波下一阶段赶超争位的起点与基础，为宁波进入全国大城市第一方队提供参考。

关键词：宁波　榜单　大城市第一方队

"溯本追源思甬地，三江相汇五洲通"，宁波地处杭州湾南翼，犹如一颗镶嵌于东海岸的明珠，从 1984 年被确认为首批沿海开放城市之后，宁波依托港口区位优势，在遍布海内外的宁波帮的鼎力支持下，民营经济蓬勃发展，一度跻身国内大城市第一方队：2003 年，宁波的城市综合竞争力曾连续两年排名全国第 8；地区生产总值在长三角核心区 16 市中排名第 5，在 15 个副省级城市中排名第 6。

但是，近年来随着成都、武汉、长沙等中西部城市在西部大开发、中部崛起等国家级发展战略中异军突起，宁波作为首批沿海开放城市的政策优势和计划单列市的体制优势日趋减弱，先发优势正在逐步弱化，宁波在全国重点城市中的位次也因此逐步下滑：根据中国社科院历年发布的《中国城市竞争力报告》，宁波的城市综合竞争力排名由 2003 年的全国第 8 逐步下滑至 2015 年的全国第 22 位（包括港澳台城市）；2014 年地区生产总值在长三角核心 16 市中排名第 6，在副省级城市中排名第 9，逐步退居第二方队并处于第二方队的引领区间。在此背景下,跻身全国大城市第一方队,既是浙江省委对宁波提出的新要求,也是宁波主动适应和引领新常态的战略追求。

鉴于当前各类城市排行榜日趋增多的客观现象,本研究重点选取若干社会认可度较高、社会影响力较大、评价方法相对科学的城市榜单,试图呈现宁波在全国城市竞争格局中的位次与坐标,查找宁波近年来在城市发展中的比较优势与薄弱环节,为宁波谋划"十三五"工作提供全新的维度与视角。

一、宁波城市综合竞争力筑底企稳,处于第二方队的引领位置

根据中国社科院发布的《中国城市竞争力报告》,宁波自"十一五"以来,由于传统的经济外向型、要素粗放型和劳动密集型的发展模式面临严重挑战,城市综合竞争力总体处于下滑态势,在我国大陆城市中的排名从 2006 年的第 10 位下降到 2015 年的第 18 位。根据第一方队的初步标准(前 15 名),目前宁波居于第二方队的引领位置(见图 1)。

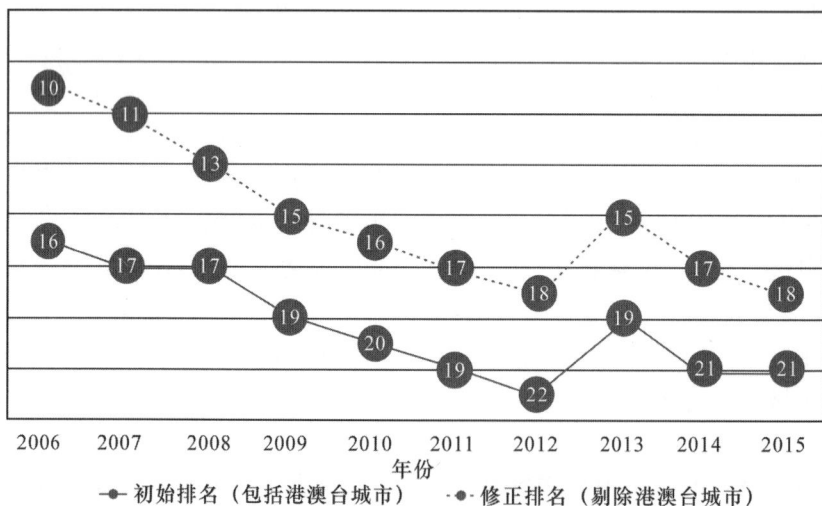

图 1　宁波城市综合竞争力排名指数趋势

同时也应该看到,近 3 年来,在"六个加快""双驱动四治理""经济社会发展三年行动计划"等战略引领下,宁波城市综合竞争力止跌企稳的趋势初步显现。从 2012 年开始,竞争力指数呈现小幅攀升,尽管也有所回落,但总

体上筑底企稳的格局正在形成，这为日后宁波跻身全国大城市第一方队奠定了有力的支撑。

更值得庆幸的是，自从 2013 年中国社科院财经战略研究院首次构建从和谐、生态、知识、全域、信息、文化等 6 个方面综合衡量的可持续竞争力评价体系后，宁波的可持续竞争力要明显优于综合竞争力（见图 2）：不仅排名有所上升，2014 年起连续两年排名全国第 12 位，较 2013 年的全国第 16 位有明显上升；如果按照前 15 位的第一方队划分标准，宁波的可持续竞争力自 2014 年以来已经连续两年跃居第一方队阵营；综合排名优于长沙、武汉等内陆省会城市，显示出宁波的城市发展更具长期潜力与内生能力。在可持续竞争力的 6 个分项中，宁波进入和谐城市、信息城市 2 个分项的 10 强城市榜单，表明在宁波城市发展过程中，牢固依托港口区位优势，有效发挥了长三角南翼中心城市的交通节点作用，城市发展与民生改善的协同效应也较为显著。

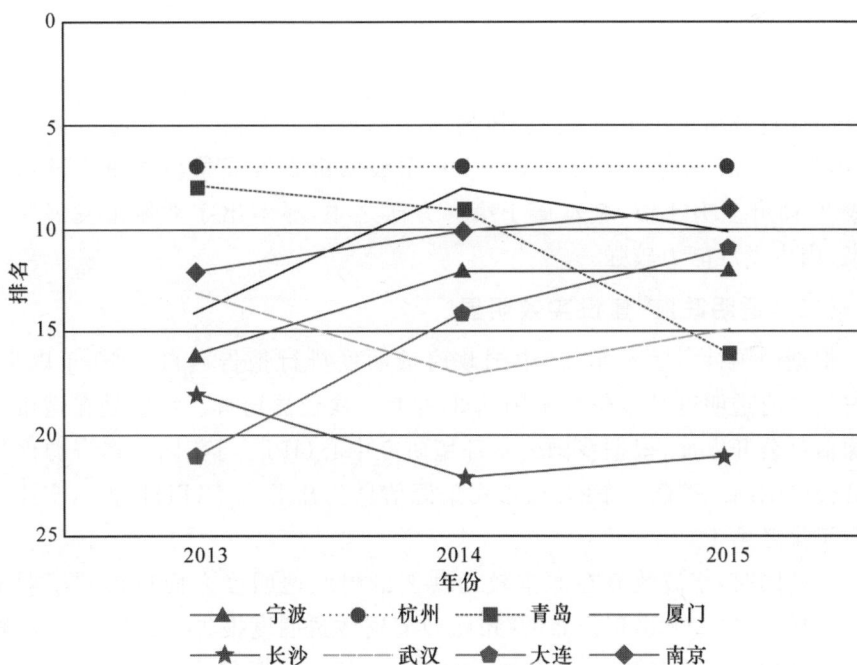

图 2　重点城市可持续竞争力排名比较

二、应进一步弘扬宁波城市发展中的比较优势

虽然综合竞争力呈现下降趋势,但是宁波在诸多领域仍然具备比较优势,不仅单项指标走在全国前列,且排名稳中有升,这构成了宁波综合竞争力反弹提升的积极因素,应在今后进一步做优做强,将其打造成响亮的"城市名片"。

(一)总部经济的发展条件得到社会认可

根据北京社科院发布的《中国 35 个主要城市总部经济发展能力评价》排行榜,宁波从 2012 年开始连续两年跻身全国前 10,并长期居于第 II 能级。这表明,宁波的基础条件、商务设施、专业服务能力及产业链配套等综合环境得到了投资者的广泛认可,这有助于深入推进宁波城市经济的高端化发展。

总部经济发展能力的增强,也带动了宁波城市发展质量的提升:根据国资委商业科技质量中心研究室、凤凰城市与旅游研究院等单位联合发布的《中国省市发展质量排行榜》[①],2014 年宁波城市发展质量位居重点城市第 8,较 2013 年上升 1 位,基本居于第一方队之中,显示出宁波城市发展质量较高、内生发展能力较强。

(二)"透明政府"建设实效明显

根据中国社科院发布的《中国政府透明度排行报告》,自 2010 年以来,宁波的政府透明度基本位居全国前 3,并有 3 次位居榜首。特别是在城市污染源信息公开方面,根据我国公众环境研究中心(IPE)与美国自然资源保护委员会(NRDC)联合发布的《城市污染源信息公开指数(PITI)报告》,宁波连续 5 年排名第 1。

与此同时,宁波政府在原本较为薄弱的财政透明度方面也得到了明显改善:根据清华大学历年公布的《市级政府财政透明度报告》,2015 年宁波财政透明度的综合排名从 2014 年的全国第 98 位成功跃居全国第 10 位,而且

---

① 从发展速度、民营经济占比、第三产业占比、内生发展能力(与固定资产投资占 GDP 比重成反比)、人均 GDP 等 5 个方面进行综合评估。

成为公布政府性债务与举债资金使用情况的为数不多的 6 个城市^①之一。

这些都充分表明,宁波市委、市政府主动适应互联网时代发展要求,推行政务信息公开,以及实现经济社会绿色化发展的信心与决心,构成了政府良好信誉的重要内容。

(三)城乡居民的获得感较强

近年来,宁波始终坚持城乡统筹发展,百姓安居乐业得实惠的局面总体形成。根据新华社《瞭望东方周刊》组织的调查评比,宁波在过去 8 年,有 6 次获评为"全国最具幸福感城市"称号。不仅如此,宁波更是荣膺"全国文明城市"4 连冠。与此同时,根据北京师范大学政府管理学院发布的《2014 中国民生发展报告》,宁波的民生发展状况在 35 个重点城市中排名第 8,特别是文化教育领域,排名第 4,仅次于广州、南京与厦门,显示了宁波在建立覆盖城乡、惠及新宁波人的教育体系方面取得的巨大成就。这充分表明,宁波经济社会发展的过程,是一个藏富于民、让利于民、造福于民的过程,宁波较好地实现了城市发展与居民获益的协同增进。

三、应高度关注宁波比较优势弱化的领域

近年来,随着成都、武汉、长沙等中西部省会城市的异军突起,宁波作为沿海开放城市的先发优势正在逐步弱化,一些传统的优势领域出现竞争力下降的态势,凸显了宁波在新常态下加快转型升级的迫切性,对此应予以高度关注。

(一)投资营商环境与金融生态环境有所弱化

作为沿海港口城市,宁波城市的商业氛围一直较为浓厚,投资营商环境比较优良。但从国际金融危机以后,根据福布斯杂志发布的《大陆最佳商业城市排行榜》显示,宁波的排名从危机前的全国第 5 名,逐步下滑到目前的全国第 8 名。尽管仍然居于高位,但是这种下行的态势值得警惕。其背后的深层次原因在于,金融危机以后宁波传统的外向型经济面临严峻挑战,使得宁波在总体经济规模、消费能力及民营经济活力等方面的相对优势趋于弱化,进而导致营商竞争力排名下行。

---

① 其余 5 个城市为北京、广州、上海、天津、厦门。

与此同时,根据中国社科院金融研究所、中国金融学会最新发布的《中国地区金融生态环境评价(2013—2014)》[1],宁波的金融生态环境评价综合排名全国第 6,对比 2004—2005 年度的全国第 2(仅次于上海)与 2008—2009 年度的全国第 4(仅次于杭州、上海与深圳),呈现较为明显的下行趋势。而且横向分析,得分与分别排名第 4、第 5 的杭州、广州存在较大差距;与此同时,仅以微弱优势领先紧随其后的南京、厦门、绍兴、无锡等城市。特别值得注意的是,课题组在 2013—2014 年度的评价报告中,在原有评价体系的基础上引入"地方债务对金融稳定的影响"这个一级指标。如果剔除该指标的贡献以保持相对一致性,宁波的金融生态环境评价综合排名还将进一步被南京、厦门、无锡、北京等城市反超,下跌到全国第 10 位。这一点充分说明,宁波金融生态环境的传统优势领域,例如金融发展、制度与诚信文化等指标,均出现较大幅度的弱化现象,其中金融发展的分项排名从 2004—2005 年度的全国 13 位下降到 2013—2014 年度的全国 35 位,降幅非常明显。

(二)服务型政府与法治政府建设进程有所减缓

一直以来,宁波在"小政府、大服务"方面曾一度走在全国前列,但是近几年优势有所弱化。根据新加坡南洋理工大学发布的《连氏中国服务型政府十佳城市》榜单显示,宁波曾连续 5 年入围全国十佳。但从纵向分析来看,排名从 2010 年的全国第 2 开始逐步下滑,最新排名更是跌出前 10。特别是服务型政府(基本公共服务)这个子项,宁波已经连续 4 年落选,显示出宁波基本公共服务的质量和效率仍有进一步提升的空间。其背后的原因之一,在于宁波近年来外来人口大量涌入与地方财政资源相对不足之间的矛盾。

与此同时,根据中国政法大学法治政府研究员新近发布的《中国法治政府评估报告(2014)》[2]中,宁波的最新排名却跌出前 10 行列,相比 2013 年的全国第 9 有明显下降,原因既有厦门、长沙等城市的赶超,也有珠海、佛山等新加入测评城市的挤压。尽管如此,宁波在监督与问责、社会矛盾化解与行政争议解决等两个方面表现欠佳却是实实在在的,特别是社会矛盾化解与行政争议解决这一项,即使是在综合表现尚可的 2013 年,后者得分率也仅有 50%[3],排名倒数第 2。

(三)民营经济活力有所下滑

依托港口和开放优势,宁波历来是水陆交通便利、商业气息浓厚、民营经济发达的活力之都。但通过对福布斯《大陆最佳商业城市》一级子指标进行分析发现,近年来,宁波民营企业的活力指数下行趋势比较明显,从2010年的全国第17名下滑到2014年的第26名,下降接近10个位次。

与此同时,根据上海财经大学与东海证券联合发布的《中国城市竞争力排行榜——上市公司视角下的城市排名》①,宁波的综合排名虽然名列地级市第5,仅次于深圳、广州、杭州与福州,自2012年该榜首次发布以来基本稳定于第一方队阵营之中;但是,宁波上市公司在创新企业及民间资本活跃度这个一级指标上存在明显下降趋势:2012年与2013年,宁波该项指标的排名曾高居全国第5,但是2014年却跌出全国前10,同样反映出宁波私营经济活力的明显下降。

这个问题反映在现实中,就是宁波本土民营企业在外部需求放缓、内部产能过剩的大背景下普遍存在经营前景不明、投资意愿不强、项目开工不足等现象,对此,亟须通过重塑企业家精神、推广PPP模式、促进国企混合所有制改革等措施扭转这一趋势,着力解决民企活力不足、发展受阻的问题,重新激发民企投资热情,拓展民企发展前景。

四、应重点补足宁波长期以来的薄弱环节

尽管宁波在诸多领域都取得了长足发展,但在个别领域的滞后已经开始对城市发展的后劲产生了关键影响。在当前谋划"十三五"的重要时期,要下定决心解决好制约宁波发展的短板问题,为实现新一轮的"赶超进位"提供动力支撑。

(一)根本解决人才竞争力不足的问题

从工业经济转向创新经济,根本区别在于从以往的"人跟着资本要素走",转变为"资本要素跟着人走"。创新驱动的本质是人才的驱动,人才竞争力不足将成为制约宁波跻身全国第一方队的根本因素。

通过对福布斯"中国大陆最佳商业城市"人才指数这项一级指标进行细分分析后可以发现(见图3):尽管近年来,宁波深入贯彻人才强市战略,随着

---

① 引自上海财经大学与东海证券历年联合发布的《中国城市竞争力排行榜——上市公司视角下的城市排名》。

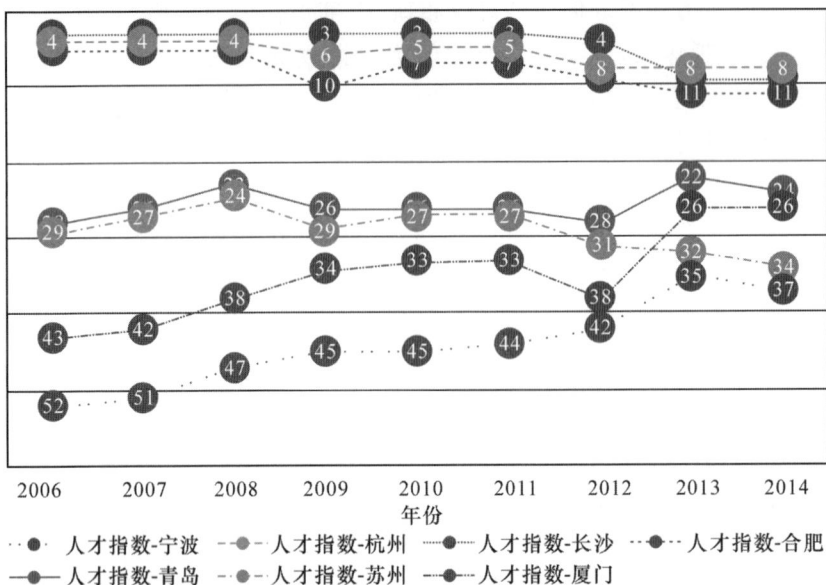

图 3 福布斯中文网中国大陆最佳商业城市的人才指数排名

资料来源：福布斯中文网历年发布的中国大陆最佳商业城市排行榜。

"3315 计划""蔚蓝智谷"建设等一系列人才计划的相继启动与深入实施，宁波的人才状况逐年得到改善，人才指数排名从 2006 年的全国第 52 位一路上升到 2014 年的全国第 37 位。但是，由于宁波的人才资源发展的起点低、基础差、历史欠债较多，人才指数不仅在商业城市评价体系的 8 项一级指标中表现最不理想，与宁波自身的经济实力不相匹配；与其他同等城市相比也存在明显差距：不仅与杭州、长沙、合肥等省会城市存在较大差距，也弱于青岛、厦门、苏州等非省会重点城市。

不仅如此，宁波对海外人才的吸引力也比较弱。根据我国国际人才交流与开发研究会发布的《魅力中国——外籍人才眼中最具吸引力的十大城市》，作为国内唯一一个完全由外籍人才参与评选的榜单，宁波至今都未能入选，宁波的国际知名度与城市吸引力显著弱于杭州、青岛、厦门等城市，这些都严重影响了宁波市创业创新的转型升级步伐。

人才既是创业创新的第一驱动，也是现代服务业发展的第一要素，人才吸引力与竞争力的不足将严重制约宁波市创业创新进程与转型升级步伐。为此，建议将做实"人才 1 号工程"作为谋划"十三五"发展的重中之重，既要重视增量人才的引进，也要重视存量人才的使用，还要重视通过市场机制实现全球范围内的人才为我所用,真正推动以人才为核心的资源配置优化、体制机制创新和环境氛围营造。

(二)重点解决创新能力不足的问题

宁波创新能力的不足和创新母体的缺失,也已成为宁波产业转型升级的重要制约因素。根据福布斯杂志发布的《大陆最具创新力的 25 个城市》,尽管宁波的创新指数排名有所上升,从 2010 年的全国第 14 位逐步上升到 2015 年的全国第 8 位,成功跻身第一方队阵营,但是这得益于福布斯杂志将专利申请总量作为重要指标的处理方法。在更具实质意义的发明专利方面,宁波一直存在较为明显的差距,占全部专利申请数量的比例不到两成。这既与宁波本土缺乏实力强劲的高校、科研院所有一定关系,但更关键的是受宁波中低端产业结构因素的影响。发明专利产出率高的企业多集中在高新技术产业领域,而宁波市的高新技术产业占工业产值比重较低,企业核心专利技术的匮乏将严重制约产业的转型升级。为此,除了发挥好创新人才的核心组织作用以外,今后应更加注重金融资本的杠杆撬动、优质平台的承载孵化、专业服务的协同支撑、体制机制的有力保障及开放包容的氛围营造,努力创建良好的创新生态环境。

(三)突出解决生态环境的问题

长期以来,由于宁波相对粗放的发展模式与相对低端的产业结构,环境保护和生态建设始终处于相对失衡的地位,生态环境问题已经成为城市软实力建设的短板所在。根据中国社科院发布的《生态城市排行榜》,宁波2015 年生态城市竞争力排名全国前 150 名开外[①],相比 2014 年的全国第144 位与 2013 年的第 113 位,呈现较为明显的逐年下降趋势,与宁波现代化国际港城的形象严重不匹配,亟须引起关注。宁波生态环境领域的不足,既是多方面因素综合影响的结果,但反过来,又对城市产业项目布局、高端人才引进、功能平台培育等形成负面反馈。为此,必须持续加大治污工作力度,并进一步注重导入市场化、专业化的力量,在改善生态环境的同时,有意识地引导宁波市生态环保产业的壮大。

总而言之,要实现"跻身全国大城市第一方队"的奋斗目标,必须坚持问

---

① 由于在中国城市竞争力报告(2015 年版)的可持续竞争力评价体系中,未列明各个分项的具体排名,改为一星到五星的评价方法,如果剔除生态城市竞争力中的 50 个五星城市、49 个四星城市及 51 个三星城市,宁波的生态城市竞争力排名将在全国 150 名之外。

题导向、目标导向和创新导向相结合,既要发挥自身优势来增进战略自信,又要弥补薄弱环节来增强综合实力,更要提升城市形象的社会公认度。城市排行榜单固然有其缺陷和不足之处,但其以第三方的立场,传递了一种外界对宁波发展的预期。维护好、稳定好、发展好这种预期,对于宁波在今后争取更广泛的社会资源至关重要。为此,建议市里相关部门适时组织专门力量,对具有重要影响力的城市排行榜单进行动态化、常态化的监测与追踪,及时发现经济社会发展中的苗头性问题和倾向性问题,推动宁波城市整体形象的不断改善。

参考文献

[1] 王国刚,冯光华.中国地区金融生态环境评价(2013—2014)[M].北京:社会科学文献出版社,2015.

[2] 殷泓.《中国法治政府评估报告(2014)》发布[N].光明日报,2014-12-30(4).

[3] "中国法治政府评估"课题组.中国法治政府评估报告(2013)[J].行政法学研究,2014(1):37-46.

作者单位:宁波市社会科学院经济研究所

激发社会组织活力参与社会治理研究

于立平　史　斌　谢　磊　孙肖波　王铭微

摘　要:党的十八届三中全会审议通过的《中共中央关于全面深化改革若干重大问题的决定》提出要创新社会治理体制,激发社会组织活力。本课题在阐述社会治理与社会组织相关理论的基础之上,借鉴先进国家和地区的经验,回顾了近年来宁波市社会组织参与社会治理的实践成就与存在的问题,并对今后进一步激发社会组织活力,提升社会治理水平,提出了主要思路和对策措施。

关键词:社会组织活力　参与　社会治理

一、研究背景

(一)社会组织与社会治理的理论概述

1. 社会组织与社会治理的定义

本课题研究的社会组织是指:政府与企业范畴以外,具有一定的组织目标,向某个社会领域提供特定服务,具有非营利性、公益性、自治性等特点的组织机构。本课题研究的社会治理主要是指:为了满足社会需求,维持社会秩序,实现利益最优,在执政党领导下,政府占主导地位,并且主动吸纳社会组织、个人等主体参与,通过平等协商的合作型伙伴关系,借助市场的、法律的、协商的、自治的相关方法,对社会事务、社会生活进行规范和协调的过程。

2.社会组织与社会治理的关系

社会组织是社会治理的重要主体。社会组织至少在三个方面影响了治理格局：一是丰富了治理中的权力主体，重塑了治理结构；二是改变了治理中权利和资源的运行向度；三是释放了治理压力，改善了治理效果。社会治理是社会组织的重要功能。社会组织在完成各自组织目标的同时，也参与了社会分工与治理，在基层治理、产业发展、公共服务、促进和谐、参与公益事业等方面发挥功能。通过参与社会治理，社会组织的主体性进一步提高。

(二)激发社会组织活力参与社会治理的重要意义

1.有利于形成多元主体的善治格局

现代社会中政府"有形的手"及市场"无形的手"经常存在失灵的情况，社会组织在这个格局中，就好比"第三只手"，承担一部分由政府转移出来的职能，以第三部门的独特身份承担相关职能，参与那些市场解决不了、政府解决不好的问题。

2.有利于促进社会和谐

社会组织具有自治性、中介性、公益性、专业性等特点，在化解矛盾纠纷上具有独特优势。其扎根于群众，更直接、全面地了解社会各阶层的不同需求，提供一种参与联系的途径。各类社会组织在疏导、调节社会情绪等方面有着独特的优势，从而化解社会矛盾，促进社会和谐。

3.有利于保障和改善民生

社会组织的服务观念较强，组织种类齐全，来自民间，了解民生，熟悉民情，关注民意，提供的社会服务具有种类多样化、服务内容个性化、服务方式灵活度高和服务需求回应性强等突出特点，具有较强的针对性和实效性。同时，社会组织在促进就业方面也发挥着重要作用，有力地保障和改善了民生。

二、国内外经验启示

(一)国外经验与启示

1.美国

目前美国有 150 多种类型、140 多万个非营利性组织，几乎覆盖了所有领域。非营利组织及其服务在全部社会服务中的比例相当高,几乎占所有社会服务的一半。政府通过直接补助、减免税费、购买服务等多种方式对社会组织进行培育和扶持,通过多部门构建主体多元的监管体系,使社会组织在有序环境下充分发挥作用,提供大量政府做不到、做不好或不便做的社会管理和服务。经验:社会组织服务覆盖范围广,有完善的税收优惠政策和主体多元的监管体系。

2. 德国

德国社会组织提供的服务以政府购买居多,通过合同关系,政府支付资金,政府购买公共服务的核心是建立契约式服务提供模式,而不是建立雇佣关系。德国政府在税收、土地供应、基础设施建设等方面给予社会组织相当优惠的政策,以降低其开办和运营成本,提高服务竞争力。经验:政府通过契约式服务提供模式进行采购,赋予社会组织社会服务优先权。

(二)国内经验与启示

1. 上海

上海目前已建立起"政府承担、定向委托、合同管理、评估兑现"的购买服务机制。资金来源主要有:专项发展资金、财政预算资金和政府性资金。社会组织服务的方式可以概括"费随事转"、项目发包、公开招标。建立起跨部门的协调机制,强化评估和监管,对服务项目进行绩效评估。经验:政府购买服务向制度化、规范化方向发展,建立起科学的购买服务机制。

2. 广州

广州市颁布了《广州市社会组织管理办法》,降低社会组织成立登记门槛;推动社会组织去垄断化、去行政化;规范以章程为核心的内部治理结构。要求政府将扶持社会组织发展资金列入民政部门的年度预算。经验:颁布社会组织管理办法,社会组织参与社会治理有了一系列制度保障,法治化进程不断推进。

三、宁波市社会组织参与社会治理现状分析

(一)总体状况

1. 发展情况

制定出台了《关于加快基层社会组织培育发展的若干意见》等一系列政策文件,并在市级层面设立了 500 万元的社会组织发展专项资金扶持社会组织发展。2013 年底,海曙、北仑、江东、鄞州被确定为首批"全省社会组织建设观察点"。2014 年初,海曙、北仑、江东被评为全国首批"社会组织创新示范区"。

社会组织数量持续增长,类型逐渐丰富。截至 2014 年 10 月 30 日,全市各类社会组织总数达 16812 个。平均每个社区有 17 个社会组织,外来务工人员居住百人以上的村(社区)的融合性组织组建率达 100%。法人社会组织总数达 5759 个,其中社会团体 2315 个,民办非企业 3384 个,基金会 8 个(驻甬基金会 52 个),每万人拥有法人社会组织数量约为 7.7 个(全国为每万人 2.7 个)。在 2004 年到 2014 年的 10 年间,法人社会组织总数几乎翻了一番(见图 1),年平均增速约为 6.5%。法人社会组织的会员(包括单位会员和个人会员)总数达 450 余万人次,吸纳就业 7 万余人。备案的基层(社区、村)社会组织数量达 11053 个,占社会组织总数近 2/3。

社会组织覆盖领域较为广泛。截至 2014 年 10 月 30 日,全市登记的 2315 个社会团体中,行业类占 19.8%,专业类占 27.7%,学术类占 18.2%,联合类占 34.3%,广泛涵盖工商服务业、科学研究、教育、社会服务、文化、体育、卫生和生态环境等各个领域(见图 2)。民办非企业单位中,教育类最多,占 58.8%;其次为社会服务类,占 15.9%;其余各类的数量和占比相对较少,仅有文化、卫生、科学研究、体育 4 类超过百家,分别占 6.5%、5.4%、4.8%、4.7%,余下 8 类总计不足 4%(见图 3),广泛涵盖了社会各个领域。

2. 作用发挥

推动政府职能转移,促进经济社会转型发展。出台了《关于推进政府向社会组织购买服务的实施意见》等一系列文件和若干配套政策。制定发布了《宁波市政府购买服务指导性目录》,明确可通过政府购买服务的方式逐步交由社会力量承担的事项。开展具备承接政府职能转移和购买服务资质

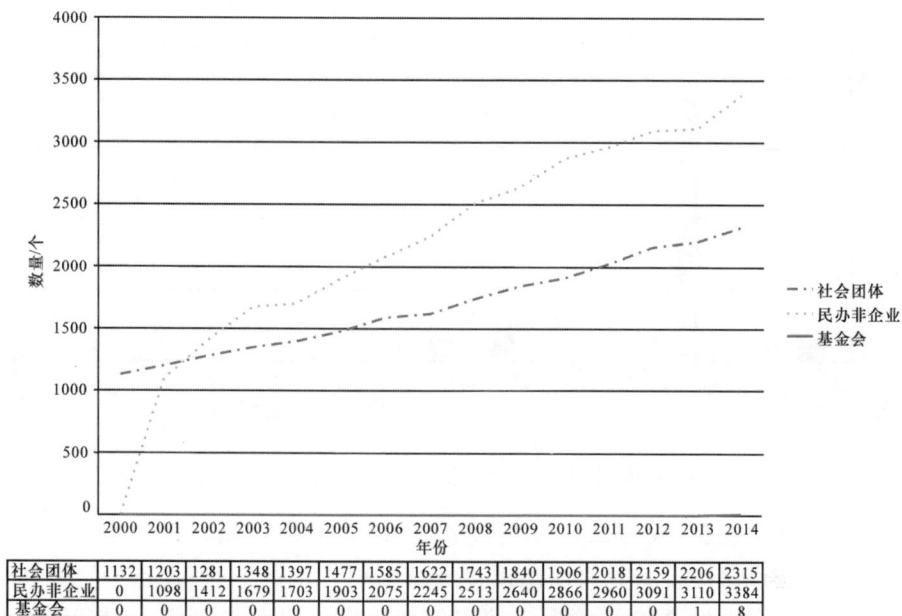

图1 2000—2014年宁波市法人社会组织发展趋势图

	2000	2001	2002	2003	2004	2005	2006	2007	2008	2009	2010	2011	2012	2013	2014
社会团体	1132	1203	1281	1348	1397	1477	1585	1622	1743	1840	1906	2018	2159	2206	2315
民办非企业	0	1098	1412	1679	1703	1903	2075	2245	2513	2640	2866	2960	3091	3110	3384
基金会	0	0	0	0	0	0	0	0	0	0	0	0	0	1	8

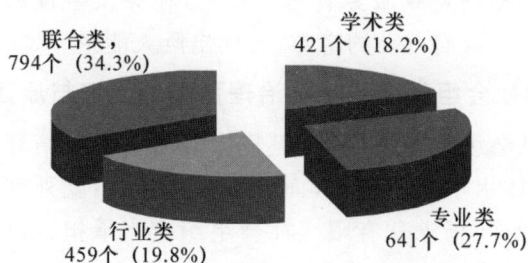

图2 宁波市社会团体分类统计(截至2014年10月30日)

的社会组织认定工作。政府购买服务工作逐步落实,社会组织承接相关服务购买项目的数量越来越多,范围越来越广。

以公益创投项目为载体,有效满足全社会多样化、差异化服务的需求。通过公益创投项目的运作,社会组织自身得以发展、成熟,在社会治理和服务领域的作用得以更充分地发挥。出台《宁波市公益创投实施办法》《宁波市公益项目管理办法》等文件,规范公益项目的全过程。2012年成立了宁波市公益服务促进中心,收集公益需求,建立公益项目库,整理、发布和跟踪公益项目,并为县(市、区)公益创投平台提供相关服务。

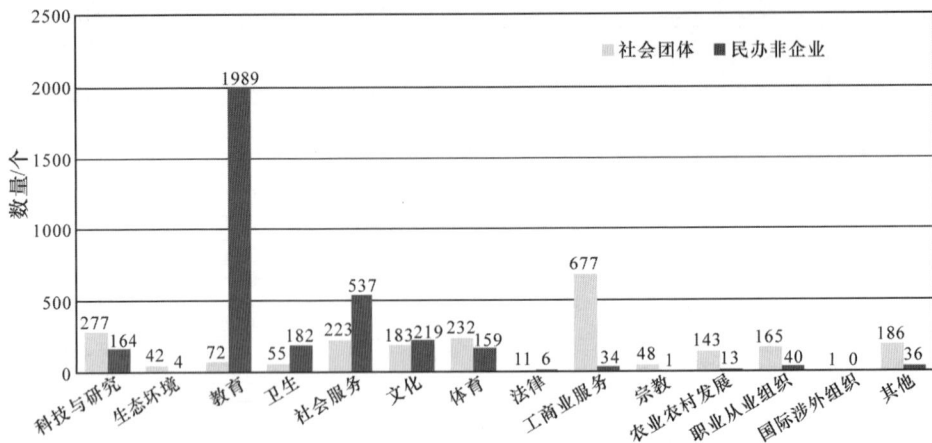

图 3　宁波市社团和民非企业行业分布统计(截至 2014 年 10 月 30 日)

　　扎根基层社会,成为社会自我服务、协同共治的直接力量。其一,有效推动了新老市民融合共处。以慈溪市五塘新村发端的"和谐促进会"为代表的一系列融合性社会组织成为宁波市创新外来人口服务管理、发挥社会组织积极作用的成功探索和重要特色。其二,有效动员群众,在各个社会领域实现专业化、互助性的自我服务管理。其三,在突发事件或大型事件面前,快速、有效地填补了政府行动的空隙,表现出巨大能量。

(二)宁波市社会组织参与社会治理面临的困境与原因

　　当前,宁波社会组织蓬勃发展,但整体上仍然处于培育和发展阶段,参与社会治理的总体水平还比较低,面临着一些问题:就外部而言,社会组织参与社会治理的空间仍十分有限。社会组织应当承担、可以承担的社会治理职能还未完全厘清,部分职能仍然滞留在政府部门之中,并未让渡出来。开放给社会组织的"业务"空间既不够广,也不够明确。就内部而言,社会组织参与社会治理的能力尚不成熟。一是宁波现有的社会组织大多规模偏小。二是各类社会组织数量、结构不尽合理。三是不少社会组织职业化、专业化以及内部治理水平不高。这些问题的成因主要有:

　　1. 服务管理力量有待增强

　　社会组织的数量大幅增长,导致登记管理和培育发展工作日益繁重,而所配置的部门的行政力量却极为有限。宁波市社会组织的总量在 10 年间增加了 10 倍以上,但登记管理机构的力量一直没有变化。以余姚为例,余姚市民政局民间组织管理科仅有在编工作人员 2 名,主要从事登记工作,难以对全余姚 600 多家社会组织开展有效的监管和培育工作。各县（市、区）普遍存在着人力不足、场地不到位等问题。

2. 政策合力有待提升

当前已出台政策制度之间配套衔接不够到位，现行备案登记和管理制度存在操作性缺陷。其次，财政支持与保障仍然不够稳定有力。此外，还存在着县（市、区）层面出台社会组织培育发展的实施意见和措施相对迟缓等问题。

3. 综合监管体系有待构建

一方面监督管理机制不健全，与当前现实需求不匹配。另一方面社会组织资金监管方面"一刀切"的做法值得商榷。目前，对社会组织的资金都以政府部门标准执行监督和审计，在实践中，这在一定程度上限制了社会组织的活力。

4. 社会组织自身建设有待完善

一方面，内部管理规范性水平不高；另一方面，人才和资金短缺，资金来源单一，筹措能力有限也制约了社会组织的运转和发展。

四、对策建议

激发社会组织活力，要始终坚持培育发展与规范监督相结合、党建引领与法人治理相结合、统筹发展与分类指导相结合。

（一）主要目标

1. 社会组织总体数量稳步增长

截至"十三五"期末，全市社会组织数量达到 20000 家，年均增长率达到 5%，其中法人社会组织超过 7000 家，基层备案社区社会组织超过 13000 家（其中公益类社区社会组织占比超过 80%），每万人拥有法人社会组织数量继续保持在 8 家左右。

2. 社会组织管理体制逐步健全

截至"十三五"期末，社会组织登记管理体制改革加快推进，直接登记社会组织数达到新登记总数的 30% 以上，"统一登记、分级负责、各司其职、依法监管"的现代社会组织管理体制日益健全。

3.社会组织整体能力不断提升

截至"十三五"期末,社会组织党建和党的工作"两个全覆盖"不断得到巩固和完善,全市社会组织评估实现基本全覆盖,其中 AAAA 级以上社会组织总数占评估总数的 30％以上。

4.社会组织扶持环境日益优化

截至"十三五"期末,市级社会组织服务中心建成总面积不少于 1000 平方米,县(市、区)社会组织服务中心建成总面积不少于 600 平方米,市级财政每年安排不少于 1000 万元用于社会组织专项扶持,县(市、区)级财政实现相应配套扶持。

(二)对策建议

1.加大社会组织培育扶持力度

继续深化登记管理制度改革。进一步扩大社会组织直接登记范围,进一步降低登记门槛,简化登记程序,减少社会组织登记审批环节,理顺社会组织行政审批权限,完善"批管分离"运行机制。

完善政府购买服务制度。根据宁波市政府购买服务目录,通过设立咨询服务机构、职能转移、购买服务等方式,建立以项目为导向的政府向社会组织购买公共服务机制,建立健全项目申报、预算编报、组织采购、项目监管、绩效评价的政府购买服务规范化流程。

积极创新社会组织服务平台建设。充分发挥社会组织服务中心的服务管理职能,扎实推进市、县(市、区)、乡镇(街道)三级社会组织服务中心实体化、体系化、专业化建设,完善功能,整合资源,逐步形成社会组织服务和管理的枢纽,搭建成社会组织党建、业务和合作共治的平台。

落实完善相关财政税收优惠政策。市级财政每年安排不少于 1000 万元用于扶持社会组织发展,重点用于购买社会组织公共服务项目、社会需求初创型社会组织孵化、服务型支持型社会组织培育、人才队伍建设、开展公益性项目等方面,县(市、区)财政要予以相应配套。进一步完善社会组织税收优惠政策。

2.完善社会组织监管服务体系

探索实施主体多元的综合监管体系。探索实施监督主体多元化,监督措施多样化,政府监管、社会监管与社会组织自律相结合的综合监管体系,形成法律监管、公众监管和舆论监管相结合的联合监管机制。继续实施并完善社会组织行政约谈、预警监察等机制，推进社会组织信用体系建设。探索建立市、县(市、区)、乡镇(街道)、村(社区)四级社会组织监督员监督管理网络，强化信息报送和投诉举报处理的针对性和时效性。

优化社会组织内部监管机制。不断推进社会组织依法自治，健全以章程为核心的社会组织各项内部管理制度。探索建立社会组织自律监督体系，主动接受社会监督，引导社会组织通过制定和实施行业标准、行为规范、职业操守、资质认证等行业管理制度，建立健全规范的工作机制。

建立健全社会组织退出机制。健全社会组织法人治理、负责人管理、资金管理、年度检查、查处退出等制度，对出现完成宗旨、自行解散、合并分立、无法按照章程规定的宗旨继续开展活动等情形的社会组织，应在进行财产清算后，办理注销手续。

3.加强社会组织整体能力建设

重点培育枢纽型社会组织。在乡镇、街道、社区、楼宇、行业等重点领域，要构建一批知识类、服务类的新型枢纽型社会组织，发挥其政治引领、业务龙头作用。积极探索枢纽型社会组织发展和发挥其枢纽联动作用的工作机制，赋予其承担业务主管单位职责。

探索开展社会组织特色品牌创建工程。全面开展"百强"示范社会组织创建行动，力争每年推出30个左右具有宁波特色的示范行业协会商会，发掘培育30个左右专业能力强、公信度高的示范公益服务组织，组织实施30个左右综合实力强的示范服务项目，建立健全10个左右各类社会组织自制改革试点示范点。培育一批影响力大、具有宁波特色的社会组织。

加强社会组织人才队伍建设。要重点培养职业化、专业化的社会组织人才队伍，规范和提高社会组织从业人员的薪酬福利待遇，探索建立社会组织工作专业资质评定制度和社会组织工作者资格等级制度。制定与引进经济和科技人才相类似的社会组织人才吸引政策。创新社会组织人才流动机制，提高社会组织人才政治待遇。

4.创新社会组织领导保障体制

全面加强社会组织党建工作。积极探索社会组织"政社分开、政退党进"的新型工作模式，创新党组织设置和活动方式，积极吸纳社会组织中的优秀人才发展成为党员，探索建立社会组织综合党委在较大的社会组织行业协会成立行业党委。加强社会组织党建工作经费保障。

完善社会组织工作协调机制。在市和县(市、区)两级层面建立完善推进社会组织发展工作领导小组,通过定期召开联席会议的形式,研究社会组织发展和管理中的重大问题,加强对各级各部门贯彻落实两办文件和相关配套政策文件的督促力度,促进各级党委政府和有关部门充分认识发展社会组织的重要意义。

加强充实社会组织工作力量。要进一步加强市、县(市、区)两级社会组织管理队伍和工作力量建设,建议各级民间组织管理局更名为社会组织管理局,市民间组织管理局升格为二级局,履行社会组织审批、日常监管、服务指导和行政执法等工作职能,县(市、区)级民政局单独设置社会组织科,在人员编制、财力物力等方面进一步给予充实配强。

参考文献

[1] 王名,等.社会组织与社会治理[M].北京:社会科学文献出版社,2014.

[2] 马庆珏,廖鸿.中国社会组织发展战略[M].北京:社会科学文献出版社,2015.

[3] 李永忠.中国社会组织发展研究[M].北京:中国书籍出版社,2012.

[4] 王名.社会组织概论[M].北京:中国社会出版社,2010.

[5] 俞可平.中国治理评论[M].北京:中央编译出版社,2012.

[6] 李立国.创新社会治理体制[J].求是,2013(24):14-18.

[7] 何增科.从社会管理走向社会治理和社会善治[N].学习时报,2013-01-28(6).

作者单位:宁波市社会科学院

关于推动建立文化产业投资基金的建议

陈建祥

摘　要:宁波文化产业跨越式发展过程中应注重金融与文化产业的全面对接。当前,宁波文化产业与金融融合发展呈现出一定的发展特色和亮点,但仍需采取多种方式加大融合发展的力度。其中,依托宁波成熟的资本市场和发达的民营经济,适时设立文化产业投资基金,具有十分重要的意义。为此,应借鉴国内一些文化产业先发省市在设立文化产业投资基金上的经验,转变基金发展理念,完善基金运作的顶层设计,确立基金发展模式,加快基金运作的配套体系建设,推动建立文化产业投资基金。

关键词:文化产业　投资基金　建议

文化产业投资基金是对未上市的文化企业和文化产业重点项目,进行股权投资和提供经营管理服务的利益共享、风险共担的集合投资制度。对宁波而言,依托成熟的资本市场和发达的民营经济,适时启动文化产业投资基金,对于加快发展文化产业具有十分重要的意义。

一、宁波设立市级文化产业投资基金的重要性

设立文化产业投资基金,是缓解文化产业融资瓶颈的重要手段。文化产业具有高风险、专业化、轻资产等特点,而传统的财政投入和银行贷款很难适应这些特点,一般的社会资本又由于政策限制、专业经验缺乏等原因无

法介入,而文化产业投资基金以其市场化、专业化的运作方式,能更好地适应文化产业投资特点,有效缓解文化产业融资瓶颈。同时,小微文化企业是宁波文化企业的构成主体,约占全部文化企业的98.5%,却普遍因为规模、资产限制而很难获得银行贷款,因此,其更倾向于基金、风投等融资形式,解决其融资需求。

设立文化产业投资基金,是提升公共财政扶持资金效能的有益尝试。按与文化产业直接或间接相关的大口径计算,2014年市本级财政预算安排文化产业扶持资金约为4亿元,涉及10个部门、26项资金,主要采取项目补助、项目贴息、项目奖励、风险补偿和政府采购等扶持方式,但使用中存在重投入轻绩效、重分工轻统筹、重管理轻服务等问题,通过整合分散的财政资金设立文化产业投资基金,能够切实转变财政投入方式,推动财政资金市场化机制的建立,发挥财政资金的引导作用,利用杠杆效应撬动社会资本进入文化产业。同时,有效克服政府投资分散、约束性不强的弊病,提高财政资金的使用绩效。

设立文化产业投资基金,是优化文化产业结构的重要抓手。自2004年以来,宁波文化产业整体规模和实力快速提升,增加值从2004年的73.9亿元增加至2013年的314.35亿元,年均增长17.45%。但从产业构成看,内容性产业的比重相对偏小,以生产制造为主要内容的文化制造业占据绝对优势,其实现的增加值占比在59%~70%之间,远超全国40.1%的平均水平。因此,迫切需要引入产业投资基金,发挥其跨部门、跨产业组合投资和专家管理特点,推动文化创意和设计服务与相关产业融合发展,通过提升文化产业结构高度化和促进文化产业结构合理化,优化宁波文化产业结构。

二、国内文化产业投资基金的主要模式

国内一些文化产业先发省市已经在文化产业投资基金上做了先行探索,为我们提供了相关借鉴经验,按照政府介入方式和程度的不同可分为三种模式。

(一)江苏紫金文化产业基金:政府财政主导模式

江苏紫金文化产业基金(一期)于2010年组建,初始规模为20亿元,其中江苏省财政出资10亿元,江苏省广电集团等五家单位联合出资10亿元。

基金委托江苏高投紫金文化产业基金管理公司管理运作。在成功运作一期的基础上,2014年又设立了初始规模为20亿元的江苏紫金文化产业发展基金(二期)。截至2015年4月,运作满5年的紫金文化产业发展基金已先后投资了60多个文化产业项目,投资总额超过20亿元。

(二)广东广电基金:国有资本主导模式

广东广电基金成立于2011年10月,首期募集50亿元,由广东广电网络公司与广东中广投资管理公司共同发起创立。该基金重点投资于广东广电网络上下游相关行业以及广东省内文化产业拟上市企业。该基金成立后先后投资了上海未来宽带、深圳茁壮网络、武汉长光科技等多家公司,涵盖了多元化宽带网络建设及经营、电视频道业务代理、三网融合新技术研发等方面。

(三)华映苏州文化产业基金:创投机构主导模式

华映苏州文化产业基金成立于2010年6月,由华映资本(总部位于新加坡的私募股权投资基金)与苏州高新创投集团共同设立,首期规模10亿元,其中苏州高新创投出资1亿元作为政府引导基金。该基金借助华映资本在文化领域丰富的投资经验,依托苏州丰富的文化资源和良好的经济环境,重点对文化传媒、影视制作和传播、新媒体、互联网、教育等行业企业进行投资。

三、加快宁波市文化产业投资基金发展的建议

(一)转变基金发展理念

一是要明确文化产业投资基金的产业培育功能。文化产业投资基金作为产业链的中间一环,其功能在于通过挖掘有潜质的文化企业,使其占有更多的资源,推动其发展壮大,而不是在上市之前突击进入,仅为在资本盛宴中分一杯羹。二是要重视文化产业投资基金的资源聚合作用。产业投资基金应在企业发展的早期或中期进入企业,为企业发展提供各种战略资源和后续增值服务,对企业的长期战略和经营管理提供实质性帮助,比如延长产业链、完善法人治理结构等。文化产业投资基金既是资本运作平台,又是资源整合平台,汇集各类文化企业资源并进行有效整合,达到促进文化企业发展的目的。

(二)完善基金运作的顶层设计

一是出台筹建宁波文化产业投资基金的相关指导意见,解决文化产业投资基金资金募集、管理机制、投资机制以及退出渠道等问题。二是提升公共财政资金的引导扶持作用。一方面,把政府性资金用足、用好,在投资效果显著的情况下,考虑进一步扩大其规模。加强县(市、区)政府性资金联动,充分放大其引导效应。另一方面,集合文化产业领域现有的各类财政补贴,设立文化产业发展基金,积极引入拥有文化传媒领域投资经验的优秀基金管理团队,依靠市场化、专业化的运作提升产业基金的引领作用。三是深化文化体制改革,加快推进经营性文化单位改革,拓展出版、发行、影视企业改革成果,加快公司制、股份制改造,支持宁波日报集团、宁波广电集团等国有文化企业面向资本市场融资,以释放更多的优质文化资源,引导更多的社会资本进入文化领域。

(三)确立基金发展模式

一是在设立模式上,国有资本主导模式是比较稳妥的选择。借鉴宁波市创业投资引导基金、天使引导基金的运作方式,划拨部分文化及相关产业专项资金,以股权形式投入国有投资公司,再通过国有投资公司按一定比例建立文化产业投资基金,然后选择若干家专业管理机构,每家机构管理一个子基金,文化产业投资基金可根据专业管理机构的资金需求向子基金进行资本配套。二是在基金规模上,不盲目求大,关键在于充分发挥基金的专业优势,在"专而精"上做文章,将资金集中到具有发展前景的行业,提高基金的利用效率和盈利能力。三是在基金投资范围上,建立专业的投资标准,侧重于投资已经产业化、规模化,处于成长中后期到成熟期之间的企业,或者风险性较小、收益稳定的文化产业基础建设,重点扶持那些处于创意成果转化中的中小型企业,帮助实现创意成果的转化和企业的发展。

(四)加快基金运作的配套体系建设

一是推动文化产业投资基金与银行、担保、保险等机构合作,建立适合文化企业生命周期发展的融资体系。二是建立文化产业知识产权评估体系和文化企业信用评级体系,为文化企业知识产权资产化、证券化,提升文化企业的融资信用等级等提供专业化的中介服务。三是优化政策服务。在税收优惠政策需要通过中央审批的背景下,采取更加灵活的扶持手段,比如设置专项的文化产业投资基金服务补助金或风险补助金等;同时,可以通过提供政策宣讲、筹资运营和员工培训等,优化对股权投资机构的政策服务。四是完善退出机制。加快完善主板、中小板、创业板、新三板以及股权交易中心、产权交易市场等多层次的资本市场,畅通文化产业基金退出路径。

作者单位:宁波市社会科学院

文化法治建设的宁波实践与思考

张　英

摘　要:在全面推进依法治国的背景下,大力加强文化法治建设,是提高文化治理能力现代化、促进文化强市建设的重要命题。近年来,宁波文化法治建设紧密结合文化改革发展的实际,在文化法律制度体系建设、文化行政职能改革、文化行政审批、文化市场执法、版权保护与管理等方面取得了一定的成绩,但同时也存在着文化立法体系有待健全、文化法治队伍建设有待推进、知识产权管理有待加强等问题。为了进一步开创宁波文化法治新局,应着力在加快文化立法、完善文化执法、促进文化法治人才培育、优化文化法治环境等方面取得更大突破。

关键词:文化　法治　治理

文化生产作为一种特别形式的社会生产,其发展离不开法治保障。改革开放 30 多年来,文化法治建设在促进社会主义精神文明建设和文化改革发展方面发挥了极其重要的作用。在全面推进依法治国的当下,大力加强文化法治建设,提高文化治理能力现代化,促进文化强市建设,依然是一个重要的文化命题。

一、文化法治的内涵及意义

文化法治,主要是指以法治方式管理文化领域的各类事务,调整文化领域的各种社会关系,从而引导、规范和促进文化建设健康、繁荣、有序发展,保障和落实公民宪法上的各项文化权利。

(一)文化法治是全面落实依法治国方略的重要方面

全面落实依法治国方略,要求法治建设贯穿于经济、政治、社会、文化、生态等各个领域,实现全面协调发展,共同推动和保障中国特色社会主义事业不断发展。但目前文化法治建设相对于经济、政治、社会和生态环境等领域仍比较滞后,如果再不努力加快推进建设,就会成为中国特色社会主义法治建设的"短板"[1]。法治宁波建设是全面推进依法治国方略在地方的生动实践,文化法治建设也是法治宁波建设的重要组成部分。

(二)文化法治是深化文化体制改革的必然要求

文化体制改革是激发文化发展活力的最根本途径,党的十八届三中全会要求不断深化文化体制改革,这一轮改革的一个重要特征和重要要求就是确保一切改革举措都在法治轨道上进行,文化领域的改革也不例外。文化法治不仅有助于建立健全规范化的文化事业制度与文化产业制度,引导公益性文化事业与经营性文化产业相互促进、协调发展,而且有助于建立和形成科学的文化市场监管制度和管理方式,协调各文化主体间的行为关系,促进科学、合理的文化市场格局的形成,从而引导、保障和促进新一轮的文化体制改革。

(三)文化法治是提升文化治理能力和水平的重要方式

当前,宁波已经进入基本建成文化强市的关键阶段,所面临的深层次矛盾也越来越多:社会思想意识更加多元、多样、多变,巩固壮大积极、健康、向上的主流思想舆论的任务更加艰巨;以互联网和信息技术为代表的高新科技迅猛发展,既为文化的创造和传播提供了更广泛的空间、更便捷的渠道,也对依法行政、依法治文提出了新的更高要求;在社会主义市场经济体制条件下,如何既发挥好政府在公共文化领域的主导作用,又进一步发挥市场在资源配置中的决定作用,是文化治理面临的新课题。[2] 随着形势的发展变化,传统的文化管理理念、管理方法和管理手段已越来越不适应,建立健全文化治理体系,促进文化治理能力现代化,已经越来越成为文化强市建设的迫切要求。当前,要切实按照四中全会要求,不断推进依法行政、依法治文,加强公共文化服务、公民文化权益、文化产业发展、文化市场管理等领域的法治建设,从而实现文化治理体系的不断完善。

二、宁波文化法治建设的探索与实践

近年来,宁波文化法治建设紧密结合文化改革发展的实际,积极贯彻落实中央的精神要求和各项部署,取得了一定的成绩,为文化繁荣发展奠定了较为坚实的基础。

(一)文化法律制度体系逐步完善

改革开放以来,宁波文化领域的制度建设从无到有,从零散到渐成门类,逐步建立起了覆盖文化遗产保护、公共文化服务、文化市场管理、知识产权保护、文化产业发展、人事管理等领域的法规体系,使文化领域初步做到了"有法可依""有章可循"。目前,从中央层面而言,与文化关系密切的法律有 3 部,行政法规有 10 多部,文化部现行有效部门规章 32 个。[3]2015 年 9 月,《中华人民共和国电影产业促进法(草案)》获得国务院常务会议通过,文化产业促进法起草工作由文化部牵头正式启动。此外,公共文化服务保障法、公共图书馆法和修订《文物保护法》已列入十二届全国人大常委会立法规划。这些法律法规不仅是宁波文化法治体系的重要组成部分,也是宁波制定地方法律法规的重要参照和依据。在中央层面加快文化立法工作的同时,我国地方配套性文化立法发展迅速。据统计,与文化工作密切相关的地方性法规有 154 部,地方政府规章有 138 部,地方规范性文件达 13000 余份。[3]根据初步检索,截至 2015 年 6 月,宁波文化方面的法律法规主要有 36 个(见表 1),其中地方法规类 5 部,地方政府规章类 2 部,地方规范性文件 29 份。

表 1　宁波文化方面的相关立法情况

类别	数量	名　　称
地方法规	5 部	宁波市有线广播电视管理条例
		宁波市文物保护点保护条例
		宁波市文物保护管理条例
		宁波市慈城古县城保护条例
		宁波市历史文化名城名镇名村保护条例
地方政府规章	2 部	宁波市大运河遗产保护办法
		宁波市作品著作权登记政府资助试行办法

续表

类别	数量	名　　称
地方规范性文件	29 份	（略）

（二）文化行政职能改革不断推进

宁波市是全国首批文化体制改革试点城市，在文化领域率先推进了政事分开、政企分开、管办分离。党的十八届四中全会以来，又按照全面推进依法治国基本方略的要求，深入推进文化依法行政，积极开展文化领域的"四张清单一张网"建设。

1.梳理、建立了部门权利清单和责任清单

截至 2014 年，市级文化行政职责从 405 项减至 284 项，并相应制定了相关权力的事中事后监管制度和运行图，权利清单于同年 10 月底正式向社会公布。2015 年进一步分解细化职权内容，明确内部机构人员岗位职责。

2.深化文化政务公开

编制《宁波市文化广电新闻出版局政府信息公开指南》，不断促进政府信息公开工作的制度化、规范化建设。推进文化政务信息服务平台和便民服务平台建设，以宁波文化网为主站，以 14 家局属单位网站为子站，同时聚合了 4 家行业、协会网站，形成了宁波文化网站群。截至 2014 年，通过门户网站共发布各类信息 6357 条，网站群总点击量超过 919 万人次。此外，积极开通文化政务微博、微信平台。

3.不断健全依法决策机制

进一步细化、量化重大行政决策的范围、事项和标准，把公众参与、专家论证、风险评估、合法性审查、集体讨论决定确定为重大行政决策法定必经程序，确保行政决策制度科学、程序正当、过程公开、责任明确。总体而言，宁波文化依法行政在全市处于领先地位。

（三）文化行政审批亮点频出

近年来，宁波不断率先推进文化行政审批制度改革，积极创新审批服务机制，取得了显著成效，文化行政审批工作走在全省乃至全国前列。

1.率先完成文化行政审批职能归并改革

在不增设机构和人员编制的前提下，将原先分散于 7 个处室的 49 项行政审批事项，全部集中归并到文化行政审批处，并整体进驻市行政服务中

心,真正做到了行政审批机构、职能和权限全部集中到位,对全市行政审批职能归并改革起到了良好的示范作用。

2. 率先推进文化行政审批服务标准化建设

将市里确定的三区试点扩大到全市文化系统,由 7 个文化娱乐项目扩大到 74 个全部项目,由建立资格条件标准扩大到建立行政审批程序、服务、管理"四项标准"化体系,并于 2010 年 12 月率先完成"四项标准"的制定工作。

3. 促进文化行政审批增效提速

对于单体文化行政审批事项,承诺 5 天办结。对于联合审批事项,打通"绿色服务通道",审批时间由原来的 100 天减少为 20 天。目前文化行政事项实际办结速度为件均 0.18 天,比法定件均办结时间 22 天提前 21.82 天,比承诺办结时间 5 天提前 4.82 天,办结时限之短居全市之首。

4. 有力推进简政放权

2013 年,宁波不仅按照省里要求,将 42 项涉及文化、广播影视、新闻出版、文物的行政审批权限全部下放到各县(市、区),而且将原本属于市级审批的 17 项权限也下放到海曙、江东、江北、镇海、北仑五区,率先在全市"瘦身"放权。2014 年初,开始进行实现市县同权同批审批模式的研究和探索,取消和调整 18 项审批事项。2015 年,正式推进这一审批模式,真正实现群众在自己"家门口"直接办理所有文化行政审批事项的目标。

(四)文化市场执法工作不断完善

10 余年来,宁波市按照"整合力量、规范执法、创新机制、长效监管"的总体思路,积极推进文化市场执法工作,成效明显,文化市场综合执法机构多次被评为全国先进。

1. 文化行政执法管理体制不断创新

2004 年 8 月,中央启动文化市场综合执法改革,最先列为试点城市之一的宁波在 2005 年率先完成了文化(文物)、广电、新闻出版(版权)三局合并,组建了文化市场综合执法机构,"执法主体、执法权责、执法力量"逐步实现了三统一,监管有效性得到了保证,多起案例首开省内乃至全国先河。2012 年,创新海域文化遗产联合执法机制,这不仅标志着宁波市文物、海洋部门合作开展水下文化遗产保护工作取得实质性进展,还体现出宁波文物执法监察的工作触角从陆地文物逐步向水下文物进行延伸。

2.执法力量不断加强

数量上,原来文化执法人员只有 10 余人,目前全市编制执法人员达 138 人,其中总队编制 25 人,在编 23 人,本科以上学历占 87％,硕士 1 名。质量上,通过"三基"(即抓基层、打基础、练基本功)、"四化"(即加强执法监管常态化、执法操作规范化、执法管理制度化、执法建设系统化)、"双评"(即执法评估、市场评估)等多项措施,执法队伍综合素质显著提高。

3.监管难点得到有效破解

积极探索网吧管理、农村文化市场监管、校园周边文化市场综合治理等工作,其经验多次在全国推广,中央电视台《新闻联播》、人民日报等也做了专题报道。

(五)版权保护和管理工作有序推进

1.做好作品著作权登记资助工作

鼓励各类作品进行著作权登记,指导市版权协会开展工作宣传,提供登记服务,继续开展著作权登记政府资助工作,加强审核把关,努力提升全市版权登记申报作品的数量和质量。2014 年全市版权登记量达到 2450 件,比上年增加 114％,其中办理版权登记申报政府资助 1259 件,同比增长 61％。

2.完善版权服务平台

2014 年,成立全省首个市级版权纠纷调解中心,主要开展版权投诉和举报的纠纷调解工作,并建立健全版权诉调对接、行政执法与调解对接运行机制。指导市版权协会与宁波市大学科技园签订协议,挂牌成立版权工作服务站,为园区企业提供全方位版权服务。

3.加大版权保护执法工作力度

开展"清源""净网""剑网"等专项行动,严厉打击各类侵权盗版活动,近 3 年共立案查处案件 1500 余起,取缔非法出版物窝点 50 余个,收缴各类非法出版物 100 余万件,移送司法机关追究刑事责任人员 35 名[4],有效保护了权利人的合法权益,促进了版权相关产业的健康发展。2014 年,宁波版权执法工作受到国家版权局表彰。

三、宁波文化法治存在的主要问题及原因剖析

虽然近年来宁波文化法治建设有了长足进步,但总体来说,当前的文化法治建设还处于初级阶段,还不能充分适应文化发展需要和治理体系现代化要求。

(一)文化立法体系还有待完善

作为一个共性问题,这个方面的不足受到了普遍关注。

1. 文化领域的立法数量总体偏少

据不完全统计,截至目前,文化法律仅占全部法律的 1.7%,而经济领域、政治领域、社会领域、生态领域的法律占比分别为 31.5%、52.1%、7.56%、7.56%。[5]文化立法总量明显不足,宁波也存在类似状况。

2. 文化立法层次较低

从表1可以明显看出,宁波文化立法中,尚无真正意义上的文化法律,法规层级占比 13.9%,政府规章层级占比 5.5%,而规范性文件占比却高达 80.6%。由于法律效力低,一方面对相关权益的保障力度不够,另一方面由于处罚权限、处罚力度有限,执行难度很大,对违法违规者往往起不到约束和震慑作用[3]。

3. 文化建设各领域立法不平衡

现行的文化相关的法律法规主要集中在文化遗产保护、文化市场管理方面,其中以文化遗产保护类更为显著,这类法律法规不仅数量多,而且层级也较高,宁波现有的5部文化法规中,文化遗产保护类就占了4部。而在保障公共文化服务、发展文化产业、促进文化交流等方面的立法较少甚至空白,对新型文化业态也缺乏及时回应。

4. 文化立法的严密性还有待加强

一些法律法规的概念、术语的界定还不够明确和具体,可操作性不强,这给实际执行带来一定困难。

(二)文化法治队伍建设还有待推进

文化法治队伍是文化法治建设的主体力量,但目前这支队伍的力量总体偏弱,主要体现在以下三个方面。

1．文化行政审批队伍

大部分县(市、区)行政审批科的编制有限,人员不足,有的甚至只有1～2人,尤其在扩权强县审批权限下放后,人手更显得捉襟见肘。[6]另外,专业化程度也有待提高,目前,除市级层面的审批人员全部实现执证上岗外,县(市、区)中多数人员并未持有行政执法证,人员借聘情况较多,有的是借用事业单位人员,有的是返聘退休人员,有的甚至是聘用临时工履行行政审批职能。

2．文化市场执法队伍

据悉,尽管成立了文化综合执法队伍,但文化综合执法队伍的法律身份仍然没有通过法律法规得到确认,执法的有效性受到影响。[3]

3．文化法治研究队伍

长期以来,由于文化法制机构的不健全,我们也缺乏相应的文化法治研究队伍。目前,除了部分文化行政部门的人员对宁波文化法治工作展开了一些研究外,宁波的学术界还鲜有学者对这方面展开研究,文化法治理论研究还比较薄弱,难以对文化法治实践起到真正的理论引领作用。

(三)文化知识产权保护和管理力度还有待加强

尽管近年来文化知识产权保护和管理工作取得了较大进展,但仍然存在着一些显而易见的挑战和难点。

1．文化知识产权意识淡薄

一方面,在知识产权的自我保护方面,一些企业并不知道自己的合法权益范围,不能够正确运用知识产权法维护自己的合法利益,表现在品牌塑造意识薄弱、商标注册不及时、合同签订不规范等方面。另一方面,侵害他人知识产权和忽视自我保护的现象同时存在,再加上文化领域知识产权侵权成本低,举证和维权难度大,一些企业明知故犯,侵犯他人知识产权。

2．网络文化知识产权保护难度大

网络的迅速普及使得文化创意产品的表现形式和传播方式更加多样化,但同时也给当前的知识产权保护工作带来了诸多挑战。近年来,互联网文化产业中,知识产权尤其是版权侵权现象层出不穷,暴露出我们当前在网络著作权侵权执法、重点网站版权监管、版权保护合作机制等方面的种种不足。

3.传统文化资源保护不完善

一方面,传统文化往往是群体性的智慧结晶,通过历史沿袭下来,权利主体广泛且不确定;另一方面,民间文艺资源保护也缺乏明确的法律依据。此外,传统文化数字化版权授权也异常复杂。

这些问题的出现有着多方面的原因:

其一,从主观上而言,主管人员对文化法治建设的主动意识还不强。正如文化部部长雒树刚所指出的,有的同志满足于将领导批示和各种文件作为工作依据,有的同志对打基础、管根本、利长远的法治建设缺乏积极性、主动性,这就导致他们对文化法治工作持一种"说起来重要,做起来次要,忙起来不要"的态度。[8]

其二,从客观上而言,文化的自身特性和发展形势比较复杂。从文化特性而言,文化产品既有教育人民、引导社会的意识形态属性,也有通过市场交换获取经济利益、实现再生产的商品属性、产业属性、经济属性。在"两种属性"中,意识形态属性是文化产品的特殊性,商品、产业、经济属性是文化产品的普遍性。文化法治要充分考虑这两种不同属性的融合统一。同时,改革开放以来,伴随市场化、全球化、信息化的进程,文化生态不断变迁,日趋复杂。而法治建设是一个循序渐进的过程,法律法规的出台也需要面临一系列规范性程序,难以对文化发展中的一些变化及时做出反应。

其三,从历史原因而言,不同时期有不同的发展侧重点。改革开放之初,我们首先集中解决的是经济发展领域的问题,我国的法律一直把重点放在维护市场经济、推进改革这个方向上,文化领域的法律就显得相对滞后。

四、推进宁波文化法治的对策研究

当前,要立足文化改革发展的全局对文化法治进行统筹谋划,抓住机遇,乘势而上,开创文化法治工作新局面,为促进文化大发展大繁荣、推进文化强市战略提供有力的法治保障。

(一)加快推进文化立法

文化法治首先要解决文化建设有法可依的问题,因此文化立法是当前文化法治工作的首要任务。

1.科学制定文化立法规划

根据党的十八届四中全会精神和新修订的《中华人民共和国立法法》的要求,制定《宁波文化立法规划(2016—2020 年)》,对未来 5 年内的文化立法活动进行设计、安排和部署。依据宁波文化发展现实需求的紧急程度,处理好上位法和下位法、法律与法规之间的统一协调,合理确定宁波文化立法项目的先后顺序以及每个年度的具体立法内容,不断提高文化立法层次,增强文化立法的权威性、强制性。

2.推进重点领域立法进程

充分发挥宁波具有地方立法权的优势,加快制定符合宁波实际的《公共文化服务保障条例》《文化市场综合执法管理条例》《大运河文化遗产保护管理条例》《文化产业促进条例》等地方性文化法规,进一步修改《宁波市文物保护管理条例》《宁波市文物保护点保护条例》《宁波市有线广播电视管理条例》等现有文化类法规规章,积极探索网络文化产业、传统文化资源保护等领域的文化立法,研究加强文化、文物、广电、新闻出版等规范性文件的制定、修改、废止、定期清理和评估工作。

3.完善文化立法相关机制

推进文化立法在论证、起草、征求意见、审议、上报和公布等程序的公开透明,通过座谈会、论证会、听证会、书面征求意见等多种形式和渠道,广泛听取意见,提高社会公众参与文化立法的广度和深度。健全专家咨询论证制度,充分发挥法律专家、文化工作者等的积极作用,加强对重大决策的合法性、合理性审查。

(二)不断完善文化执法

法律的生命力在于实施,法律的权威也在于实施,在加强文化立法、实现文化管理有法可依的同时,还应坚持执法与立法并重,大力加强文化执法力度。

1.深化文化市场综合执法改革

按照宁波市委全面深化法治宁波建设的决定,进一步深化行政执法体制改革,合理配置执法力量,相对集中执法权,推进综合执法。具体贯彻到文化领域,就是要进一步深化文化市场综合执法改革,继续开展"文化市场综合执法示范区"创建工作,推进文化市场综合执法标准化、规范化建设,进一步创新执法体制,完善执法程序,推进综合执法,争取文化执法改革在全市新一轮综合执法改革中继续走在前列。

2.加强重点领域的执法和监管

加强网络文化市场违法经营活动查处工作,开展整治网络视听有害信息专项行动和网络虚假新闻传播专项整治行动,组织实施网吧管理制度改革试点和网吧转型升级试点工作;加强版权保护和管理,以政府资助作品登记为抓手,探索版权作品展示平台建设,做好建设版权交易中心的基础性工作,继续完善版权纠纷诉调对接机制,探索制定《关于加强文化系统知识产权工作的指导意见》;加强文化市场信用体系建设,制定信用管理规章制度,建设艺术品征信系统和演出信用系统,建立健全文化市场守信激励和失信惩戒机制。

3.完善文化执法监督

一方面,要完善内部监督,上级执法机构要对下级执法机构及执法人员的执法行为实行有效监督,重点监督执法主体是否合法、执法程序是否规范、执法依据是否合法等。[9]另一方面,要加强外部监督,建立健全文化市场举报监督制度,构建多元一体的社会监督体系,鼓励社会各界、广大群众和新闻媒体对文化市场执法情况进行监督,行使监督权。

(三)加强文化法治人才培育

文化法治人才是推进文化法治的主体保障,要加强文化法治建设,就必须建立一支政治强、作风正、业务精的文化法治队伍。

1.加强文化系统内的文化法治队伍建设

注重选拔善于运用法治思维和法治方式推动文化工作的优秀干部,把法治素养好、依法办事能力强的优秀干部选拔进领导班子和后备干部队伍,为建设法治机关、推进依法行政发挥积极作用;不断推动文化行政审批队伍的正规化、专业化建设,通过加强教育培训、完善资格认证、优化审批机制等多种方式配齐配强文化行政审批队伍;修改、完善文化市场法规,进一步确认和强化文化执法队伍的法律资格;结合未来5年的立法规划和重点立法项目,在现有的人才队伍中选择骨干力量,进行有针对性的培养教育,不断扩充文化法治后备人才。

2.完善文化法治的新型智库建设

不断畅通立法、执法与其他部门、高校之间具备条件的干部和人才的交流渠道,加强协作,打造优势互补、结构合理、适应文化法治建设的智库体系,充分发挥外脑资源在决策参考、立法咨询、项目论证等方面的作用。具体包括:完善政府法律顾问工作机制,相关文化机构要根据工作情况聘请相应的法律顾问处理相关涉法事务;鼓励高校、学术研究机构与文化部门加强协作,充分发挥专业特长,积极开展文化法治理论研究,特别是要集中力量推进文化法治领域的基础性、关键性问题的研究。

(四)优化文化法治环境

文化法治环境涵盖的内容广泛,既包括文化领域法治氛围的营造,也包括全社会法治文化的推进,具体可从以下三个方面着手:

1.加强文化法治的宣传教育

通过培训、讲座、办刊等多种方式,开展法律法规尤其是文化法律法规的宣传教育,在文化系统内贯彻重视制定法律、依靠法律、遵守法律、运用法律的思维模式,强化宪法意识、依法行政意识、公民文化权益保障意识、知识产权保护意识、文化遗产保护意识等,提升依法办事能力。

2.引导创作一批法治作品

将法治作品创作纳入年度文艺创作计划,积极鼓励、扶持文化企业、社会主体参与法治作品创作,通过宣传文艺作品营造守法光荣、违法可耻的良好氛围。

3.将法治教育纳入群众性文化活动

通过图书馆、博物馆、文化馆、乡镇综合文化站、农村书屋等公共文化设施,通过"高雅艺术进校园"和文化"三下乡"等活动,以演出、展览等群众喜闻乐见的方式,推动普法教育进企业、进农村、进机关、进校园、进社区,增强全社会厉行法治的积极性和主动性。

参考文献

[1] 韩业庭.5年内改变文化法治滞后局面[N].光明日报,2015-05-20(4).
[2] 蔡武.大力推动文化法治建设开创文化工作新局面[J].行政管理改革,2014(12):13-17.
[3] 张贺."管文化"的法,太少![N].人民日报,2015-05-20(12).
[4] 宁波市文广新局.宁波"五个着力"推进文化法治工作见实效[EB/OL].(2015-05-28)[2015-07-26].http://www.zjwh.gov.cn/dtxx/zjwh/2015-05-28/186008.htm.

[5] 王立元,张建友,焦雯. 为文化改革发展保驾护航——两会代表谈加强文化法治建设[N]. 中国文化报,2015-03-10(1).

[6] 陶志良,文连台,房泉岳,等. 宁波文化系统行政审批现状调查与思考[J]. 三江论坛,2009(9):40-43.

[7] 夏璐. 深化综合体制改革,激发执法工作创造力——记宁波市文化市场行政执法总队[J]. 文化市场,2011(1):30.

[8] 周玮. 文化部部长雒树刚:力争 5 年内使文化法治滞后局面明显改观[EB/OL]. (2015-05-19)[2015-07-28]. http://news. xinhuanet. com/2015-05/19/c_1115336038. htm.

[9] 司春燕. 我国文化法治建设存在的主要问题及对策[C]//张全新,刘德龙,张华,等. 中国特色社会主义:理论·道路·事业——山东省社会科学界 2008 年学术年会文集(3). 济南:山东人民出版社,2008.

作者单位:宁波市社会科学院